Von Thomas Wieczorek sind bei Knaur außerdem erschienen:
Die Dilettanten. Wie unfähig unsere Politiker wirklich sind
Die verblödete Republik. Wie uns Medien, Wirtschaft und Politik für
  dumm verkaufen
Die DAX-Ritter. Wie Manager unser Land ruinieren
Schwarzbuch Beamte. Wie der Behördenapparat unser Land ruiniert
Die Stümper. Über die Unfähigkeit unserer Politiker
Das Koch-Buch. Die unglaubliche Karriere des Roland Koch

Über den Autor:
Thomas Wieczorek, Jahrgang 1953, ist Journalist und Parteienforscher.
Nach dem Volkswirtschaftsstudium an der Freien Universität Berlin war
er bei *dpa* Volontär, Politischer Redakteur und Chef vom Dienst und anschließend Leiter des Baden-Württemberg-Büros von *Reuters.* Als freier
Autor arbeitete er u.a. für die *Frankfurter Rundschau,* den Deutschland-
funk und den Südwestfunk, seit 1989 auch für das Satiremagazin *Eulen-*
spiegel. Am Berliner Otto-Suhr-Institut promovierte er über »Die Normalität der politischen Korruption«. Das Spektrum seiner Radio- und
Fernsehauftritte reicht von RBB bis Sat1. Von Thomas Wieczorek sind
bereits mehrere Bücher erschienen.

Thomas Wieczorek

Die geplünderte Republik

Wie uns Banken, Spekulanten und Politiker
in den Ruin treiben

Knaur Taschenbuch Verlag

Besuchen Sie uns im Internet:
www.knaur.de

Zuerst kommt der Mensch, dann die Wirtschaft.
Sie ist keine Herrscherin, sondern sie besitzt eine
dienende Funktion.

Rita Süssmuth

Danksagung

Mein herzlicher Dank für ebenso konstruktive wie aufmunternde Mitarbeit durch Diskussionen, Hinweise und Ratschläge gilt besonders Klaus Kampa, Helge Meves, Wolf-Dieter Narr, Ernst Röhl, Peter Saalmüller, vor allem aber Henning Voßkamp und Karin.

Inhalt

Ich kann freilich nicht sagen, ob es besser werden wird, wenn es anders wird; aber so viel kann ich sagen: Es muss anders werden, wenn es gut werden soll.

Georg Christoph Lichtenberg

Vorwort

Auch wenn es Vertreter von Politik, Medien und Wirtschaft ständig behaupten und Hinz und Kunz es nachbeten: Die vermeintliche »Weltfinanzkrise« ist keinesfalls eine globale Krise. Sie betrifft die großen westlichen Industrienationen und ihre Finanzmetropolen wie Frankfurt, Zürich, New York, London und Tokio. Andere, teils noch viel größere Volkswirtschaften wie Indien oder China, brachen zwar bei ihren Exporten und als Folge davon auch im Wachstum ein, aber im Vergleich mit den gigantischen Crashs im Westen war dies geradezu harmlos. Ähnliches gilt auch für andere »Schwellenländer« wie Argentinien, Australien, Brasilien, Indonesien, Saudi-Arabien und Südafrika. In vielen dieser Staaten und in den meisten Ländern dieser Welt geht es gar nicht oder nur ganz am Rande um Finanzkrise, Börsenabstürze, Bankenzusammenbrüche, Managergehälter oder Boni, sondern um unvorstellbare Armut, um verhungernde Kinder oder um Aids.

Deshalb kommt es keineswegs unerwartet, dass seit dem G-20-Gipfel von Pittsburgh Ende 2009 vor allem die großen Staaten wie Brasilien, China und Indien sehr selbstbewusst und vor allem einheitlich auftraten. »Wir hatten es diesmal mit einer Wand zu tun«, klagte man in der deutschen Delegation. Die Drohung: »Entweder ihr macht große Konzessionen bei der Reform der internationalen Organisationen, oder wir lassen den Gipfel platzen.«[1]

Hier findet die wahre *Globalisierung* statt, ob es den reichen Nationen nun passt oder nicht. Und nur wer dies zumindest im Hinterkopf hat, kann sich mit dem nationalen Problem *Geplünderte Republik* seriös auseinandersetzen.

Wer aber sind nun eigentlich die wahren Plünderer der Republik, die wirklichen Schmarotzer und Parasiten, das »arbeitsscheue Gesindel«?

Diejenigen, die 30 Jahre lang ehrliche Arbeit geleistet haben, um sich dann von den häufig geistig-moralisch oder fachlich minderbemittelten »Dienstleistern« der Arbeitsagentur beschimpfen und niedermachen zu lassen?

Oder diejenigen, die ihr Vermögen geerbt haben und sich auch und gerade während der Wirtschaftskrise ein schönes Leben machen, sich mit Glamour-Girls oder mit Gigolos vergnügen, denen sie mal eben fünf Millionen Euro rüberschieben können? Oder warum sonst frohlockt *Welt Online* am 21. Juli 2009: »Luxusmode: Die Haute Couture trotzt der Wirtschaftskrise«? Und die *Baseler Zeitung* titelt am 10. August 2009: »Ferraris neuer Flitzer gegen die Krise«.

All dies ginge in Ordnung, hieße es in Artikel 1 des Grundgesetzes: »Die Rechte der Erben, Spekulanten, Aktionäre und anderer Bezieher leistungsloser Einkommen sind unantastbar.« Stattdessen heißt es dort aber: *Die Würde des Menschen ist unantastbar.* Ebenso verhält es sich mit dem Sozialstaat. *Die Bundesrepublik Deutschland ist ein demokratischer und sozialer Bundesstaat,* steht in Artikel 20, womit das Einstehen der Starken für die Schwachen keine Frage von Lust, Laune oder Mildtätigkeit ist. Und dass Eigentum verpflichtet, ist durch den Artikel 14 Verfassungsgebot: *Eigentum verpflichtet. Sein Gebrauch soll zugleich dem Wohle der Allgemeinheit dienen.* Und der Artikel 15 geht noch weiter: *Der Grund und Boden, Naturschätze und Produktionsmittel können zum Zwecke der Vergesellschaftung durch ein Gesetz, das Art und Ausmaß der Entschädigung regelt, in Gemeineigentum oder in andere Formen der Gemeinwirtschaft überführt werden.*

Vor diesem Hintergrund bedeutet die Frage nach den Ursachen der geplünderten Republik, inwieweit und ob überhaupt die

Starken ihren verfassungsmäßigen Pflichten gegenüber dem Gemeinwesen nachkommen. Insofern mutet es geradezu skurril an, dass ausgerechnet die Superreichen in Form der Rettungsschirme zwei- bis dreistellige Milliardenbeträge forderten und auch erhielten, während für die Renovierung von Schulen und die Einstellung von Lehrern oder Erziehern kein Geld da ist.

Fast erinnert das Ganze an die letzten Tage von Pompeji oder den Untergang des Römischen Reiches: Man greift ab, was nur abzugreifen ist, wohl wissend, dass sowieso bald alles vorbei ist.

Nun führen nicht nur viele Wege nach Rom, sondern auch zur Plünderung unserer Republik. Der nach wie vor beliebteste ist die Privatisierung. Der Staat verscherbelt im wahrsten Sinne des Wortes »alles Mögliche«, und die Zeche zahlt – wer auch sonst? – die Bevölkerung: Ob irrwitzige Preise für Strom, Gas oder Wasser, eine teilweise lebensgefährliche und unzuverlässige Bahn oder indiskutable Zustände in Krankenhäusern – hinterher ist das Geschrei der Politheuchler groß. Dabei ist die Desasterserie kein Wunder: Das hochtrabende Wort *Investor* bezeichnet ja nur einen Menschen, der Geld irgendwo hineinsteckt und es ohne einen eigenen Handschlag optimal vermehrt haben will: Auch ein Lottospieler ist in diesem Sinne ein *Investor*.

Unterm Strich bestätigt sich die alte Volksweisheit: Nur die Reichen können in einem armen Staat leben. Während die Supermarktkassiererin Emma Krause und der Möbelpacker Erwin Lehmann kaum die Schulbücher für ihren Nachwuchs bezahlen können, vergnügen sich die Berufssöhne und -töchter der »Besserverdiener« am Swimmingpool Schweizer Elitegymnasien, lassen ihre geistige Unterbelichtung durch Heerscharen von Privatlehrern therapieren und haben ja ohnehin schon eine Lebensstellung als Nachfolger in Papis Firma sicher. Oder?

Hinzu kommt das streng gehütete Mysterium der Gläubiger

des hochverschuldeten Staates. Die Antwort auf die Frage, wer am Ende wirklich die Zeche zahlt, lautet nämlich: Da die Staatsschulden vorwiegend aus Staatsanleihen, Bundesschatzbriefen und Ähnlichem bestehen, sind es die Bürger selbst. Wobei wir wieder beim Problem landen, wer denn »die Bürger« überhaupt sind. Besitzt eine alleinerziehende Mutter mit einem Putzfrauenjob genauso viele Staatsanleihen wie ein Milliardenerbe, ein Großkonzern oder eine FDP-Bundestagsabgeordnete? Nimmt man noch die simple Tatsache hinzu, dass Bundesschatzbriefe jeder kaufen kann, also auch russische Wirtschaftskriminelle oder nahöstliche Emirate, wird es vollends undurchsichtig.

Was dem Normalbürger bleibt, ist die Gewissheit, letztendlich auf der Rechnung sitzenzubleiben und sie begleichen zu müssen.

Die besondere Pointe dabei ist, dass es sich bei der geplünderten Republik keinesfalls um eine Fehlentwicklung, sondern um die klassische Form unserer innig geliebten Marktwirtschaft handelt. Alle anderen Varianten der Erklärung folgen der Logik: »Wasch mich, aber mach mich nicht nass.«

Den inneren – und auch logischen – Zusammenhang von Marktwirtschaft und Ausplünderung der Gesellschaft erhellte im Sommer 2009 der große Skandal um die Halbgötter in Weiß. »Ärzte sahnen bei Klinik-Einweisungen ab«, gab der der *Focus* preis.[2] So bezahlten Kliniken nach Insider-Angaben immer öfter Ärzte, wenn sie ihnen Kranke zur Behandlung schicken. Medizinische Gründe stehen dabei offenbar kaum im Vordergrund. Krankenhäuser zahlen nach Recherchen der *Frankfurter Allgemeinen Zeitung* für einen Patienten, der eine neue Hüfte bekommt, bis zu eintausend Euro. Und mittlerweile sei dies in allen Fachrichtungen üblich. »Dass niedergelassene Ärzte von Krankenhäusern Prämien für die Einweisung von Patienten erhalten, ist ein unfassbarer Skandal«, moniert der Vorstand der Patientenschutzorganisation *Deutsche Hospiz Stiftung*, Eugen Brysch.

Ebenso kritisiert die *Deutsche Gesellschaft für Urologie* (DGU), vor allem in Ballungsräumen sei die Konkurrenz unter den Kliniken groß. Die Häuser gingen zunehmend dazu über, Ärzte für Patienten mit bestimmten Diagnosen zu bezahlen. Laut DGU handelt es sich um Summen, die das 10- bis 20-Fache des normalen Honorars für Urologen pro Quartal und Patient ausmachen. Dabei ist die DGU noch eher höflich: »Ob die Zuweiser die Prämie fordern oder annehmen – es bleibt ein juristisch und ethisch überaus fragwürdiges Prozedere.« Deutlicher wird da schon Ärztepräsident Jörg-Dietrich Hoppe. Geld für eine Einweisung zu nehmen, sei »total verboten«. Doch die Medizin sei in hohem Maß kommerzialisiert. »Da halten die Ehrenkodexe nicht mehr.«

Patientenschützer Brysch nennt auch »die Opfer solcher Machenschaften«, nämlich »in erster Linie die Schwerstkranken und Sterbenden«. In ihren letzten Lebensmonaten würden sie im Schnitt fünfmal zwischen Pflegeheim und Krankenhaus hin und her überwiesen.

Unterm Strich bleibt die Erkenntnis, dass trotz des Ansteigens der Arbeitsproduktivität und des gesamtgesellschaftlichen Reichtums neben dem Einkommen auch die Lebensqualität der Normalbürger rapide abnimmt und dass dies offenbar ein Grundgesetz der Marktwirtschaft ist.

Die Plünderung der Gesellschaft hat viele Gesichter unterschiedlichster Größe und Qualität, wobei den Rettungsschirmen für Banken und die Realwirtschaft der eindeutige Spitzenplatz zukommt. Den Staat wegen seiner »Einmischung« beschimpfen, in der selbstverschuldeten Not aber Geld von ihm nehmen und dann noch dreister weitermachen als zuvor: So lautet die wahre neoliberale Logik.

Man darf gespannt sein, wie lange die Bürger sich das bieten lassen. 28,8 Prozent Nichtwähler und eine Kanzlerin, der nicht einmal jeder fünfte Wahlberechtigte seine Stimme gab, sprechen eine deutliche Sprache.[3] Die Bundestagswahl 2009 brachte der FDP, die in den Augen der Bevölkerungsmehrheit wohl wie keine andere Partei für Sozialabbau, Privatisierung und Steuersenkungen für die Bestverdiener und Mächtigen steht, also für die Ausplünderung der Gesellschaft durch Wirtschaft und Wohlhabende, mit 14,6 Prozent (10,5 Prozent der Wahlberechtigten) das beste Ergebnis in ihrer stets unter Lobbyistenverdacht stehenden Geschichte.

Dies ist auf den zweiten Blick aber so unerklärlich nicht: Etwa ähnlich groß dürfte der Anteil der Krisenprofiteure am Gesamtvolk sein. Und gerade in Zeiten, wo den kleinen Leuten die Verschlechterung ihrer finanziellen und sozialen Lage als »alternativloser Sachzwang« verkauft wird, hofft so manch ein »Besserverdiener« auf eine Fortsetzung der Umverteilung von unten nach oben.

Andererseits ist es ja genau das, was – frei nach dem französischen Regisseur Claude Chabrol – den diskreten Charme der Marktwirtschaft ausmacht.

Einleitung

1. Kein Erdbeben

Es gab kein Erdbeben, und keine Fabrik wurde in die Luft gesprengt: Die großen Firmen – nicht nur in Deutschland – sind stofflich-materiell bestens aufgestellt und könnten also eigentlich jederzeit alles produzieren. Selbst Opel hätte ja sofort alle möglichen Modelle liefern können – nur dass sie niemand haben wollte oder bezahlen konnte. Der Streit um die Abgaswerte zum Beispiel erwies sich rückblickend als Pyrrhussieg: als Anfang vom Ende.

De facto bestimmt nämlich nicht die Produktqualität den Marktanteil, sondern der Marktanteil des Unternehmens bestimmt, welches Produkt am Markt bestehen kann. Frühere Generationen nannten dies »Konsumterror«. Deshalb wurden zum Beispiel jahrzehntelang unwirtschaftliche und umweltschädliche Spritschleudern in den Markt gedrückt und gekauft. Sogar auf ein Tempolimit wurde, anders als in den meisten anderen Ländern, verzichtet, um hirnlosen Rasern den Gebrauch ihrer hochgezüchteten Karossen zu ermöglichen. Doch irgendwann hatten auch die debilsten Autokäufer die Nase voll. Außerdem: Wie viele Autos soll ein 4-Personen-Haushalt denn noch haben? Vier? Fünf? Fünfzehn?

2. Am Markt vorbei

Dass zuweilen am Markt vorbei produziert wird, ist natürlich nur die halbe Wahrheit, denn auch die verbraucherfreundlichsten Angebote hätten an der Krise nichts geändert. Der von David Ricardo und Karl Marx aufgedeckte Konjunkturzyklus zeigt die periodischen Krisen als solche der Überproduktion beziehungsweise der Überakkumulation: Milliardensummen an Kapital finden keine erfolgversprechenden Anlagemöglichkeiten. Beispiel Autoindustrie. Viele Karossen stehen auf Halde, weitere werden gar nicht erst produziert. Die Konzerne sitzen auf ihrem Geld und ihren Produktionskapazitäten. Dass sie sich deshalb auch als Zocker betätigen, werden wir später noch sehen.

Konkret: Da den ehrlich Arbeitenden das Geld fehlt, können sie sich manches nicht leisten. Autos kaufen keine Autos, wusste schon Henry Ford. Andererseits können auch die Reichen und Schönen gar nicht so viele Autos kaufen, wie nötig wären, um die fehlende Nachfrage auszugleichen. Wäre das Geld anders verteilt, müsste es keine Wirtschafskrisen geben. Daher wird die Krise zuweilen auch Unterkonsumtionskrise genannt.[4] Nachfrage in der Marktwirtschaft ist nämlich immer *zahlungskräftige* Nachfrage. Und die Krise geht stets vom Endverbraucher aus: Das ist der sogenannte kleine Mann ebenso wie der Konzern, der Dienstwagen oder Büromöbel kauft, oder der Staat als Waffenkäufer. Von der mangelnden »Kauflaune« des Konsumenten frisst sich die Krise nach oben durch: weniger Absatz, weniger Handel, weniger Nachfrage nach Maschinen oder nach Stahl und kommerziell genutzter Energie. Da in einer Volkswirtschaft ein Rädchen ins andere greift, sind vom »Sand im Getriebe« letztlich fast alle betroffen – ausgenommen vielleicht Branchen wie die Fahrradindustrie, weil sich viele kein Auto mehr leisten können.

Dieses Nachfragedefizit versuchte man in den USA auszugleichen – also quasi die Krise auszutricksen –, indem man den Normalverdienern und den Ärmeren Immobilien und über Kreditkarten alle möglichen anderen Waren auf Pump aufschwatzte. Dass dies im Einzelfall gutgehen konnte – der Schuldner könnte ja in der Lotterie gewinnen –, insgesamt aber zur Katastrophe führen muss, war den Machern klar. Wenn ein Wirt einem chronisch Klammen immer anschreibt, kann er sich ausrechnen, dass er am Ende keinen müden Cent sieht.

Deshalb verkauften die Gläubiger die hochriskanten Kredite einfach weiter, und die Käufer wiederum suchten wie beim Schneeballsystem andere Dumme und so weiter und so fort: »Den letzten beißen die Hunde.« Aber hier bissen die Hunde auch das gesamte System.

»Die kapitalistische Produktion strebt beständig, die ihr immanenten Schranken zu überwinden«, wusste schon Karl Marx, »aber sie überwindet sie nur durch Mittel, die ihr diese Schranken aufs Neue und auf gewaltigerem Maßstab entgegenstellen. Die wahre Schranke der kapitalistischen Produktion ist das Kapital selbst.«[5]

Schon an dieser Stelle zeigt sich, dass der Markt keineswegs ein vernünftiger Automat, eine segensreiche »unsichtbare Hand« à la Adam Smith ist, im Gegenteil. Jeder Monopolyspieler weiß, dass gesetzmäßig die Reichen immer reicher und die Armen immer ärmer werden. Und wenn die Armen keine Straßen, keine Häuser und auch kein Geld mehr für die Miete haben, ist das Spiel aus.

Anders ausgedrückt: Hätte man den Immobilien- und Kreditkartenschuldnern ihre Schulden erlassen beziehungsweise aus der Staatskasse bezahlt, so hätte es keine Finanzkrise gegeben. Aber genau das ist ja nicht Sinn der Marktwirtschaft. Dieselben spießigen Mittelständler, die das leistungslose Einkommen der Milliardäre ganz in Ordnung finden, hätten Zeter, Mordio und »Sozialismus« geschrien.

Die Frage ist allerdings – dies weltfremde Gedankenspiel sei gestattet –, ob die USA und damit die ganze Welt unterm Strich damit nicht besser gefahren wären.

3. Jede Menge Kohle

Der Schlüssel zum Verständnis der kapitalistischen Krisen im Allgemeinen und der Finanzkrise im Besonderen liegt im leistungslosen Einkommen. Ein »Investor« ist nämlich zumeist nichts anderes als ein Zocker, dem es relativ wurscht ist, ob er Bayern München gegen Schalke tippt oder in Form von RWE-Aktien auf den Anstieg der Energiepreise setzt. Die eigentliche Funktion des Geldkapitals, nämlich ehrlichen Konzernen und Mittelständlern den Ausbau oder Betrieb ihres Unternehmens zu finanzieren, gerät zusehends in Vergessenheit.

Schlimmer noch: Eher kommt die Pleitebank Hypo Real Estate an über 100 Milliarden Euro heran als ein Tischlermeister an einen Kredit über 10 000 Euro zum Ausbau seiner kleinen Werkstatt. Kaum eine private oder staatliche Bank, die nicht mitgespielt hat im globalen Casino. So kaufte die Bayerische Landesbank in der Hoffnung auf höhere Bilanzsummen und Renditen für Milliarden riskante Finanzprodukte und Kredite – und erhält nun vom Steuerzahler zehn Milliarden Euro.

Wohin das führen kann, wird sich zeigen.

Langsam fragt man sich, was der größere Skandal ist: Die unverschämte Misswirtschaft zu Lasten der Allgemeinheit oder die Tatsache, dass die Bürger ihre eigene Ausplünderung nahezu lethargisch hinnehmen.

Teil I
Die Krise, das unbekannte Wesen

1. Lob und Tadel für die Raffgier

Der römische Senator Marcus Porcius Cato (234–149 v. Chr.), genannt »Cato der Ältere«, beendete jede seiner Reden mit der stereotypen Forderung: »Ceterum censeo, Carthaginem delendam esse – Übrigens meine ich, dass Karthago zerstört werden muss.«

Genauso gebetsmühlenartig wird gegenwärtig über die »Gier« geklagt. Allein die Schlagzeilen der »seriösen« Presse sprechen Bände:

- »Köhler kritisiert ›hemmungslose Gier‹« – *Focus Money Online* am 10. Oktober 2008.
- »CDU will Gier an den Märkten Grenzen setzen« – *Der Westen* am 17. Oktober 2008.
- »Müntefering kritisiert Gier der ›Hopper‹-Manager« – *Welt Online* am 14. Dezember 2008.
- »DGB-Chef Sommer: In Chefetagen herrscht ›die nackte Gier‹« – *stern.de* am 1. Mai 2005.
- »Hirnforscher führt Finanzkrise auf angeborene Gier nach Geld zurück« – *Telepolis* am 20. Juni 2009.
- »Dalai Lama hält Gier für Ursache der Krise« – *Spiegel Online* am 26. Juni 2009.
- »Papst rügt Gier und ungezügelten Kapitalismus« – *Berliner Zeitung* am 8. Juli 2009.

Aber auch die Meinungsmacher selbst mischen munter mit:
- »Gier frisst Hirn« – *Handelsblatt* am 22. Januar 2008.

- »Gier ohne Grenzen« – *Spiegel Online,* vom 17. August 2007.
- »Die Wirtschaftselite und das Gier-Virus« – *manager-magazin.de* am 11. Dezember 2007.
- »Lafontaines Linke profitiert von Gier der Reichen« – *Welt Online* am 19. Februar 2008.

Unter den zahllosen Erklärungen für die periodisch wiederkehrende Wirtschaftskrise – man denke nur an Karl Marx, John Meynard Keynes oder Friedrich August von Hayek – gehören zweifellos »Gier und Spekulation« zu den blödsinnigsten und verlogensten. Schließlich beruht unser gesamtes Wirtschaftssystem auf Eigennutz und Profitstreben.

»Gier ist die populärste Erklärung der Wirtschaftskrise und zugleich die rätselhafteste«, schreibt Mark Siemons in der *FAZ.* »Da wird dem Kapitalismus plötzlich als Versagen angekreidet, was bisher als der Grund seiner Überlegenheit galt: sein Zusammenklang mit jener Natur des Menschen, die ihren eigenen Nutzen sucht und dabei Kräfte entfesselt, die alle Grenzen zentral definierter Angemessenheit hinter sich lassen.«[6]

Spätestens hier wird das grundlegende Dilemma des Kapitalismus deutlich.

Adam Smith sprach einigermaßen nachvollziehbar davon, dass der Fleischer seine Wurst nicht aus reiner Menschenliebe verkaufe, sondern weil er damit Geld für seinen Lebensunterhalt verdienen wolle. Aber was hält den Fleischer davon ab, Gammelfleisch zu verkaufen? Smith versuchte das Problem durch seine *Theorie of Moral Sentiments* zu lösen: Die Menschen seien im Grunde ihres Herzens frei nach Goethe »edel, hilfreich und gut«. Dies allerdings führt zu einem logischen Widerspruch, den die Wissenschaft auf den Namen »Adam-Smith-Problem« taufte. Der Kapitalismus fördert angeblich die gesellschaftliche Wohlfahrt, indem er egozentrisches Verhalten belohne. Andererseits erwarten wir von den somit belohnten Egoisten, dass sie sich eines bislang bestraften Altruismus besännen und aufgrund solcher Motive das Gemeinwohl förderten.

Die Neoliberalen – und nur das macht den Zusatz *Neo* plausibel – »lösten« dieses Problem, indem sie ein Menschenbild namens *homo oeconomicus* schufen, für den Rücksicht gegenüber Mitmenschen, Solidarität und Abgeben *irrational* sind, skrupellose, über Leichen gehende Raffgier aber *rational*.[7]

Dies ist keine Fiktion: Sie begegnet uns gerade heute in jener gewissenlosen Spezies, die das Ausnehmen und Hereinlegen der Mitbürger als »rationales Wirtschaften« betrachtet und die mit entsprechend windigen Geschäften die Weltwirtschaft an den Rand der Katastrophe gesteuert hat.

Dieses Menschenbild vertreten auch zahlreiche Politiker, wie Roland Koch, wenn auch verquerer. Man dürfe Egoismus und Altruismus »nicht ausspielen, wie etwa mit dem Slogan ›Solidarität statt Ellenbogen‹ geschehen. Vielmehr bedingen diese Begriffe einander«, und so »liegt es auf der Hand, dass eine leistungsfähige soziale Marktwirtschaft ohne sie nicht fähig wäre«[8].

Die unverfrorene Schlussfolgerung daraus könnte von Roland Koch sein, stammt aber vom früheren Chefethiker der Katholischen Universität Eichstätt, dem Volkswirtschaftsprofessor und Unternehmensethiker Karl Homann: Egoismus ist demnach die höchste Form der Solidarität; und Wettbewerb ist solidarischer als Teilen. Kurzum: Die Zehn Gebote sind als ökonomisches Kalkül zu betrachten.[9]

»Christlich« – ohne diese Selbstbeschreibung kommt kaum ein Mitglied der Eliten von Politik und Wirtschaft aus – ist damit nur ein anderes Wort für »eigennützig« oder »marktwirtschaftlich«. Eine schönere Ode an die Gier ist schwer vorstellbar.

In seinem berüchtigten Buch *Das Ende der Geschichte* (1992)

beschreibt der neokonservative US-Politologe Francis Fukuyama den Verlauf der geschichtlichen Evolution als gesetzmäßige
und gottgewollte Verkettung von Ereignissen. Die Geschichte
sei also keine zufällige Anhäufung von Umständen. In einer
Art moderner Variante der Hegelschen Dialektik behauptet
Fukuyama, dass das Ende des Zweiten Weltkrieges und der Fall
der Berliner Mauer zu einer Schlussphase der politischen Sys-
tementwicklung geführt haben. Nun stehe der endgültigen
weltweiten liberalen Demokratie nichts mehr im Weg.

Wäre dem wirklich so, könnte man angesichts von Guantana-
mo, Abu Ghraib und der unzähligen getöteten Frauen und Kinder in Afghanistan und im Irak nur noch hilflos »Na dann Prost
Mahlzeit« seufzen.

Nun wäre es albern, den Hang der Menschen zum Egoismus ge-
nerell zu leugnen. Das Eigennutzaxiom ähnelt sogar der Marx-
schen These vom Unternehmer als personifiziertem Kapital und
ist – zumindest auf den Kapitalismus bezogen – letztlich ehrlicher und richtiger als unbewiesene Behauptungen über den
»Gutmenschen« Manager oder Politiker. Und auch die kleinen
Leute verfolgen ja eigennützige Interessen.

Nur sind Eigennutz und geldbezogene Habsucht verschiedene
Dinge. Eine reiche Tante zahlt natürlich auch aus Eigennutz die
Operation der Nichte: sie profitiert persönlich emotional davon,
dass ihre Familie glücklich ist. Ist die Tante aber raffgierig, dann
lässt sie die Nichte lieber sterben – und investiert in Medizin-
Aktien. Schließlich wird ja nach der neoliberalen Theorie durch
Tantchens Profitmaximierung sogar die ganze Gesellschaft bes-
sergestellt, und der Tod der Nichte war deren Solidarbeitrag.[10]

> *Die Welt wird nicht bedroht von den Menschen, die*
> *böse sind, sondern von denen, die das Böse zulassen.*
>
> Albert Einstein

Die Quintessenz: Das Profitstreben – die »Gier« – gehört zum Wesen des Kapitals, der Manager und vieler anderer mehr; und es ist ja gerade Aufgabe der Politik, dem einen Riegel vorzuschieben und es in »geordnete Bahnen« zu lenken.

2. Grundübel Spekulation?

Die Eliteeinheit der Gierigen sind die Spekulanten. Hier handelt es sich um besonders schwarze Schafe, ohne die der schöne Kapitalismus angeblich krisenfrei und zu aller Wohlstand funktionieren würde. Und auch hier überschlägt sich die veröffentlichte Meinung in Sachen Wortradikalismus:

- »Rohstoffe: Soros ätzt gegen Spekulanten« – *manager magazin* am 2. Juni 2008.
- »Spekulanten verschärfen Reis-Krise« – *Stern* am 22. April 2008.
- »Die Verantwortung der Spekulanten für teures Öl und Hunger in der Welt« – *Wirtschaftswoche* am 20. Juni 2008.
- »Spekulanten: Ekstasen der Geldverbrennung« – *Stuttgarter Zeitung* am 9. Juli 2009.[11]
- »Kein Sozialismus für Spekulanten« – *Berliner Zeitung* am 26. September 2008.

Natürlich hat sich seit dem 19. Jahrhundert mit dem Kapitalismus auch die Spekulation verändert. Dennoch lohnt ein Blick auf einen Artikel, den Karl Marx am 15. Dezember 1857 zur englischen Handelskrise in der *New York Daily Tribune* geschrieben hat:[12]

> »Wenn die Spekulation gegen Ende einer bestimmten Handelsperiode als unmittelbarer Vorläufer des Zusammenbruchs auftritt, sollte man nicht vergessen, dass die Spekulation selbst in den vorausgehenden Phasen der Periode erzeugt worden ist und daher selbst ein Resultat und eine Erscheinung und nicht den letzten Grund und das Wesen darstellt. Die politischen Ökonomen, die vorgeben, die regelmäßigen Zuckungen von Industrie und Handel durch die Spekulation zu erklären, ähneln der jetzt ausgestorbenen Schule von Naturphilosophen, die das Fieber als den wahren Grund aller Krankheiten ansahen.«[13]

3. Was die Krise verschärft hat

Betrug, Insiderhandel, Untreue

Krumme Dinger scheinen zu unseren Banken zu gehören wie Jürgen Drews zum Ballermann. Bezeichnenderweise tun sich dabei gerade jene Geldinstitute hervor, die irrwitzige staatliche Subventionen erhalten.

• »Hypo Real Estate: Staatsanwälte ermitteln wegen Insider-Geschäften«, meldet *Spiegel Online* am 27. Dezember 2008. Mehrere HRE-Manager oder deren Familienangehörige und Freunde sollen noch vor der ersten Alarmmeldung des Konzerns am 15. Januar 2008 im großen Stil HRE-Aktien abgestoßen haben. Außerdem untersuche die Staatsanwaltschaft, ob die Führung die Lage des Konzerns auch später »be-

wusst unrichtig dargestellt« und ihre »Vermögensbetreu-
ungspflicht verletzt« habe.

- »HSH-Nordbank: Ermittlungsverfahren wegen Untreue-
Verdacht«, berichtet *stern.de* am 7. April 2009. Der Vorstand
einer Kapitalgesellschaft habe die Pflicht, das Vermögen der
Aktionäre »wie ein sorgfältiger und gewissenhafter Kauf-
mann zu betreuen«, heißt es in der entsprechenden Anzeige
eines Hamburger Rechtsanwalts. Außerdem müsse die Füh-
rungsspitze bedenken, dass bei einer Insolvenz »letztlich der
Steuerzahler für die Verluste der Bank einzustehen hat«. Daher habe der Vorstand risikobehaftete und noch dazu speku-
lative Geschäfte von vornherein gar nicht machen dürfen.

- »WestLB: Verdacht auf Manipulationen im großen Stil«,
heißt es am 11. April 2007 in *Spiegel Online*. Aktienhändler
der Bank sollen jahrelang die Schlusskurse von Vorzugsaktien manipuliert haben. Händler hätten damit – nur auf dem
Papier – hohe Gewinne im Eigenhandel der Bank erzielt und
ihre Bonuszahlungen gesichert. Die WestLB erstattet Strafanzeige wegen »Regelverstößen im Eigenhandel«. Betroffen
waren die Aktien von VW, Metro und BMW. Auch befreun-
dete Maklerhäuser hätten Vorzugsaktien gekauft, um einen
regen Handel vorzutäuschen.

- »Untreue-Verdacht: Staatsanwaltschaft durchsucht Bayern-
LB«, erfährt man am 14. Oktober 2009 in *Spiegel Online*.
Die Bank habe beim Kauf der in Kärnten ansässigen *Group
Alpe Adria* (HGAA) im Mai 2007 mit 1,6 Milliarden bewusst
einen zu hohen Preis gezahlt. »Staatsregierung und Landesbank hatten die Übernahme der HGAA als gelungenes Geschäft gefeiert«, erinnert sich die *Süddeutsche Zeitung*. » Die
österreichische Bankenaufsicht hatte zuvor aber zahlreiche
Mängel bei der HGAA gerügt, die von der BayernLB inzwischen mit Hunderten Millionen Euro gestützt werden
muss.«[14]

- »Geldwäsche-Skandal bei der Commerzbank«, titelt *Welt Online* am 25. Juli 2005.
- Personalvorstand Andreas de Maizière tritt im Juli 2005 wegen Ermittlungen der Staatsanwaltschaft über Geldwäsche für russische Unternehmen zurück. Demnach sollen Gelder in Fonds geflossen sein, die als offene Anlegerfonds getarnt waren, tatsächlich aber nur aus russischer Quelle gespeist wurden.

Aber auch andere Giganten stehen mit dem Gesetzbuch auf Kriegsfuß, allen voran ausgerechnet die DAX-Unternehmen, was sich auch hier anhand der Schlagzeilen und Berichte der seriösen Medien dokumentieren lässt:

- »Korruption: Erste Anklage im BMW-Skandal«, titelt *Spiegel Online* am 25. August 2006. In der Schmiergeldaffäre in der Autozuliefererbranche erhebt die Staatsanwaltschaft München Anklage gegen einen ehemaligen BMW-Manager. Der Ex-Hauptabteilungsleiter soll von sechs Zulieferern rund eine Million Euro an illegalen Nebeneinkünften eingestrichen haben.
- »Politiker-Reisen: E.on Ruhrgas kündigt Verhaltenskodex an«, berichtet *Spiegel Online* am 23. Januar 2006. Die Sonderkommission »Gas« der Kölner Staatsanwaltschaft ermittelt gegen 159 Kommunalpolitiker und Manager von E.on Ruhrgas wegen Vorteilsnahme beziehungsweise Vorteilsgewährung. Mit kostspieligen Ausflügen habe E.on Ruhrgas Stadtwerke als Großkunden an sich binden wollen.
- »RWE-Affäre: CDA-Chef Arentz gibt alle Ämter auf«, erklärt *Spiegel Online* am 8. Dezember 2008. Der Bundesvorsitzende der CDU-Sozialausschüsse, Hermann-Josef Arentz, tritt zurück. Ihm wird zum Verhängnis, dass er ein Jahresgehalt von 60 000 Euro vom Energiekonzern RWE angenommen hat, obwohl er nicht mehr für ihn arbeitet.

- »Korruption: Erste Festnahme im Infineon-Skandal«, liest man am 15. September 2005 bei *Spiegel Online*. Die Münchner Staatsanwaltschaft ermittelt gegen zwei Infineon-Mitarbeiter unter anderem wegen des Verdachts auf Untreue und Bestechlichkeit, weil sie rund 300 000 Euro »Provision« für die Anwerbung von Sponsoring-Partnern angenommen haben sollen.
- »Tödliche Korruption – Bayer in Japan«, erfährt man von *Transparency International Deutschland* im März 2000. Laut Tokioter Behörden wird ein Abteilungsleiter in Japans Gesundheitsministerium von Bayer und vier anderen Firmen mit insgesamt 409 524 Dollar bestochen, damit er trotz seines Wissens um die Aids-Gefahr erlaubt, dass von 1983 bis 1985 HIV-infizierte Blutprodukte frei und ohne Warnung verkauft werden durften. 1800 der insgesamt 4000 Bluter in Japan werden infiziert. Mehrere hundert sterben. Bayer zahlt »freiwillig« 100 Millionen DM an Entschädigungen und Renten.
- »Telekom-Manager überwacht: Spitzel-Skandal erschüttert Deutsche Telekom«, schreibt *Welt Online* am 24. Mai 2008. Von Sommer 2005 bis Ende 2006 wurden die Telefondaten von Gesprächen von Managern und Aufsichtsräten mit Journalisten ausgewertet. Insbesondere die Telefondaten von Arbeitnehmervertretern im Aufsichtsrat seien zeitweise überwacht worden.
- »Deutsche Bank – Externe Kritiker, Vorstände und Ehefrau bespitzelt«, in: *Spiegel Online* vom 29. Mai 2009. Die Konzernsicherheit ließ offenbar im Rahmen einer Überprüfung des Sicherheitskonzepts der Bank mehrere Deutsche-Bank-Manager und -Aufsichtsräte sowie externe Kritiker durch eine Detektei observieren. »Spitzeln mit weiblichen Lockvögeln?«, fragt dementsprechend *die Süddeutsche Zeitung* am 5. Juli 2009. »Als mutmaßlicher deutscher Meister in Sachen

Bespitzelung galt bislang die Deutsche Telekom«, bemerkt die *Süddeutsche Zeitung*. Nun aber habe die Deutsche Bank sogar den Arbeitnehmervertreter im Aufsichtsrat, Gerald Herrmann von der Gewerkschaft Ver.di, durch Detektive bespitzeln lassen.

Nimmt man nun noch die VW-Affäre um Peter Hartz und die Betriebsratsbestechung unter anderem durch ein ebenso brasilianisches wie leichtes Mädchen, den Siemens-Skandal um die Gründung und Finanzierung der Arbeitgebergewerkschaft AUB und die Schmiergeldzahlungen von ThyssenKrupp bei der Panzerlieferung an Saudi-Arabien im Golfkrieg von 1991 dazu, so scheint es kaum einen DAX-Konzern mit weißer Weste zu geben.

Kontrollen – Ein Hund bewacht das Wurstpaket

Von einer Kontrolle der Banken kann keine Rede sein. So unterstanden Finanzholdings wie etwa die Hypo Real Estate infolge einer Gesetzeslücke nur eingeschränkt der Kontrolle von BaFin (Bundesanstalt für Finanzdienstleistungsaufsicht) und Bundesbank. Dies fiel der BaFin laut Sitzungsprotokoll vom 31. Juni 2009 zwar auf, aber als Lösung präsentierte die Bankenaufsicht »Kontrolle kurios«(*Süddeutsche Zeitung*): Die HRE selbst sollte bei Finanzminister Steinbrück auf das Schließen der Gesetzeslücke drängen. »Genauso gut könnte man wohl einen Alkoholiker auffordern, für mehr Polizeikontrollen zu sorgen«, meint dazu die *Süddeutsche Zeitung*, »damit er bei Trunkenheit am Steuer erwischt und ihm der Führerschein abgenommen werde.«[15] Oder einen Hund das Wurstpaket bewachen lassen, könnte man ergänzen.

»So viel Kontrolle – so wenig Durchblick«, warnte die *FAZ* schon am 2. September 2007 anlässlich der Schieflage der SachsenLB. »Sage keiner, es werde nicht aufwendig geprüft in Deutschlands Bankenlandschaft.« Tatsächlich prüften interne Revision, Verwaltungsrat, BaFin, Bundesbank sowie PricewaterhouseCoopers (PwC) und KPMG. Niemand indes ahnte die nahe Katastrophe: Am 1. Januar 2008 wurde die in Wahrheit marode Bank an die Landesbank Baden-Württemberg (LBBW) verkauft und am 1. April 2008 mit ihr verschmolzen.

Im Mai 2009 gibt die BaFin generelle Mängel in der Aufsicht der Finanzbranche zu. So konnten einige Geldhäuser jahrelang am eigenen Aufsichtsrat, an den Bankenaufsehern und an der Bilanz vorbei mit Zweckgesellschaften in Steueroasen wie den Cayman-Inseln oder Irland »milliardenschwere Räder mit hochriskanten Anleihen und Verbriefungen auf minderwertige US-Hypothekenkredite drehen,[16] die zunächst Traumrenditen abwarfen, schließlich aber – »Der Krug geht so lange zum Brunnen …« – zum Fast-Ruin führten. Dies sei aber, so der unvermeidliche EU-Industriekommissar Günter Verheugen, »nur möglich gewesen, weil die Aufsicht die Dinge habe laufen lassen«.[17] Wirtschaftsprofessor Martin Faust von der Frankfurter *School of Finance and Management* nimmt die BaFin allerdings in Schutz, weil sie nur der verlängerte Arm der Politik sei: »Die BaFin hätte sicher Risiken im System früher erkennen können, wegen fehlender politischer Regularien aber auch nichts dagegen machen können.«[18]

Bleibt die Frage, wer die verhängnisvollen Zweckgesellschaften überhaupt ermöglicht hat. Standen sie am Ende auf der Rückseite der Gesetzestafeln mit den Zehn Geboten, die Moses einstmals von Gott unserem Herrn empfangen hat?

Bei dieser Frage wird einer besonders schmallippig: Der vermeintliche Retter in der Not – Finanz-Staatssekretär Jörg Asmussen. Seit 1999 leitet er die Abteilung Finanzpolitik. In dieser Eigenschaft sitzt er im Aufsichtsrat der Skandalbank IKB und gleichzeitig im Verwaltungsrat der BaFin, die eigent-

lich die Geschäfte der Banken überwachen soll: Aufseher Asmussen kontrolliert Aufsichtsrat Asmussen.[19] Dass er außerdem im Aufsichtsrat der Telekom hockt, zu deren Aktionären auf
schwärmerisches Betreiben Steinbrücks hin auch die »fragwürdige Heuschrecke« Blackstone gehört, passt ins Bild: »In
der richtigen Partei und ein Genie, wenn es darum geht, immer dort zu sein, wo es gerade einen Schritt auf der Karriere-
leiter nach oben geht«, staunt Antje Sirleschtov im *Tagesspiegel*.[20]

Die rot-grüne Regierung hat ein ehrgeiziges Ziel, wie ein Antrag vom 7. Mai 2003 beweist. Man will »... den Handel mit
Forderungen und Risiken aus Kreditgeschäften entwickeln«. Im
Winter 2004 erhält Asmussen ein entsprechend bestelltes Gutachten: »Optimale staatliche Rahmenbedingungen für einen
Kreditrisikomarkt – Verbriefungsmarkt«. »Eine Gebrauchs-
anweisung für die Gründung von sogenannten Zweckgesellschaften in Steueroasen«, findet Sabina Wolf von *Report München*.[21] Sie sollen den Banken ihre Kreditrisiken in dreistelliger Milliardenhöhe abnehmen. Und Asmussen quartiert auch
gleich noch Vertreter der Finanzlobby im Ministerium ein. Das
Problem: Seriöse Kreditgeschäfte müssen bislang durch Eigenkapital abgesichert sein. Also je mehr Kreditvergabe, desto
mehr notweniges Eigenkapital. »Der neue Trick: Kredite als Paket schnüren, ... und an Zweckgesellschaften auslagern. Jetzt
heißen die Kredite Asset Backed Securities, kurz ABS, und werden als Wertpapiere an andere Banken verkauft. Damit hat die
Bank Platz für Neugeschäfte. Das Eigenkapital musste dazu
nicht wachsen.«[22]

Es ist wie immer im Leben: Je weniger Risiko man selbst trägt,
desto unvorsichtiger ist man.

Selbst der neoliberale Wirtschaftsprofessor Wolfgang Gerke
räumt ein: »Hätten die deutschen Kreditinstitute diese Risiken ... mit haftendem Kapital unterlegen müssen, dann wären

sie wesentlich weniger riskant gewesen und der Steuerzahler müsste heute nicht so bluten.«

Um das Verbriefungsgeschäft bei uns hoffähig zu machen, gründen 13 deutsche Banken die Firma True Sale International.

Und siehe da: Gesellschafterbeirat ist Jörg Asmussen. Aber schon bald steht Ärger ins Haus, es kommt zu den »ersten kleinen Krisen des Herrn A.« (*Handelsblatt*): Im Jahre 2006 wird Asmussen vorgeworfen, die Korruptionsaffäre bei der BaFin durch mangelhafte Aufsicht begünstigt zu haben. Zum Glück für ihn kann ihm »kein Fehlverhalten nachgewiesen werden«. Dann wird er zur »Schlüsselfigur in der IKB-Krise«, und das ist »etwas wie der erste Fleck auf der bislang weißen Weste des Senkrechtstarters: Der für die Finanzpolitik zuständige Asmussen gerät in Erklärungsnot.«[23]

Aber da gilt für Merkel und Steinbrück Augen zu und durch: Asmussen soll im Oktober »das staatlich geförderte Kredit-Chaos« (*plusminus*) federführend beheben. Dabei war er Gründungsmitglied im Beirat der von der Staatsbank KfW sowie von Privatbanken und Rating-Agenturen getragenen »True Sale International«, die den unkontrollierten Kreditverkauf fördern sollte. »Noch 2006 preist Asmussen die Vorteile dieses Risikogeschäfts«, wie *plusminus* ans Tageslicht bringt.[24]

Als IKB-Aufsichtsrat macht auch er die riskanten Geschäfte der neuen Art. Der Münchner Rechtsanwalt Klaus Rotter brachte die IKB dafür vor den Kadi: »Es ärgert uns, dass jemand, der einen deutlichen Beitrag dazu geleistet hat, dass die Finanzmarktkrise beim deutschen Steuerzahler angekommen ist, dass der nun als Retter eingesetzt wird … Hier wird der Bock zum Gärtner gemacht.«

Asmussen sieht damals keine Risiken, ganz anders als die Bundesbank, die einen Großkredit von 18 Milliarden an die IKB-Zweckgesellschaft für illegal hält und sogar die BaFin alarmiert.

Die allerdings beschließt, »der vorläufigen Bewertung der Bundesbank nicht zu folgen«.

Als Asmussen später für die BaFin zuständig ist, kritisiert er diese folgenschwere Fehleinschätzung natürlich nicht. Und ausgerechnet Asmussen winkt am 3. Juli 2009 im Bankenrettungsfonds sieben Milliarden Euro an Steuerzahlergarantien durch.

Gegenüber *Report München* zeigt er sich frei von Unrechtsbewusstsein: »Ich will damit nicht sagen, dass wir nicht alle, und das trifft natürlich auch für mich zu, Lehrgeld gezahlt haben.« Kommentar von *plusminus:* »Das Lehrgeld zahlt der Steuerzahler. Sieht so politische Verantwortung aus?«

In Personen wie Asmussen manifestiert sich die Unbelehrbarkeit der Spitzenpolitiker und ihrer Helfer. Man trifft ihren Geist in den Großraumbüros der Heuschrecken ebenso wie in den Spielsälen der Casinos, in halbseidenen Zockerhöllen wie in den Hörsälen dubioser »Business Schools«, gelegentlich auch bei Survival-Trips der gelangweilten Oberschicht auf der Suche nach dem ultimativen Kick.

Geratenes Rating?

Vor dem G-20-Gipfel im März 2009 in London gab ausgerechnet BaFin-Chef Jochen Sanio vor allem den Rating-Agenturen die Schuld an der Krise. »Sie stuften Fonds viel zu lange zu gut ein, die eigentlich Müll waren.«[25] Ein unabhängiges Gremium solle künftig unsolides Geschäftsgebaren von Rating-Agenturen frühzeitig erkennen und so Finanzkrisen vorbeugen.

Nicht zufällig erinnert »Rating« an »Raten«. Für den Bankexperten Ekkehard Wenger, BWL-Professor in Würzburg, haben die an PR grenzenden Bewertungen »dazu geführt, dass Kredite vergeben wurden, die nicht hätten vergeben werden dürfen. Ohne Rating-Agenturen wäre die heutige Situation in diesem Ausmaß niemals möglich gewesen.«[26]

Gleiches gilt natürlich für die Börsen-Analysten, die mit irrwitzigen Gewinnprognosen nicht nur Unternehmen, sondern auch Privatleute zum Zocken animieren. So versprechen sie den Anlegern Ende 2007 für 2008 einen durchschnittlichen DAX-Kurs von 8641 Punkten – in Wahrheit liegt er mit 4779 Punkten um 45 Prozent niedriger.

Und dass auch Normalbürger darauf hereinfallen, wäre niemals möglich gewesen ohne die rating- und analystenhörige Presse. So würdigt selbst die ehrwürdige und elitäre *FAZ* (»Dahinter steckt immer ein kluger Kopf«) noch am 6. Mai 2009, also nachdem diese »Experten« längst aufgeflogen sind, die Einstufung von fünf deutschen Landesbanken durch die US-Agentur *Standard & Poor's (S&P)* und übernimmt deren kryptische »Analyse« – so kritiklos wie der Duckmäuser die Meinung des Chefs: »Landesbanken verlieren an Kreditwürdigkeit«, lautet der Titel ohne den geringsten Nachweis, denn wie das meist falsche Rating zustande kommt, ist ein größeres Geheimnis als das Rezept von Coca-Cola. Stattdessen werden wie gehabt blinder Hellseherglaube und seine fatalen Folgen demonstriert: »BayernLB, HSH Nordbank und WestLB werden nun nur noch mit der Bonitätsnote ›BBB+‹ bewertet ... Sie bekommen mit diesem schlechteren Rating von Anlegern nur noch Kapital gegen deutlich höhere Zinskosten, wenn überhaupt.«[27] Wieso kaufen sich die Redakteure und Anleger eigentlich keine Glaskugel und machen sich die Ratings selber?

Nun springt einem aber die Möglichkeit des bewussten Missbrauchs ins Auge. Mögen auch die Rating-Agenturen fachlich keinen Schimmer haben, so heißt dies noch lange nicht, dass sie nicht – aus eigenem oder bezahltem fremdem Interesse – Konzerne, Banken oder selbst ganze Staaten zu hoch oder zu niedrig bewerten. Und es bietet sich ja geradezu an, vor allem ärmere Länder damit zu erpressen: Der Broker Dirk Müller warnt davor, zu unterschätzen, »welche unvergleichbare Macht diese Rating-Agenturen in den Händen halten. Diese Firmen entscheiden mit ihren Lageeinschätzungen über das Wohl und Wehe jedes größeren Unternehmens dieser Erde und nicht zuletzt über Aufstieg und Niedergang ganzer Regierungen und Staaten.«[28]

Teil II
Der Steuerzahler hat's ja –
Die Rettungspakete

Als der Sohn zum ersten Mal auf Schlittschuhen den zugefrorenen Dorfteich betritt, will der Vater ihn an die Hand nehmen. »Misch dich nicht ein!« war die Antwort. »Ich komm gut allein zurecht.« Kurz darauf brach er ein, zappelte im eiskalten Wasser und schrie nach dem Vater.

So ähnlich ist es mit den Banken und der Industrie. Gestern noch verbaten sie sich jegliche Einmischung von Vater Staat in die Wirtschaft, heute fordern oder erbetteln sie vom selben Staat großzügige Hilfen. Dies freilich war nie anders, man denke nur an die Subventionen für Bergbau und Landwirtschaft oder an die bis zu zwei Milliarden Euro, mit denen der Staat jährlich in Form der »Riester«-Zuschüsse die privaten Rentenversicherer sponsert.

Und selbst die Neoliberalen wollten keineswegs, dass der Staat sich wirklich aus allem heraushalte, sondern forderten von Anfang an seine aktive Einmischung zum Wohle des »freien« Marktes. »Nichts dürfte dem Liberalismus so sehr geschadet haben«, schrieb Hayek schon 1944, »wie das starre Festhalten … an dem Prinzip des Laissez-faire.«[29] Deshalb stellen die historisch beispiellosen Bankenrettungsmaßnahmen keine Veränderung, sondern eine Bestätigung der neoliberalen Doktrin dar: Der Staat garantiert die Existenz und die Gewinne der Banken gerade dann, wenn sie bankrott sind. Damit übernimmt er die Maximen der Krisenverursacher ohne wesentliche Korrekturen noch direkter als zuvor.

Zu den Phänomenen der Krise gehört es, dass nicht nur die

falschen Propheten von gestern auch heute wieder ihren unterirdischen Schmarrn zum Besten geben dürfen, sondern dass auch die »Bankster« und Versager das Staatsgeld in die Hand bekommen. Daher sind die damalige Große Koalition als Verteiler und die Konzernbosse als Empfänger von Steuergeldgeschenken namens Rettungsfonds für Werner Rügemer »Brandstifter als Feuerwehr«.[30]

Bezeichnend dabei: Für das Wertschöpfung vermittelnde, aber selbst keinerlei reale Werte schaffende Finanzkapital werden 480 Milliarden Euro bereitgestellt, für den eigentlich produktiven Sektor aber mit »nur« 50 Milliarden nur etwas mehr als ein Zehntel. Übrigens beträgt der Etat für Forschung und Bildung nur lausige 10,20 Milliarden Euro.

Die Zeitschrift *Focus* – »Fakten, Fakten, Fakten« – führt dankenswerterweise vor, was man allein mit zehn Milliarden Euro machen könnte, anstatt sie zur Reparatur unserer Variante von Marktwirtschaft zu verpulvern. Eine Auswahl:

- Jedem der rund 82 Millionen Deutschen knapp 122 Euro überweisen.
- Einem Durchschnittsverdiener 268 817 Jahre lang das Gehalt verdoppeln – 3100 Euro auf 6200 Euro monatlich.
- Den Beitragssatz der gesetzlichen Krankenversicherung für ein Jahr um einen vollen Prozentpunkt senken. Der durchschnittliche Satz läge dann knapp unter 14 Prozent. Jedem Beitragszahler könnte das bis zu 432 Euro sparen.
- Ein Jahr lang 26,8 Millionen Kinder in SOS-Patendörfern in aller Welt ernähren. Eine Patenschaft kostet 31 Euro im Monat.
- Jeden der 20 Millionen deutschen Rentner mit einem einmaligen Bonus von 500 Euro bedenken. Die Standardrente nach 45 Beitragsjahren liegt derzeit bei 1065,66 Euro im Monat

- Jedem der rund sieben Millionen Hartz-IV-Empfänger in Deutschland einmalig 1428,57 Euro überweisen – zusätzlich zum derzeitigen Regelsatz von 350 Euro monatlich.
- Jedem der 18,5 Millionen Kinder, die Kindergeld erhalten, einmalig 541 Euro spendieren.

»20 Banken suchen Schutz unter dem Rettungsschirm«, meldet die *Tagesschau* bereits am 13. November 2008. Schon kurz darauf sind Wörter wie *Bankenrettungspaket*, *Finanzmarktstabilisierungsfond*s und vor allem *Rettungsschirm* in aller Munde. Aber selbst unter Politikern und Fachjournalisten wissen die wenigsten, worum es dabei überhaupt geht.

Obiger Fonds zum Beispiel lief zunächst bis Ende 2009 und war als »Goldesel« der Banken als *Sondervermögen* vom normalen Staatshaushalt ausgegliedert – die Bad Bank lässt grüßen.

Hier heißt sie allerdings *Finanzmarktstabilisierungsanstalt* (FMSA) und ist eine Unterabteilung der Bundesbank, unterliegt aber der Rechts- und Fachaufsicht des Bundesfinanzministeriums.

Der Fonds übernimmt Bürgschaften bis zu 400 Milliarden Euro für Kredite der Banken untereinander. Auf Deutsch: Auch wenn eine Bank einem noch so windigen Geldinstitut Geld pumpt – der Staat übernimmt das volle Risiko. Wieso bietet man so etwas nicht auch Spielbankbesuchern und Oddset-Tippern an?

Eine der populärsten Lügen in puncto »Interbankgeschäfte« ist übrigens die Legende vom »mangelnden Vertrauen untereinander«. In Wahrheit sind sogar die Konzernchefs aufs Engste miteinander verbandelt. Bei Aufsichtsratssitzungen läuft man sich sowieso ständig über den Weg – der Konzernchef A sitzt im Aufsichtsrat von Unternehmen B und umgekehrt –, »aber auch zu Familienfeiern, auf Verbandstagungen oder zwecks

Freizeitsport trifft sich immer wieder die gleiche kleine Männerclique, die die Geschicke unserer Wirtschaft und damit unseres Landes entscheidend zu beeinflussen scheint. Man plaudert über Job und Fußball, die Regierung und die neuesten Gerüchte.«[31]

Dass in einer derart verschworenen Clique plötzlich existenzgefährdendes Misstrauen aufkommen soll, kann man sich zwar in einem Billig-Krimi vorstellen – in der Realität ist das absurd. Wer würde schon ohne Gesprächsversuch die Kripo alarmieren, nur weil ihm die eigene Schwester 20 Euro schuldet? Kurzum: Das »mangelnde Vertrauen« war eine Inszenierung im Stile der Bayreuther Wagnerfestspiele, um aus dem Steuerzahler noch mehr Geld herauszuleiern.

Dass der Markt zuletzt wegen dieses vorgeblichen »Misstrauens« so gut wie lahmgelegt war und als Folge davon die Banken nun auch Unternehmen und Privatkunden keine Kredite mehr gewährten, gehört zum sattsam bekannten Umverteilungsspiel – von unten nach oben, versteht sich.

Eine weitere Unwahrheit in diesem Zusammenhang ist es übrigens, dem Steuerzahler weiszumachen, eine Bürgschaft bedeute ja keineswegs, dass das Geld unbedingt futsch sei. Einerseits stimmt das, aber wer ginge nicht gern ins Kasino und setzte sein gesamtes Vermögen auf die 36, voller Gewissheit, dass er seinen Einsatz im Zweifelsfall wieder zurückbekommt?

Dass die Bundesregierung das Risiko für die Kredit-Garantien auf fünf Prozent der Gesamtsumme – also auf 20 Milliarden Euro – einschätzte und dafür »die haushaltsrechtliche Vorsorge« traf, ist eine Unverschämtheit innerhalb der Unverschämtheit. Wieso dann überhaupt Bürgschaften, wenn sie zu 95 Prozent sowieso überflüssig sind?

Weitere 80 Milliarden Euro pumpt der Staat direkt und ohne Umschweife in die Fässer ohne Boden. »Systemrelevant« nennt die Regierung diese Geldinstitute, »Abzockerverein« nennen sie die kleinen Leute. Damit sollen die Geldvernichtungsmaschinen ihr Eigenkapital nach oben schrauben, auf das sie neue Kredite vergeben und so ihre Kreditwürdigkeit gegenüber anderen Banken erhöhen können. Dass die Obergrenze pro Institut bei zehn Milliarden Euro pro Bank festgelegt wurde und der Fonds außerdem Risikopositionen – wie etwa »faule« Kredite – übernehmen konnte, rundet das Bild nur noch ab. Und dass der Fonds dabei unter anderem eine Rückkaufverpflichtung zu Lasten des Finanzinstituts vereinbaren kann und die Obergrenze für solche Risikoübernahmen fünf Milliarden Euro im Einzelfall beträgt, rührt jeden kritischen Bürger zu Tränen.

Wie aber, fragt sich natürlich jeder halbwegs klar denkende Bürger, sehen denn wohl die Gegenleistungen der Banken aus?

Natürlich müssen die Unternehmen »Auflagen erfüllen«, aber schon allein die Wortwahl macht den Normalo sicher, dass alles so läuft wie gehabt. So fordert die Bundesregierung »Mitspracherecht« darüber, wofür die Banken die Finanzspritzen verwenden, über das geschäftspolitische Gebaren der Banken und über Dividendenausschüttungen an Aktionäre. Die wahren Nutznießer sind selbstverständlich die üblichen Verdächtigen – in den Medien meist unterwürfig »Elite« genannt –, die ohne einen Handschlag steinreich werden und einem Gigolo so ganz nebenbei mal fünf Millionen Euro in den Rachen werfen können. Einen Betrag also, von dem nicht nur ein Hartz-IV-Empfänger, sondern ein normaler Werktätiger sich und seine vierköpfige Familie rund einhundert Jahre lang gut ernähren könnte.

Bei näherer Betrachtung erinnert das Gesamtkunstwerk an mittelmäßige Gaunerkomödien. Was zum Beispiel ist von Phrasen zu halten wie: »Grundsätzlich soll darauf hingewirkt werden, dass die Geschäftspolitik von Finanzfirmen stärker am Grundsatz der Nachhaltigkeit ausgerichtet wird und Risiken abgebaut werden«?[32] Außerdem werden die Gehälter der Manager gedeckelt: Mehr als 500 000 Euro soll kein Bankvorstand verdienen, dessen Institut unter den Rettungsschirm geschlüpft ist. Wer sich allerdings klarmacht, über welche schier unerschöpflichen Möglichkeiten die Großverdiener verfügen, zu Größtverdienern zu avancieren, kann über diese Sternstunde der Heuchelei nur lachen.

Eine ebenfalls interessante Frage ist es; warum die Bilanzierungsregeln der Banken gelockert werden. Und auch die Antwort auf diese Frage hat es in sich: »Banken müssen in jedem Quartal ihre Bilanzen vorlegen«, verrät uns die *Tagesschau*, »in die auch Wertpapiere eingerechnet werden. Sind diese Papiere zum Zeitpunkt der Bilanzierung im Kurs deutlich gefallen ... müssen die Banken diese Wertverluste abschreiben. Dadurch entstehen in den Büchern Milliardenverluste – das Eigenkapital der Bank sinkt, selbst wenn die Papiere langfristig eine gute Prognose haben. Diese Regelung soll gelockert werden.« Künftig also können die Banken ihre Papiere mit einem längerfristigen Durchschnittswert angeben und nicht mit dem aktuell zutreffenden Wert.

Was aber heißt das für den zum Jahr 2011 anvisierten ausgeglichenen Haushalt? Über eines war man sich in der Großen Koalition noch kurz vor der Wahl einig: Der Plan des damaligen Bundesfinanzministers Peer Steinbrück, in 2010 erstmals seit 1969 keine neuen Schulden zu machen, war so realistisch wie die Reise eines bemannten Raumschiffes zum Andromedanebel. Bundeskanzlerin Angela Merkel rechnete angesichts der Finanzkrise und der schlechteren Wachstumsaussichten – man beachte ihre Fähigkeit, Wörter elegant zu verwenden, über deren Inhalt sie nicht einmal ansatzweise irgendetwas weiß – bereits mit Auswirkungen auf die Finanzplanung. Der angesteuerte ausgeglichene Haushalt werde sich möglicherweise bis

2011 nicht erreichen lassen. Am neoliberalen Ziel, künftig keine neuen Schulden mehr zu machen, wolle sie aber festhalten. Zwar behauptete das Lager der halbgebildeten »Experten« unisono, besagte 400 Milliarden Euro würden nie fällig werden – die Bürgschaft solle ja gerade für eine »Normalisierung« der vorkommenen Finanzbranche sorgen. Außerdem solle der Bund für eventuelle Geldgeschenke im Gegenzug Aktien oder ähnliche Pseudosicherheiten erhalten, die er »in besseren Zeiten« wieder mit Gewinn abstoßen könne. Zunächst aber müssten diese Finanzspritzen über neue Schulden finanziert werden. Klingt das nicht wie das Gedöns des Neffen gegenüber dem reichen Onkel: Er solle ihm zum – Ehrenwort, diesmal klappt's – hundertsten Mal 1000 Euro leihen, weil er diesmal den endgültig todsicheren Tipp für das vierte Rennen auf der Galopperbahn Wanne-Eickel habe?

In Wahrheit allerdings vertraut die marktradikale Art des Wirtschaftens besonders auf »staatlich abgesichertes Unrecht«: Der Staat garantiert astronomische Einkommen aus bloßem Kapitalbesitz. Und dies ist besonders dann der Fall, wenn Staatskonzerne an private Raffkes verschleudert werden.[33]

Aus diesem Grund ist das unverfrorene Rettungspaket zum Wohle der Banken keineswegs ein Kurswechsel, sondern ein »weiter so«. Der Staat steht für das Weiterleben und die Gewinne der Geldinstitute bezeichnenderweise in dem Moment gerade, wenn sie eigentlich »fertig haben«. Damit hält er sich an die abgewirtschaftete Pseudologik der neoliberalen Gierschlunde, also an »die Maximen der Krisenverursacher ohne wesentliche Korrekturen noch direkter als zuvor«.[34]

Dadurch aber wird die Praxis der Finanzwirtschaft im Wesentlichen nicht angetastet, man denke nur an die bizarren Transaktionen der Banken untereinander ohne jegliche Förderung der echten Wirtschaft, an »Verbriefung« (Weiterverkauf) von Krediten, Handel mit abenteuerlichen Kreditderivaten, »Zweckgesellschaften« oder Hedgefonds mit absurd geringem Eigen-kapital.

Damit aber bleibt die unterm Strich gemeingefährliche Absah-nergilde samt ihrer krisenschaffenden Finanzpraktiken völlig unbehelligt: Alle Macht und alles Geld den Zockern, und die Realwirtschaft kann sehen, wo sie bleibt. Was in diesem Zu-sammenhang schwarzer Humor reinsten Wassers ist: Indem man – scheinbar sozial und aufrichtig – Steuerverbrechen ein-zelner Superreicher zum Gesprächsthema macht, überspielt man bewusst den Umstand, dass die Steuerparadiese in Wahr-heit den Helden des Neoliberalismus dienen. Es geht dabei aber nicht um Zumwinkel and Friends, sondern um die Zentralen der Hedgefonds und Zehntausende von »Zweckgesellschaften« von Banken und Konzernen. Allein die Deutsche Bank unter-hält gut 800 derartige »Firmen« auf den Cayman Islands, auf Jersey oder in Delaware.

Geradezu tragikomisch aber ist es, wie Werner Rügemer zu Recht bemerkt, dass »dieselben Regierungen überall in der Welt Schuldige finden, insbesondere Terroristen«, aber »für die Finanz- und Wirtschaftskrise nirgendwo irgendeinen Schuldi-gen«. Schön auch, wenn der damalige Fastkanzler Frank-Walter Steinmeier am 14. Januar 2009 vor dem Bundestag sagt: »Wer nach Schuld fragt, liegt falsch. Wir müssen in die Zukunft bli-cken.«

Mit dem *Finanzmarkt-Stabilisierungs-Gesetz* vom Oktober 2008 stampfte man eine neue Einrichtung aus dem Boden, näm-lich jenen SoFFin, dem das freie und beliebige Schalten und Wal-ten mit dem »Bankenrettungsschirm« oblag, also die unein-geschränkte Verantwortung und Vollmacht für jene 480 Milli-arden, die gerade jenen Pleitebanken zugedacht waren, die uns noch kurz zuvor über den Frevel staatlicher Einmischung be-lehrt hatten.

Nicht zufällig wurde diese Sache entgegen dem Grundgesetz

und sämtlicher Urteile des Bundesverfassungsgerichts der Zuständigkeit des Bundestags entzogen. Das Gremium der parlamentarischen Kontrolleure tagt so konspirativ wie die irische IRA und die baskische ETA zusammengenommen. Selbst die neun Mitglieder haben so gut wie kein Akteneinsichtsrecht und unterliegen der Verschwiegenheit. So wurde der Geheimbericht über die wirkliche Verschuldung der HRE den Volksvertretern nur mit sorgfältig geschwärzten Passagen zur Verfügung gestellt.

»Die Steuerzahler bekommen also für die Milliarden, die sie aufgebracht haben, nicht einmal ein Auskunftsrecht, geschweige denn ein Mitspracherecht darüber, was die Banken mit den Milliarden anstellen«, stellt der US-Ökonom Joseph Stiglitz für sein Land fest, wo es offenbar ähnlich zugeht.[35]

Geradezu typisch für das Demokratieverständnis der großen Parteien ist es, dass der 480-Milliarden-Blankoscheck für den SoFFin aus dem Bundeshaushalt ausgegliedert wurde. Am Ende allerdings überträgt der SoFFin die Schulden dann doch auf den Bundeshaushalt, sprich: den Steuerzahler.

Weil immer mehr Branchen in den Strudel der Finanzkrise geraten, senkt die Europäische Zentralbank die Leitzinsen zur gleichen Zeit ganz massiv: von 4,25 Prozent im September 2008 auf 1,00 Prozent im Mai 2009. Die Banken bekommen ihr Geld nun also 3,25 Prozent günstiger als noch vor ein paar Monaten.

So sollen Kredite billiger werden, damit die Unternehmen investieren und die Verbraucher einkaufen gehen und somit die Konjunktur wieder in Schwung bringen. Doch viele Banken denken gar nicht daran, die günstigen Zinsen an ihre Kunden weiterzugeben – vor allem bei Dispo-Krediten. Die Zinsen, die der Kunde auf Dispositionskredite zahlen muss, sind dagegen mit rund 12,00 Prozent im Durchschnitt gleich geblieben. Einige Banken erhöhten ihre Zinsen auf Dispositionskredite sogar noch. Das ergab die Analyse der Zeitschrift *Finanztest,* in die 70 Kreditinstitute einbezogen wurden.

Nach Beobachtung von Hermann-Josef Tenhagen von *Finanztest* »behalten die Banken das Geld, sie verdienen mehr Geld. Die Marge der Banken steigt.« Laut *Finanztest* sind das rund 1,3 Milliarden Euro im Jahr. Fazit von Tenhagen: »Wenn die Banken die Zinssenkungen nicht weitergeben, dann funktioniert das Konjunkturprogramm nicht mehr als Konjunkturprogramm, sondern letztlich wird es zu einem Programm, bei dem sich die Banken bedienen, um mehr Gewinne zu machen und ihre Bilanzen zu sanieren.« Und so müsse der Bürger auch hier zahlen, damit es den Banken bessergehe.[36]

Noch Mitte Januar lehnt Finanzminister Peer Steinbrück sogenannte Bad Banks als »ökonomisch und politisch kaum durchsetzbar« ab. Aber wer ist schon Steinbrück?

Am 3. Juli beschließt der Bundestag die Einführung ebendieser Bad Banks. Hier können Geldinstitute völlig wertlose (Diktion: »hochriskant«) und seit Beginn der Finanzkrise praktisch unverkäufliche Wertpapiere abgeben und damit ihre Bilanzen beschönigen. Die Auslagerung soll die betreffenden Institute von hohen Verlustrisiken befreien und ihnen Zugriff auf Eigenkapital ermöglichen, das bisher zur Absicherung der riskanten Papiere gebunden war. Schätzungen zufolge summieren sich die hochriskanten Papiere in den Bankbilanzen auf bis zu 230 Milliarden Euro.

Konkret: Privatbanken und öffentlich-rechtliche Institute können jeweils eine eigene Zweckgesellschaft gründen, an die sie die Risikopapiere weiterreichen. Der zugrunde gelegte Preis richtet sich dabei nach dem Wert, der zum 30. Juni 2008 in den Bilanzen stand. Im Gegenzug für die Risikopapiere erhält die Bank staatlich abgesicherte Schuldverschreibungen der Zweckgesellschaft in Höhe von 90 Prozent des ermittelten Wertes. Weil aber die Risikopapiere in Wahrheit auf den Finanzmärkten wesentlich weniger wert sind, muss die Bank die Differenz in jährlichen Raten über bis zu 20 Jahre zurückzahlen. Dieses Geld stammt aus den Mitteln, die sonst an die Bankeigentümer ausgeschüttet worden wären. Die Bank muss zudem eine Gebühr für die staatlichen Garantien zahlen und darf ihren Vorständen nur noch Jahresgehälter von höchstens 500 000 Euro zahlen. So weit, so gut.

Allerdings hat die Sache einen Haken. Da die Banken keine Dividende zahlen dürfen, solange die faulen Papiere in der Bad Bank liegen, dürften sie für neue Investoren, die frisches Kapital beisteuern könnten, kaum attraktiv sein. Eigenkapital aber brauchen die Banken als wichtige Vorsorge gegen die nächsten Krisen.

Für die Landesbanken gibt es ein eigenes Modell. Sie können beim SoFFin eine eigene »Anstalt in der Anstalt« (AIDA) gründen und dorthin nicht nur Risikopapiere, sondern auch ganze Geschäftsbereiche auslagern. Dort werden sie über die Jahre abgewickelt, ohne fortlaufend die Bilanz zu belasten. Die Kosten für Verluste tragen auch hier die Eigentümer. Auf Druck der Länder wird zusätzlich die Möglichkeit eingeräumt, eine AIDA nicht unter dem Dach des SoFFin einzurichten, sondern separat nach Landesrecht. Die finanzielle Verantwortung tragen dann aber vollständig die Bundesländer.

»Damit hat die Regierung den Rücken frei, um die Finanzinstitute massiv unter Druck zu setzen«, frohlockt *Spiegel Online*. »Peer Steinbrück, Frank-Walter Steinmeier, Karl-Theodor zu Guttenberg, Volker Kauder poltern nun gegen den Kredit-Geiz deutscher Geldhäuser und drohen mit saftigen Sanktionen.«[37] Aber weder die Bad Bank noch die Drohungen bewegten die Banken, der Realwirtschaft die dringend benötigten Kredite zu gewähren.

Für Wolfgang Gerke, den emeritierten Bankprofessor der Universität Erlangen-Nürnberg, suchen die Banken in der »Bad

Bank« vor allem einen Weg, sich auf bequeme Art aus der selbst verschuldeten Affäre zu ziehen: »Es ist überhaupt nicht einzusehen, warum der Staat ihnen das ermöglichen sollte. Der Steuerzahler hat ohnehin für die Banken schon kräftig bluten müssen.« Und: »Es gibt keine Rechtfertigung dafür, dass er auf einen Schlag einen weiteren dreistelligen Betrag finanzieren sollte.«[38]

Bezeichnenderweise bezweifelt Finanzminister Peer Steinbrück nur einen Tag nach der Verabschiedung des Bad-Bank-Gesetzes, dass die Regelung ausreiche. Gleichzeitig droht er mit »noch nie dagewesenen Maßnahmen« gegen die Banken, sollte es in der zweiten Jahreshälfte zu einer Kreditklemme kommen.

Wie diese »noch nie da gewesenen Maßnahmen« aussehen, wird tags darauf deutlich. Die Koalition drängt bei der EU darauf, die erst kürzlich beschlossene Finanzregel für Banken – Basel II – wieder zu lockern. Basel II verlangt von den Banken Eigenkapitalreserven, die sich an ihren tatsächlichen Kreditrisiken orientieren, um die Vergabe riskanter Kredite im großen Stil zu verhindern. Diese Regel sollte nun schuld daran sein, dass die Banken immer weniger Kredite vergaben und sich die Krise noch verschärfte. Prompt wurde der deutsche Vorstoß von internationalen Bankenaufsehern kritisiert. Eine Lockerung könne auf eine Verwässerung der Aufsichtsregeln hinauslaufen.

Ulrich Maurer von der Partei Die Linke hält dagegen die Schrottbanken für Schrott: »Die Forderung, der Staat solle die Schrottpapiere übernehmen und dann sehen, wie er sie wieder loswird, ist an Dreistigkeit nicht zu überbieten. Ihre Verwirklichung würde den dramatischen Sittenverfall im Kreditwesen weiter verschärfen – denn brutalstmögliches Risikoverhalten würde vom Steuerzahler gedeckt.«[39]

Und sein Kollege Herbert Schui untermauert dies mit Zahlen: »Das Volumen fauler Wertpapiere und Kredite wird von der

Branche in Deutschland auf bis zu 800 Mrd. Euro geschätzt, vom Finanzministerium auf bis zu eine Billion Euro. Die deutschen Banken verfügen über Kapital und Rücklagen in Höhe von 366 Mrd. Euro, bei einer Bilanzsumme von 8090 Mrd. Euro. Finanzkrise und Wirtschaftskrise verschärfen sich gegenseitig und führen damit zu weiteren Wertverlusten.«[40]

Wie so oft im Leben sind es nicht die großen Worte, sondern die kleinen Details, die die Wahrheit verraten, in diesem Fall über die wahren Nutznießer der Bad Banks. Unmittelbar vor der Verabschiedung durch den Bundestag stieg die Aktie der Commerzbank, die bereits vorher auch im Zuge der Übernahme der Dresdner Bank fast 20 Milliarden Steuergelder abgegriffen hatte, um 20 Prozent.

In freudiger Erwartung eines Riesenreibachs auf Kosten des Steuerzahlers hatten die Aktionäre auf der Hauptversammlung Mitte Mai den Einstieg des Staates begrüßt. Schließlich stellte Commerzbank-Chef Martin Blessing auch gleich klar: »Wir sind und bleiben eine Privatbank.«[41]

Kassiert haben also einmal mehr die Bezieher leistungsloser Einkommen, und das Risiko und den wahrscheinlichen Milliardenverlust trägt wie immer der kleine Mann. Und was die braungebrannten, Champagner schlürfenden Commerzbank-Aktionäre hier absahnten, fehlt natürlich wie üblich in Schulen und Kindergärten. Tatsächlich bieten die Bad Banks nur zwei Alternativen: Geht es schief, dann muss der Steuerzahler bluten; geht es aber gut, verdienen sich die Aktionäre dumm und dämlich.

Übrigens tut nach der Theorie der Marktwirtschaft niemand etwas ohne Gegenleistung. Fragt sich also ganz unverbindlich, was gewisse Politiker davon haben, wenn sie systematisch und mit Eifer und Akribie den Superreichen das Geld des Volkes zuschanzen, also Umverteilung von unten nach oben betreiben.

Eines allerdings steht ohnehin fest: Die Behauptung aus Politikerkreisen, möglicherweise würden sich die faulen Papiere bald wieder erholen und dem Staat sogar Gewinn einbringen, ist eine Beleidigung des Verstandes der Bürger. Sähe irgendjemand aus dem Heer der Spekulanten auch nur den Hauch einer Gewinnchance, dann hätte er schon längst zugegriffen. Aber Spekulanten können sehr wohl unterscheiden zwischen »hochriskant« und »wertlos«.

Aber die kritischen Stimmen mehren sich. So meint Parteienforscher Rügemer, die bankrotten Banken müssten geordnet in die Insolvenz geführt werden. »Sie haben keine ›Systemrelevanz‹, sondern sie gefährden das ökonomische und demokratische System. Die Alternative heißt ›Good Banks‹.«

Eine solche »Gute Bank« zeichne sich »gerade nicht durch verschleierte Inter-Banken-Spekulationen aus. Eine Good Bank, also ein Finanzsystem im volkswirtschaftlichen und öffentlichen Interesse, muss die ökonomischen Bedürfnisse der Bevölkerungsmehrheit fördern, durch billige Real- und Mikrokredite, vergeben auf der Grundlage überprüfter Rückzahlungspläne. Kriterien dafür sind Arbeitsplätze, sinnvolle Produkte, gute Arbeit, sicheres und auskömmliches Einkommen, ein funktionierendes Gesundheits- und Rentensystem.«[42]

Man mag das ja abfällig als Tagträumerei abtun. Aber schließlich hat der Ökonom und Banker Muhammad Junus aus Bangladesch für ganz ähnliche Ideen im Jahre 2006 den Friedensnobelpreis erhalten.

Festzuhalten bleibt: So viel Geld kann man den Banken gar nicht in den Rachen werfen, als dass sie nicht noch mehr erzwingen wollten. »Kreditklemme drosselt den Aufschwung«, titelt *Spiegel Online* am 29. September 2009.

»Wenn Firmen sich von Banken erpresst fühlen«, ist dies laut *Frankfurter Allgemeine* mehr als berechtigt: »In jedem Fall kommt die Bank gegenüber einem Unternehmen, das den Kredit beziehungsweise dessen Verlängerung unbedingt braucht, in die für sie bestmögliche Verhandlungsposition – und kann das um Kredit ersuchende Unternehmen bis zur letzten Sekunde betteln lassen.«[43]

Nebenbei gefragt: Wieso verlangen vor dem Hintergrund der Finanzkrise nicht auch die Bankkunden Sicherheiten für ihre Einlagen?

Bei den – welch peinlich absurdes Unwort! – »notleidenden« Banken ist die Unterscheidung zwischen privaten und zumindest teilweise staatlichen Geldinstituten nicht ganz unwichtig. Immerhin behaupten ja die Marktradikalen, nur die Privaten könnten wirtschaften, der Staat aber nicht. In Wahrheit können schon wenige Banken mehr Schaden für die Volkswirtschaft anrichten als die gesamte Bevölkerung.

Eine besonders dreiste Augenwischerei ist die Lesart, eine nicht in Anspruch genommene staatliche Bürgerschaft habe ja den Steuerzahler keinen Cent gekostet und folglich müssten die Banken auch nichts oder kaum etwas zahlen. Mit diesem Argument allerdings könnten Millionen unfallfreie Autofahrer ihr Geld von der Kfz-Versicherung zurückfordern. Oder umgekehrt: Mit einer Staatsgarantie im Rücken, könnte jedermann sich irgendwo Geld leihen, irgendeine Currybudenkette oder eine Privatschule für Schmuddeltalk gründen. Geht's schief, zahlt ja der Steuerzahler.

Für die Banken bedeutete der Rettungsschirm schon bald explodierende Gewinne: So machte die HypoVereinsbank allein im ersten Halbjahr 2009 über 370 Millionen Euro Plus, die Deutsche Bank sogar mehr als 3,1 Milliarden. Entsprechend schossen die Börsenkurse rasant nach oben und füllten die Taschen der Aktionäre – all dies dank des vom Steuerzahler finanzierten SoFFin, der bis Ende 2009 Garantien und Eigenkapital in Höhe von 153 Milliarden vergab. Und ungeschoren kommt der Steuerzahler auch im günstigsten Falle nicht davon – Experten schätzen den von den Banken angerichteten Schaden auf bis zu 50 Milliarden Euro.

Aber selbst Banken, die formal nicht unter den Rettungsschirm krochen und daher auch nicht die ohnehin lächerlichen Gebühren zahlen müssen, profitieren von ihm.

Wäre zum Beispiel die Hypo Real Estate nicht gerettet worden, so erläutert *plusminus*, so hätte auch die Deutsche Bank die dort angelegten Milliarden verloren. Deshalb bemängeln Experten und sogar Bundespräsident Horst Köhler, dass sich die Politik nicht wirklich darum kümmere, wer die Kosten der aktuellen Krise eigentlich trage. So findet Professor Jan Pieter Krahnen, Chef des Center for Financial Studies in Frankfurt und Berater der Bundesregierung, die Banken müssten an den erwarteten Verlusten durch künftige Bankenkrisen viel stärker beteiligt werden.

Dass die dafür angeregte Börsenumsatzsteuer von der neoliberalen schwarz-gelben Regierung gleich nach der Wahl verworfen wurde, kann nicht ernsthaft verwundern. Gegenüber *plusminus* meinte die CDU: »Alle Maßnahmen müssen von der Kreditwirtschaft mitgetragen werden.« Die wiederum ließ durch den Deutschen Bankenverband erklären, es gebe »keinen Grund, das bewährte und leistungsfähige System umzubauen oder um neue Aufgaben zu erweitern«.

»Leistungsfähig« vor dem Hintergrund von HRE und 480-Milliarden-Rettungsschirm? Dummfrecher geht's nimmer. Wobei der Krug so lange zum Brunnen geht, bis er bricht: Wird der Steuerzahler wirklich widerstandslos ganz allein die von den Wirtschaftskriminellen verursachten Kosten bezahlen?

Ironischerweise gibt es seit 30 Jahren tatsächlich eine Art Konkursversicherung für Banken, aber was für eine! In den »Feuerwehrfonds« muss jede Bank pro 100 eingenommene Euro jährlich 3 Cent einzahlen. Damit sind auf dem Papier im Insolvenzfall alle Spareinlagen abgesichert, sogar mit mehreren hundert Millionen Euro je Kunde. Über die Kassenlage des Rettungsfonds verliert der Bundesverband deutscher Banken jedoch wohlweislich kein Sterbenswörtchen: Als nämlich am Anfang der Krise die nicht gerade große deutsche Filiale der Lehman Brothers bankrottging, war der »Feuerwehrfonds« bereits hoffnungslos überfordert.

Daher fordert Professor Udo Reifner, Direktor des Hamburger Instituts für Finanzdienstleistungen, eine bedeutende Vergrößerung des Fonds: »Da wir im Moment große Einschnitte erwarten im sozialen und in sonstigen Bereichen, weil auch die Arbeitslosigkeit steigt, ist es das mindeste, dass die Regierung uns sagt, wie zukünftig die Risiken im Bankenbereich getragen werden, und zwar nicht von uns, sondern vom Bankenbereich selbst.«[44]

> *Um die bürgerliche Gesellschaft zu zerstören, muss man ihr Geldwesen verwüsten.*
>
> Lenin

1. Private Pleitebanken

Commerzbank: Wenn *Bild* der Linkspartei recht gibt

»Zwei Kranke in einem Bett ergeben noch keinen Gesunden«, lästert Springer-Chef Mathias Döpfner. »So werden mit Steuergeld Arbeitsplätze vernichtet.«[45] Als die Commerzbank die Dresdner Bank Anfang 2009 von der Allianz übernimmt, ist das wichtigste Ergebnis die Streichung von weltweit 9000 Stellen, davon 6500 in Deutschland, und zwar vor allem in den Zentralen von Commerzbank, Dresdner Bank und der Investmentbank Dresdner Kleinwort, wo insgesamt 11 400 Menschen beschäftigt sind. Allein in Frankfurt am Main fallen der Zusammenlegung von Dresdner Bank und Commerzbank rund 2200 Stellen zum Opfer. Dass der Betriebsrat dem zustimmt, weckt Erinnerungen an die Arbeitnehmervertreter von VW zu Zeiten eines Peter Hartz. Aber selbst der soziale Kahlschlag reicht noch nicht. Man hat sich mit dem Kauf schlicht verhoben, und nun muss wieder das gemeine Volk aushelfen.

Mitte Mai 2009 steht einmal mehr der Sozialismus mit Schießbefehl, Mauer und Stacheldraht vor der Tür. Der Einstieg des Staates bei der maroden Commerzbank ist perfekt: Nach zweitägiger hitziger Diskussion billigen die Aktionäre auf der Hauptversammlung mit 97,7 Prozent das Geschenk des Steuerzahlers: Der Bund stützt die Bank über den SoFFin mit 18,2 Milliarden Euro Kapital. Im Gegenzug wird der Staat mit 25 Prozent plus einer Aktie größter Einzelaktionär. Somit könne der Commerzbank-Vorstand künftig keine weitreichenden Entscheidungen ohne die Zustimmung der Bundesregierung mehr fällen, wie uns die *Tagesschau* wissen lässt.

»Merkel darf bei Coba durchregieren«, erklärt die *Financial Times Deutschland (FTD)*, Konzernchef Martin Blessing verteidigt den Dresdner-Bank-Kauf und die Staatshilfen. »Wir halten dies für dringend erforderlich, um den nachhaltigen Erfolg abzusichern und die Commerzbank für alle Unwägbarkeiten wetterfest zu machen.«

Wer dies allerdings als Schritt in Richtung »Sozialismus« sieht oder ausgibt, dürfte von den Bossen ausgelacht werden: »Nach Kapitalspritze: Commerzbank will den Staat loswerden«, meldet *FTD*. [46] Auf Deutsch: Steuergelder abgreifen und dann so weitermachen wie bisher.

Viele Kleinaktionäre allerdings akzeptieren den Staatseinstieg nur mit Widerwillen. »Der Preis, den wir dafür zu zahlen haben, ist hoch«, kritisiert Aktionärsvertreter Klaus Nieding von der Deutschen Schutzvereinigung für Wertpapierbesitz.

In Harnisch bringt die Fraktion »Leistungsloses Abkassieren« vor allem, dass der Vorstand die Dresdner Bank ohne ihre Zustimmung gekauft hat, dem DAX-Konzern damit erhebliche Probleme beschert und die Profitjäger mindestens für die Jahre 2008 und 2009 um jegliche Dividende bringt. Diese Kritik ist allerdings schon deshalb ein wenig undankbar, weil der Vorstand sich die Übernahme der Dresdner Bank im Grunde vollständig vom Geld der kleinen Leute finanzieren ließ. Geradezu sensationell ist das Lob von Sozialistenhasser Döpfner für die Lafontaine-Partei: »Es kostet mich einige Überwindung, diesen Satz zu schreiben, aber: Die Linkspartei hat recht. Die Teilverstaatlichung der Commerzbank sei – so sagt der Fraktionsgeschäftsführer Ulrich Maurer – eine ›planlose Verschleuderung von Staatsvermögen‹. Das stimmt. Und es ist auch richtig, wenn er sagt, der Staat blättere das Vierfache des Commerzbank-Marktwertes hin, ohne wirklichen Einfluss auf die Kreditpolitik zu erhalten. Und Maurer hat leider auch recht, wenn er sagt: ›Die Steuerzahler werden enteignet, um die Zockerschulden der Commerzbank und ihrer bisherigen Eigentümer zu begleichen.‹«[47]

Dass Döpfner und die Partei Die Linke hier so übereinstimmen, ist gar nicht so sensationell. Der Springerchef fordert und praktiziert im Grunde nur das, was Marx über die kapitalistische Konkurrenz vorausgesehen hat – »ein Kapitalist schlägt viele tot«[48] –, und ist insofern an ihm näher dran als linke Sozialstaat-Ideologen, die von einem »humanen Kapitalismus« träumen. Genau diese Phantasien hat Marx – wie auch die Neoliberalen – stets bekämpft. Der Unterschied ist eigentlich nur, dass Marx dem Kapitalismus ein böses Ende prophezeite, während die Neoliberalen meinen, sie könnten – inklusive der Arm-Reich-Schere – ewig so weitermachen.

Politik ist die Unterhaltungsabteilung der Wirtschaft.
Frank Zappa

Hypo Real Estate – Ein Fass ohne Boden

Für die Bundesregierung ist die Hypo Real Estate »systemrelevant«, für andere schlicht eine »Bad Bank« oder ein »Schwarzes Loch«.[49]

Hier noch einmal das Szenario des Schreckens, wie es selbst Politkrimiautor John Grisham nicht besser hätte erfinden können:

28. September 2008: Durch einen Vorabbericht der *Financial Times Deutschland* wird an einem Sonntag bekannt, dass der Hypo Real Estate wegen massiver Liquiditätsprobleme ein Zusammenbruch droht und seit Tagen Rettungsbemühungen laufen.

29. September 2008: In der Nacht zum Montag erzielen Bundesregierung und Finanzbranche eine grundsätzliche Einigung zur Rettung der HRE. Es geht um einen kurzfristigen Kredit von 15 Milliarden Euro von den Banken und weiteren 20 Milliarden von der Bundesbank, die bis ins zweite Halbjahr 2009 reichen sollen. Die Kredite sind durch Bürgschaften abgesichert, von denen der Bund mit rund 26,5 Milliarden die Hauptlast trägt. Bundesfinanzminister Peer Steinbrück (SPD) spricht hartnäckig von einer »geordneten Abwicklung« der HRE als letztlichem Ziel. Die Bank betont dagegen, sie sehe ihren Fortbestand mit den Finanzierungszusagen als gesichert an. Die HRE-Aktie bricht um bis zu 73,91 Prozent auf 3,52 Euro ein.

Kleiner Skandal am Rande: Weil Steinbrück die erste Bürgschaft nur wenige Stunden nach Ablauf der fünfjährigen Verjährungsfrist abgezeichnet hat, wirf FDP-Finanzexperte Volker Wissing ihm vor, er habe den Ablauf der Frist möglicherweise bewusst in Kauf genommen. Dies erhärte »den Verdacht, dass hier Geschäfte zum Nachteil der Steuerzahler gemacht worden sind«. Im Klartext: Bei einer Rettung vor Mitternacht hätte der Bund noch Ansprüche gegen die Bayerische Hypo- und Vereinsbank geltend machen können, die inzwischen von der italienischen Unicredito übernommen worden ist. So aber müsse der Steuerzahler haften.[50]

30. September 2008: Es wird bekannt, dass die HRE als Folge des Rettungsplans zerschlagen werden kann. Laut Bundesbank und der Finanz-Aufsicht BaFin werden Aktien der vier Banktöchter der HRE-Holding als Sicherheit an die Kreditgeber abgetreten. Außerdem hinterlegt sie Forderungen und Papiere im Nominalwert von 42 Milliarden Euro und sagt zu, sich von Finanzierungen von 50 Milliarden Euro zu trennen. Die HRE-Aktie erholt sich um 17,9 Prozent auf 4,15 Euro.

1. Oktober 2008: Das Bundesfinanzministerium stellt klar, das Ziel des Rettungspakets sei die Fortführung der HRE und nicht ihre Liquidation. Die HRE hatte kritisiert, dass die Stabilisierung der Lage durch die Abwicklungsszenarien der vorangegangenen Tage erschwert werde.

2. Oktober 2008: Die Finanzbranche feilscht bei einer weiteren Sitzung, die bis tief in die Nacht geht, über die Aufteilung der Lasten der Ausfallbürgschaften. Nach Informationen der *Welt* droht eine Insolvenz spätestens am Montag, wenn es keine Einigung gibt.

3. Oktober 2008: Die Banken und Versicherungen einigen sich am frühen Morgen auf die Aufteilung der Bürgschaften. Die Rettung der HRE gilt allgemein als gesichert. Die Aktie schießt um 41,43 Prozent auf 7,51 Euro hoch.

4. Oktober 2008: Die *Welt am Sonntag* berichtet, die Deutsche Bank habe bei einer Prüfung festgestellt, dass die HRE kurzfristig deutlich mehr Geld brauche als bisher bekannt. Wenig später gibt die HRE bekannt, dass das Rettungspaket gescheitert ist, weil die Banken ihre Kreditzusage zurückgenommen haben.

5. Oktober 2008: Bei Krisenverhandlungen soll ein neuer Anlauf zur Rettung der HRE bis zur Öffnung der Börsen am Montag unternommen werden. Der Sprecher des Bundesfinanzministeriums spricht davon, die »Scherben« zusammenzukehren.

29. Oktober 2008: Als erste Privatbank in Deutschland greift die Hypo Real Estate auf das Rettungspaket der Bundesregierung zu.

23. Januar 2009: Es wird bekannt, dass der Bund eine deutliche Aktienmehrheit von mehr als 50 Prozent bei der HRE anstrebt, um sich die Kontrolle zu sichern.

11. Februar 2009: Der SoFFin stockt Garantien für die HRE um zehn Milliarden auf nun 52 Milliarden Euro auf.

18. Februar 2009: Es sickert durch, dass die HRE Kredit- und Derivatgeschäfte in Höhe von einer Billion Euro abgeschlossen hat. Öffentlich bekannt war bisher allerdings nur die Bilanzsumme in Höhe von 400 Milliarden Euro.

18. Februar 2009: Die Bundesregierung billigt ein Gesetz, das die Verstaatlichung maroder Banken als letzte Option vorsieht. Das »Rettungsübernahmegesetz« ist auf die Rettung der HRE zugeschnitten. Es sieht notfalls auch eine Enteignung vor. Die Hilfen an die HRE belaufen sich inzwischen auf 102 Milliarden Euro.

20. März 2009: Der Bundestag billigt das umstrittene Gesetz.

28. März 2009: Der Bund steigt bei der HRE ein. Über eine Kapitalerhöhung erwirbt er zunächst 8,7 Prozent der Anteile.

7. Mai 2009: Der Bund sichert sich durch ein Übernahmeangebot an die Aktionäre 47,31 Prozent der Anteile an der HRE. Sie erhalten 1,39 Euro je Aktie. Der New Yorker Großaktionär J.C. Flowers nimmt die Offerte nicht an.

2. Juni 2009: Die Hauptversammlung in München beschließt eine Kapitalerhöhung, durch die der Bund seinen Anteil auf mehr als 90 Prozent erhöhen und die verbleibenden Aktionäre herausdrängen kann.

8. Juni 2009: Vor dem HRE-Untersuchungsausschuss erklärte die Leiterin Bankenaufsicht der BaFin, Sabine Lautenschläger-Peiter, dass die Regierung bei der Rettung der HRE im September 2008 auf eine Bewertung der Werthaltigkeit – auch »Due Diligence« genannt – verzichtet habe.

8. Juni 2009: Der CSU-Abgeordnete Thomas Silberhorn fordert, die ehemaligen Vorstände der Krisenbank auf Schadensersatz zu verklagen. Die Manager hätten grob fahrlässig gehandelt und gehörten bestraft.

23. Juni 2009: Bei der Hypo Real Estate und dem SoFFin gibt es erstmals verlässliche Schätzungen, was die Rettung der Skandalbank die Steuerzahler kostet. Insgesamt 10,4 Milliarden Euro sollen es nach vorläufigen Zahlen sein: 3,3 Milliarden für die Übernahme der HRE durch den Bund, 2,0 Milliarden für eine zusätzliche Kapitalaufstockung und 5,1 Milliarden Euro Verlustausgleich für einen längeren Zeitraum – dies natürlich zusätzlich zu jenen 102 Milliarden Euro. Weitere Belastungen werden von der Politik nicht ausgeschlossen: Die HRE meldet hohe Abschreibungen bei Immobilienkrediten. Vor allem in Großbritannien, Südeuropa und Nordamerika, aber auch in Deutschland habe sich die Lage verschlechtert.

1. Juli 2009: Die HRE rechnet bis Ende 2010 noch einmal mit Verlusten von mehr als zwei Milliarden Euro.

5. Juli 2009: Der Münchner »Geldwegmachkonzern« (*Welt*) beauftragt Werbeagenturen mit der Entwicklung eines neues Firmenlogos. »Wieso das?«, fragt André Mielke in der *Welt*. »Die HRE ist doch eine der stärksten deutschen Marken. Noch vor einem Jahr kannten ihren Namen nur Insider. Viele glaubten, es handele sich um eine spanische Reitershow oder ein Heim für eingebildete Kranke.«[51]

4. Oktober 2009: Als Ergebnis der Jahreshauptversammlung ist die HRE nun komplett verstaatlicht. Die verbliebenen Kleinaktionäre erhalten 1,30 Euro Entschädigung pro Aktie.

> *Politik ist nur der Spielraum, den die Wirtschaft ihr lässt.*
>
> Dieter Hildebrandt

Kaum eine Unverschämtheit, kaum ein Fettnäpfchen wird ausgelassen, und immer deutlicher tritt die Haltung vieler Politiker und Wirtschaftskapitäne zutage: »Mit dem verblödeten Volk können wir es ja machen.«

Gar nicht auszudenken, was man mit 100 Milliarden an Sinnvollem anstellen könnte! Zum Beispiel 20 Jahre lang 100 000 Lehrer bezahlen.

Eine derartige Mentalität des blindwütigen Zockens und der unverfrorenen Plünderung des Staatsvermögens gedeiht natürlich nur, wenn die Beteiligten sich der Straffreiheit sicher sind. In den USA landen solche Leute im Gefängnis, bei uns in den Talkshows oder schlimmstenfalls im millionenschweren Altenteil. Man stelle sich aber nur einmal vor, man würde den Ladendiebstahl für legal erklären: Was da wohl in den Supermärkten los wäre …

Eine besonders dreiste Rechtfertigung für diese Lizenz zur – im besten Falle – Unverantwortlichkeit ist das neue Modewort *systemrelevant.*

Die Nebelkerze »systemrelevant«

Am 7. Oktober 2008 war es die Topmeldung: »EU verbürgt sich für ›systemrelevante‹ Banken.«[52] Was aber bedeutet jenes Zauberwort, das stets als Begründung für unvorstellbare Steuerzahlergeschenke gerade an die größten Banken herhalten muss? Motto: »To big to fall«.

Unsere Kanzlerin lehnt am 4. Juni 2009 auf einer Wahlkampfveranstaltung Steuergeschenke für die krisengeschüttelte Karstadt-Mutter Arcandor ab: »Wir geben denen Hilfe, die gut gewirtschaftet haben und durch die Krise unverschuldet in Not geraten sind«, sagte sie. »Aber wenn ein Unternehmen schon im vorigen Juli in Schwierigkeiten geraten war, dann kann man heute nicht sagen, die Schwierigkeiten kommen aus der Finanzkrise.« Arcandor müsse »erst mal versuchen, sich selber zu helfen«.[53]

Wie aber sieht die gängige Praxis aus?

»Die Bundesregierung hat zur Rettung einer Bank, der Industrie Kredit Bank (IKB), die maßlos schlecht gewirtschaftet hat und verschuldet in Not geriet, fast 10 Milliarden gezahlt«, kritisiert Neoliberalismusforscher Albrecht Müller. »Sie hat der HRE, deren Management ebenfalls miserabel gewirtschaftet hatte, im September ungeprüft (!) 35 Milliarden und später dann über 100 Mrd. zur Verfügung gestellt; sie hat sich an der Commerzbank sogar beteiligt und für einen 25-Prozent-Anteil 18,2 Milliarden bezahlt, weil sich das Management bei der Übernahme der Dresdner Bank verhoben hatte.« Sein Fazit: »Das Wort ›systemrelevant‹ steht vermutlich für die teuerste Irreführung.«[54]

Zu der Frage, was »systemrelevant« bedeutet, sagte Bundesfinanzstaatssekretär Jörg Asmussen, das werde von Fall zu Fall entschieden (!).[55] So bezeichnen sich Opel und selbst Infineon als systemrelevant. Und Horst Seehofer hält auch die Bauern für systemrelevant.[56]

Hermannus Pfeiffer nimmt im *Freitag* in einer lesenswerten Analyse »die Mär vom Dominoeffekt« unter die Lupe: »Die Infrastruktur ›Finanzdienstleistungen‹ könnte mit einigen Banken weniger weiterhin reibungslos funktionieren.« Dies gelte auch für die HRE. Mit ihr verschwände zwar eine der größten Pfandbriefanstalten vom Markt. Diese Art Anleihen mache etwa eine Viertel aller Wertpapiere hierzulande aus. Doch seien sie, da sie mit Hypotheken großzügig abgesichert sind, auch ohne die Hypo Real Estate wertvoll. Trotz existenzieller Krisen einiger Pfandbriefbanken sei bis jetzt noch nie ein Pfandbrief geplatzt. Ein gerichtlich eingesetzter Sachwalter könne notfalls dafür sorgen, dass Sparer und Anleger ihr Geld zurückbekämen. Die wenigen unbesicherten Schuldner, vor allem Versicherungen, würden dagegen Geld verlieren. Gerade für solche Fälle hätten aber Konzerne wie die Allianz ihre Kapitalanlagen breit gestreut. HRE-Ausfälle wären für diese Unternehmen zu verkraften. Ein Dominoeffekt, der andere Banken mitreiße, sei also »nicht wirklich zu fürchten. Einer Bank, die durch die Pleite einer anderen Bank pleiteginge, gehörte ohnehin die Lizenz entzogen.« Sein Resümee: »Der Staat kann Banken pleitegehen lassen – ohne größeren Schaden für das System. Es bliebe mehr Spielraum für Investitionen.«[57]

Benjamin von Stuck-Barre schreibt dazu in der *Welt*: »Je mehr man über Zustand und Geschäftsgebaren dieser als ›systemrelevant‹ bezeichneten Bank erfährt, desto leichter wird es … Hasardeuren gemacht, schwupps ›das System‹ ganz grundsätzlich infrage zu stellen – wenn es von solch einem Sauhaufen wie der HRE-Bank abhängt, wie gut kann es dann sein, das System?«[58]

In ähnlicher Weise wirft der Soziologe Dieter Korczak die Frage auf: »Die Hypo Real Estate ist eine Bank mit nachweisbar schlechten Leistungen, die mittlerweile mit 100 Milliarden Steuergeldern gestützt wird, weil sie angeblich eine systemrelevante Bank ist. Ohne hier darauf eingehen zu wollen, was es heißt, eine systemrelevante Bank zu sein, und was das für ein System ist, das sich eine solche Bank leistet und diese Bank nicht pleitegehen lassen kann, stellt sich dennoch die Frage, warum 3,5 Millionen überschuldete Haushalte nicht so system relevant sind, dass sie in gleicher Weise gestützt und gerettet werden?«[59]

»Systemrelevanz für kriminelle Finanzpraktiken?«, fragt Werner Rügemer. Angeblich müssten die Banken gerettet werden, weil sie »systemische Bedeutung« hätten. Sonst würde die Volkswirtschaft zusammenbrechen. Dies allerdings sei »billiges Schauermärchen«, um die »unwissend gehaltenen Gewerkschaften« und die Bevölkerung zu erpressen. In Wahrheit seien »90 Prozent aller Finanzgeschäfte in der neoliberalen Praxis reine Interbanken-Geschäfte, Wetten wie etwa Cross Border Leasing, verbriefte Hypotheken- und Konsumkredite, Auktionsanleihen und Aktienoptionen sowie Versicherungen zwischen Banken und anderen Finanzakteuren wie Hedgefonds und Private Equity Fonds«.

Die »Systemrelevanz« beziehe sich also nur auf die außerökonomischen, kriminell durchsetzten Spekulationsprodukte der Banken und anderer Konzerne, »während zur Gesundung der Realökonomie dieser toxische Riesen-Wasserkopf nicht gerettet, sondern abgeschnitten werden muss. Um die Realökonomie zu retten und weiterzuentwickeln, muss die bisherige Art der Bankenrettung verhindert werden!« Und: »Sowohl nach geltendem Recht als auch nach der Markttheorie ist die Insolvenz der Banken zwingend, sie ist möglich, und sie ist systemgerecht. Insolvenzverschleppung ist in allen kapitalistischen Staaten eine Straftat, wäre sie auch in einem nachhaltig angelegten Sozialismus.«[60]

Deutsche Bank: Die stillen Absahner

Lauthals verkündet Josef Ackermann im Oktober 2008: »Ich würde mich schämen, wenn wir in der Krise Staatsgeld annehmen würden.«[61] Dies ist nicht nur merkwürdig, weil Ackermann selbst am Rettungspaket mitgearbeitet, sondern auch, weil die Deutsche Bank im Laufe der Krise sehr wohl Steuergelder erhalten hat, und nicht zu knapp. Nehmen wir zum Beispiel den Coup mit dem Kauf der Postbank.

Postbank: Heimliches Steuergeschenk?

Im Januar 2009 ist der Verkauf der Post-Tochter Postbank an die Deutsche Bank perfekt. Wert: 4,9 Milliarden Euro. Damit besitzt die Deutsche Bank ab 2012 rund 62 Prozent der Anteile an der Postbank. Im Gegenzug erhält die Post acht Prozent der Anteile der Deutschen Bank. Offiziell lehnt der Starbanker Josef Ackermann eine Hilfe durch den staatlichen Rettungsschirm für die Deutsche Bank vehement ab. Andererseits fordert Postbank-Vorstandschef Wolfgang Klein seit Februar 2009 entschiedener als jeder andere Bankenboss die Bad Bank. Vor allem ein 6,3 Mrd. Euro schweres Paket mit komplex verpackten Krediten aus den USA möchte Klein loswerden. »Diese Investitionen waren ein Riesenfehler«, gesteht er.[62] Abschreibungen auf diese Positionen kosten die Postbank im Jahr 2008 rund 950 Mio. Euro.

Im Juni 2009 platzt eine Bombe: Die staatseigene Förderbank KfW will zusammen mit der Postbank die Folgen der Finanzkrise überwinden. Mit Garantien von 1,5 Milliarden Euro sollen ausgerechnet Wertpapiere abgesichert werden, die Teil des Debakels sind. Mit Garantien im Umfang von 1,5 Milliarden Euro soll die Verbriefung von Wohnungsbaukrediten abgesichert werden. Da aber die Postbank längst der Deutschen Bank gehört, hat de facto Ackermanns Institut das Steuergeschenk erhalten.

Dann geht es Schlag auf Schlag: »Deutsche Bank ist den Staat los«, jubelt die ARD am 6. Juli 2009. Die Post hat ihr restliches Aktienpaket an den Platzhirsch des deutschen Bankgewerbes verkauft und damit auch die indirekte Beteiligung des Staates an der Deutschen Bank beendet. Aus dem Verkauf der 50 Millionen Aktien, die die Post im Rahmen des Verkaufs ihres Anteils an der Postbank erhalten hatte, seien rund 100 Millionen Euro mehr erlöst worden als geplant.[63]

Da der Bund über die staatliche Förderbank KfW noch mit rund 30 Prozent an der Post beteiligt ist, konnte man sehr wohl von einem Einstieg des Staates in die Deutsche Bank reden, auch wenn Post-Chef Frank Appel betont, es handle sich nicht um eine »Teilverstaatlichung« des Geldhauses. Gerade der Einstieg des Staates in Privatunternehmen stellt ja – siehe Hypo Real Estate – eine beliebte Art des Zuschanzens von Steuergeldern dar. Und auch das passt ins Bild: Die Postbank ist seit dem 1. Juli 2009 Hauptsponsor vom Fußballbundesligisten Borussia Mönchengladbach. Der Vertrag läuft bis zum 30. Juni 2011 und enthält eine Option auf weitere 2 Jahre.

Rheumadecken für die Kundschaft

Aber natürlich räumt die Deutsche Bank auch an anderen Fronten Steuergelder ab. So hat sie der IKB jene faulen Hypotheken und verbrieften Spekulationsprodukte verkauft und ihr dafür Kredite gegeben. Die IKB musste dann mit Geldern der staatlichen Bank KfW (Kreditanstalt für Wiederaufbau) mit bisher etwa 17 Milliarden Euro gerettet werden. Davon wurden der Deutschen Bank die Kredite zurückgezahlt.

Die HRE hat ihre spekulativen Geschäfte über ihre irische Tochtergesellschaft in Dublin ebenfalls wesentlich mit Hilfe von Krediten der Deutschen Bank abgewickelt, was den Steuerzahler weit über 100 Milliarden Euro kostet.

Auch bei der »Verstaatlichung« mischt die Deutsche Bank mit.

So lässt sie von der US-Kanzlei Freshfields das »Enteignungs-gesetz« entwerfen, das auf die HRE gemünzt ist. »Die Wahl die-ser Berater, die weltweit und in Deutschland führend bei neo-liberalen Privatisierungen und Finanzprodukten sind, garan-tiert, dass die ›Enteignung‹ nur eine Übergangs-Pannenhilfe auf Kosten des Staates darstellt«, meint Werner Rügemer. »Die zweite am Gesetzentwurf beteiligte Kanzlei, Hengeler Müller, ist die Hauskanzlei der Deutschen Bank: Zufällig ist die Deut-sche Bank einer der Hauptgläubiger der HRE, und inzwischen bestimmt sie mit ihrem Personal den neuen Vorstand und den Aufsichtsrat der HRE. Und Hengeler Müller ist auch die Kanzlei des HRE-Großaktionärs Flowers.«[64]

Selbst die Kommunen leiden unter den Geschäften mit der Deutschen Bank. So wurde sie von der Stadt Hagen wegen eines befürchteten 57-Millionen-Euro-Verlustes aus Spekula-tionsgeschäften beim Landgericht Wuppertal auf Schadenser-satz verklagt, weil sie nicht ausreichend über die enormen Risi-ken informiert habe.

Beileibe kein Einzelfall: Wegen ähnlicher Geschäfte haben schon Kommunen und Unternehmen die Deutsche Bank verklagt. So fordert die kommunale Würzburger Versorgungs- und Ver-kehrs-GmbH (WVV) nach Millionenverlusten 2,6 Millionen Euro Schadensersatz. Und auch Remscheid machte mit derlei Zockerei fast 13 Millionen Euro Verluste, Neuss verlor mehr als 10, Dortmund 6 und Solingen rund 1,5 Millionen Euro.

Natürlich gehören zu derlei Deals immer zwei: Aber so un-verantwortlich, verachtenswert und tendenziell kriminell (Un-treue) das Verzocken von Steuergeldern auch sein mag: Ah-nungslosen, naiven und geldgierigen Stadtvätern höchst unsi-chere Geldanlagen aus Steuergeldern anzudrehen ist genauso verwerflich, wie gutgläubigen Senioren überteuerte Rheuma-decken aufzuschwatzen.

Hoch die Tassen!

»Sein Geburtstag, seine Gäste – nur blechen musste der Steuerzahler«, schrieb die *Süddeutsche Zeitung* über die rauschende Party inklusive Festessen zum 60. Wiegenfest von Josef Ackermann, die ihm Angela Merkel am 22. April 2008 im Kanzleramt ausrichtete. »Das wäre mal eine schöne Sache: den eigenen runden Geburtstag würdig feiern, hoch über der Spree in den repräsentativen Räumen des Bundeskanzleramts. Ein paar Freunde sollten nicht fehlen. Und das Schönste wäre, wenn für die ganze Chose der Steuerzahler aufkommt.«[65] Ein »feuchtfröhlicher Abend« auf Staatskosten – bei näherer Betrachtung des herzlichen Verhältnisses zwischen Merkel und Ackermann eigentlich nicht einmal verwunderlich. Schon immer sei der Banker von der Kanzlerin hofiert worden wie ein Staatsgast. Und im Gegenzug gab's von der Deutschen Bank im Jahr 2008 laut Rechenschaftsbericht der CDU mit 280 000 Euro die größte Einzelspende für die Christdemokraten.

Angela Merkel wiederum schrieb mit ihrer krampfhaften Verteidigung der flotten Sause Steuergeschichte. Wenn dies nämlich tatsächlich ein »Arbeitsessen« war, dann werden sich viele Steuerzahler freuen: Dann nämlich wäre der Kindergeburtstag der zwölfjährigen Tochter in Wahrheit ebenso ein Arbeitsessen wie der Kegelausflug der eisernen Münsteranerinnen nach Ibiza und die Jeckensitzung im Kölschen Karneval, möglicherweise sogar der Besuch der Schalke-Fans des Heimspiels gegen Borussia Dortmund: »Die Puppen tanzen lassen« war gestern, heute ist »Arbeitsessen«.

Und folgender Satz war nicht von Karl Valentin oder Loriot, sondern ebenfalls von der Kanzlerin, nämlich »dass es keine Geburtstagsfeier für den Chef der Deutschen Bank gegeben habe, sondern ein Abendessen ›im Umfeld des 60. Geburtstags von Herrn Ackermann‹«[66]. Abendessen »im Umfeld von Geburtstagen« – diese Formulierung mag Rainer Maria Rilke,

Joseph von Eichendorff oder Heinrich Heine auch schon einge-
fallen sein, aber vermutlich fanden sie es zu hanebüchen, dies
zu veröffentlichen. Fest steht, dass sich die Kanzlerin zu jener
Zeit nicht »im Umfeld« der Wählerverarschung befand, sondern in deren Epizentrum.

2. Unter Staatsregie in den Schlamassel

Wer nun die Verstaatlichung der Banken zu Recht als Allheilmittel anpreist, muss sich allerdings – ebenfalls zu Recht – einige gewichtige Argumente entgegenhalten lassen. So stehen
die staatlichen den privaten Banken in Sachen Zockerei und
Misswirtschaft kaum nach.

Muss man die HSH Nordbank retten?

Die HSH Nordbank ist das reinste Milliardengrab. Auch an dieser 2003 in eine Aktiengesellschaft umgewandelten ehemaligen
öffentlichen Landesbank besitzt der Finanzinvestor J.C. Flowers
25,67 Prozent des Kapitals, was angesichts der Erfahrungen mit
der Hypo Real Estate nichts Gutes ahnen lässt. Hauptaktionäre
sind aber die Stadt Hamburg mit 30,41 Prozent und Schleswig-
Holstein mit 29,10 Prozent. Eine Chronik des Versagens:

7. November 2007: Die HSH Nordbank räumt erstmals Belastungen aus der US-Immobilienkrise ein. Sie schreibt 91 Millionen Euro im Wertpapiergeschäft ab und stockt die Risikovorsorge auf 319 Millionen Euro auf.
10. März 2008: Die Bank erklärt, sie sei in der Finanzkrise bislang mit einem blauen Auge davongekommen. Der geplante
Börsengang wird wegen der niedrigen Bewertung von Bank-
aktien vorläufig abgesagt.

20. Mai 2008: Die Anteilseigner der Bank stellen zwei Milliarden Euro frisches Kapital zur Verfügung, um das operative Geschäft zu stärken.

8. September 2008: Die Abschreibungen für das erste Halbjahr belaufen sich nun auf 511 Millionen Euro, der Konzernüberschuss schmilzt auf 129 Millionen Euro zum Halbjahr.

19. September 2008: Die Bank zieht ihre Gewinnprognose zurück.

24. September 2008: Nach dem Zusammenbruch der US-Investmentbank Lehman Brothers bestätigt die Bank weitere Abschreibungen über 500 Millionen Euro für das 3. Quartal. Damit steigen die gesamten Belastungen auf mehr als 2,3 Milliarden Euro.

3. November 2008: Die HSH Nordbank beantragt bis zu 30 Milliarden Euro an Staatsbürgschaften aus dem Rettungsschirm.

10. November 2008: Der Aufsichtsrat nimmt Bergers Rücktrittsangebot an. Nachfolger wird der bisherige Finanzvorstand Dirk Jens Nonnenmacher.

16. Dezember 2008: Vorstand und Aufsichtsrat diskutieren eine strategische Neuausrichtung des Instituts. Die Bank soll sich auf ihre Kerngeschäftsfelder konzentrieren, 750 Stellen abbauen und die Bilanzsumme von mehr als 200 auf 120 Milliarden Euro verringern. Weitere Abschreibungen von 450 Millionen Euro werden bekanntgegeben.

4. Februar 2009: Die Bank streicht die Boni komplett.

13. Februar 2009: Die Bank veröffentlicht als vorläufige Zahlen einen Jahresverlust von 2,8 Milliarden Euro für das Jahr 2008. Zum Überleben benötigt die HSH eine Eigenkapitalspritze von drei Milliarden Euro sowie Schutzgarantien von zehn Milliarden Euro von Hamburg und Schleswig-Holstein.

17. Februar 2009: Die Bank kündigt den Abbau von 1100 statt 750 Arbeitsplätzen an und will bis 2012 etwa 3250 Vollzeitstellen aufweisen.

18. Februar 2009: Die Bank bestätigt eine weitere Ausschüttung von 200 Millionen Euro Dividende. Die Informationspolitik der Bank wird von Politikern und Gewerkschaften heftig kritisiert.

20. Februar 2009: Nach einem Gespräch im Berliner Finanzministerium ist klar, dass die Eigentümer der HSH Nordbank nicht auf Unterstützung des SoFFin rechnen können, ehe nicht die Altlasten bereinigt sind.

23. Februar 2009: Der Aufsichtsratsvorsitzende der HSH Nordbank, Wolfgang Peiner, kündigt seinen Rückzug Ende April an und begründet diesen Schritt mit der fehlenden Perspektive für einen Börsengang.

24. Februar 2009: Die Landesregierungen beschließen über die von der Bank geforderten Kapitalerhöhung und die Schutzgarantien.

24. März 2009: Auf Druck der EU-Kommission verzichtet die HSH auf die geplante Dividendenzahlung.

30. Juni 2009: Nach einem Personalwechsel sitzen keine politischen Vertreter der Haupteigner Hamburg und Schleswig-Holstein mehr im Aufsichtsrat. Gleichzeitig wird bekannt, dass der Hamburger Senat der Führungsriege der HSH Nordbank nun doch Boni zahlen will.

10. Juli 2009: Trotz Geheimhaltung sickert durch, dass Vorstandchef Jens Nonnenmacher Bonuszahlungen von 2,9 Millionen Euro erhält.

Szenekenner wie der Wirtschaftswissenschaftler Hermannus Pfeiffer plädieren dafür, die HSH pleitegehen zu lassen. Neben Flowers wären 15 Sparkassen betroffen – müssten allerdings auch nicht mehr gutes Geld dem schlechten hinterherwerfen. Einem »funktionierenden Kapitalismus« werde die Pleite des weltgrößten Schiffsfinanziers nichts anhaben können, das System wäre dadurch also nicht gefährdet. Die norddeutschen

Firmen könnten fast genauso leicht oder schwer Darlehen bekommen wie bisher, da auf dem Spezialgebiet der Bank, der Finanzierung der nachhaltig profitablen Luft- und Seeschifffahrt, »ein Dutzend Interessenten schon längst Schlange« stünden.

Überhaupt solle der Staat angesichts der »Überproduktionskrise« in der Finanzwirtschaft alle Banken, »denen nicht der Nachweis gelingt, für das Funktionieren des gesamten Systems tatsächlich relevant zu sein«, fallen lassen.[67]

Fest steht: Banken wie der HSH Nordbank und Wirtschaftsführern wie Jens Nonnenmacher verdankt es die Branche, dass die Manager mit Attributen wie »Raffke«, «Gierschlund« oder »Bankster« bedacht werden.

Aber das Beste kommt ja noch: Wofür gibt die Bank die Gelder des Steuerzahlers eigentlich sonst noch aus? Glaubt man dem Bund der Steuerzahler, so »wundert man sich an der Kieler Förde, dass sich die schwer angeschlagene HSH Nordbank immer noch eine eigene gut ausgestattete Motoryacht für geschäftliche Veranstaltungen leistet. Für Freunde schöner Schiffe ist die ›Merkur II‹ eine Augenweide. Mit vier Mann Besatzung – einem Kapitän, einem Decksmann, einem Maschinisten und einer Servicekraft – liegt das Schiff in bester Lage vor dem Regierungsviertel im Kieler Hafen. Neben geschäftlichen Veranstaltungen der HSH Nordbank können auch Dritte die Yacht nutzen. Nach einer alten Vereinbarung dürfen Gesellschafter der ehemaligen Landesbank Schleswig-Holstein das Schiff bis zu fünf Fahrten im Jahr für repräsentative Veranstaltungen in Anspruch nehmen. 2008 wurde das Schiff immerhin 35-mal genutzt, im Jahresdurchschnitt etwa 8-mal durch Dritte. Die Unterhaltskosten belaufen sich auf jährlich rund 150 000 Euro.« Fazit: »Trotz der prekären Lage der Bank scheint es immer noch genug Geld für stilvolle Repräsentation zu geben.«[68]

BayernLB: Zielstrebig ins Desaster

Die Finanzmarktkrise, die mit einem Abschwung am US-Immobilienmarkt im Herbst 2006 begann, hat in Deutschland
vor allem die Landesbanken getroffen; besonders die BayernLB
musste Milliarden-Verluste hinnehmen. Nichts gehört, nichts
gesehen, nichts gewusst, nichts geahnt. Auch wenn in der Mathematik minus mal minus plus ergibt: Wenn Unfähigkeit auf
Unaufrichtigkeit trifft, kann einfach nichts Gutes herauskom-
men:

24. August 2007: Die BayernLB räumt erstmals ein Engagement im krisengeschüttelten US-Markt für Hypothekendarle-
hen bonitätsschwacher Schuldner (»subprime«) ein. Bei diesen
Beständen gebe es aber bislang keine »Zahlungsstörungen«,
heißt es.

3. September 2007: Die Bank beziffert ihr Engagement im Sub-
prime-Markt auf 1,9 Milliarden Euro. Man erwarte keine Zah-
lungsausfälle.

28. November 2007: Die Staatsregierung lehnt eine Fusion der
BayernLB mit der Landesbank Baden-Württemberg (LBBW)
oder einer anderen Landesbank ab. Dies würde den Bankenplatz
München schwächen.

21. Januar 2008: Die BayernLB kann die Auswirkungen der
Finanzkrise auf ihr Jahresergebnis nach eigener Darstellung
nicht beziffern.

12. Februar 2008: Bayerns Finanzminister Erwin Huber (CSU)
bezeichnet Berichte über Milliarden-Belastungen im Landtag
als reine Spekulation und erklärt, es lägen noch keine belastbaren Zahlen vor.

13. Februar 2008: Die BayernLB beziffert die Belastungen auf
1,9 Milliarden Euro.

19. Februar 2008: BayernLB-Chef Werner Schmidt erklärt wegen der Querelen um die Offenlegung der Belastungen seinen Rücktritt. Zum Nachfolger wird der ehemalige HypoVereinsbank-Manager Michael Kemmer ernannt.

17. März 2008: Die Bank meldet erneut «Korrekturbedarf».

2. April 2008. Die BayernLB beziffert die Belastungen nun auf 4,3 Milliarden Euro. Kritische Wertpapiere will man in eine Zweckgesellschaft ausgliedern und mit sechs Milliarden Euro absichern.

7. Mai 2008: Die Bank meldet einen Verlust vor Steuern von 770 Millionen Euro.

19. September 2008: Die BayernLB gibt bekannt, wegen der Insolvenz der US-Investmentbank Lehman Brothers rechne sie mit bis zu 300 Millionen Euro Ausfallrisiken.

21. Oktober 2008: BayernLB-Chef Kemmer rechnet für 2008 mit einem Verlust von drei Milliarden Euro.

22. Oktober 2008: Huber übernimmt die politische Verantwortung für die Schieflage der Bank und tritt zurück. Er gibt zu, dass er seit Monaten über die jeweilige Risikolage der Bank informiert war.

23. Oktober 2008: Die BayernLB beantragt als erste Bank Geld aus dem Rettungspaket – insgesamt 6,4 Milliarden Euro.

24. Oktober 2008: Im Machtkampf um die Ablösung des Bankchefs Kemmer erleidet die CSU-Landesregierung eine Niederlage. Er bleibt im Amt.

9. November 2008: Bayerns Wirtschaftsminister Martin Zeil (FDP) will die Bank vollständig privatisieren.

21. November 2008: Die Landesbank Baden-Württemberg (LBBW) ist zu Fusionsgesprächen mit der BayernLB bereit.

26. November 2008: Bayerns Ministerpräsident Horst Seehofer (CSU) lehnt die Fusion ab und favorisiert eine Privatisierung.

27. November 2008: Das Milliardenloch bei der BayernLB wird immer größer. Die Rede ist jetzt von bis zu zehn Milliarden Euro.

28. November 2008: Seehofer kündigt ein Rettungspaket von mehr als 30 Milliarden Euro für die BayernLB an. Darunter zehn Milliarden Euro »Eigenkapitalspritze« von Bund und Land, ein 6-Milliarden-Euro-»Risikoschirm« für mögliche Ausfälle bei den Wertpapieren der Bank und 15 Milliarden Euro »vorbeugende Garantie« aus dem Rettungsschirm des Bundes.

29. Mai 2009: Die EU-Kommission macht massiv Druck auf die Staatsregierung für einen schnellen Verkauf der angeschlagenen BayernLB. Die Landesregierung ist dagegen, weil derzeit kein guter Preis zu erzielen sei.

Die Art und Weise des unaufhaltsamen Abstiegs der BayernLB ist eine Steilvorlage für die neoliberalen Privatisierungsideologen. »Wenn die Politiker so mit Staatseigentum umgehen«, sagt sich mancher Bürger, »sollten wir das Volksvermögen vielleicht doch lieber den Ackermanns und Zumwinkels anvertrauen.« Dass dieses schon fast groteske Missmanagement Finanzminister Erwin Huber und Ministerpräsident Günther Beckstein ihre Jobs und die CSU die absolute Mehrheit kostete, ist da nur ein schwacher Trost.

Der Absturz der BayernLB ist »eine Geschichte voller Pleiten und Pannen« (*Stern*). Lange wurden die Probleme kleingeredet, mehrfach die Krise für beendet erklärt. Es war halt Wahljahr. Die von Huber zuletzt vollmundig angekündigten »gewaltigen Umstrukturierungen« und die Mahnung zur Eile (»Wer schnell hilft, hilft doppelt«) gleichen einem Offenbarungseid. Die Aufsicht hat auf ganzer Linie versagt.

Aber der Reihe nach: Schon Anfang des Jahres 2008 machen Gerüchte die Runde, die Finanzkrise könnte auch die BayernLB massiv treffen. Huber, der auch im Verwaltungsrat des Unternehmens sitzt, wischt mögliche Probleme als Spekulation vom

Tisch: Es lägen noch keine belastbaren Zahlen vor, behauptet er am 12. Februar im bayrischen Landtag.

Keine Zahlen? Nur einen Tag später wendet sich die BayernLB selbst an die Presse und gesteht: Die Finanzkrise sorgt für zusätzliche Belastungen von 1,9 Milliarden Euro. Insgesamt habe die Bank vier Milliarden in das hochriskante Marktsegment der US-Subprime-Wertpapiere investiert.

Huber wird von der Opposition der Lüge bezichtigt. Er soll bereits seit Monaten von den Problemen gewusst haben, berichtet die *Süddeutsche Zeitung*. Huber selbst will die Öffentlichkeit nach »bestem Wissen und Gewissen« informiert haben. Der Sparkassenverband spricht von einer Kommunikationspanne, der damalige Chef der Bank, Werner Schmidt, muss seinen Stuhl räumen.

Huber macht weiter wie gewohnt: Die Bank sei ausreichend mit Kapital ausgestattet und brauche kein zusätzliches Geld von den Eigentümern, behauptet er. Kein Geld von den Eigentümern? Bereits vier Wochen später, am 17. März, muss das Institut erneut mit einer Hiobsbotschaft vor die Presse treten: Es gebe weiteren Korrekturbedarf – Höhe ungewiss. Huber schweigt, der CSU-Chef befindet sich nach einem Bericht des *Spiegel* im Urlaub.

Stattdessen prescht Ministerpräsident Günther Beckstein – ohne Absprache mit seinem Finanzminister – vor und spricht von vier Milliarden, die die BayernLB zusätzlich abschreiben muss. Die Bank selbst sieht insgesamt sogar Wertpapiere in einem Volumen von 24 Milliarden Euro als gefährdet an. Die Eigentümer der BayernLB sollen für mögliche Ausfälle in Höhe von sechs Milliarden Euro garantieren. Die Bank schreibt im ersten Quartal einen dreistelligen Millionenverlust.

Huber räumt ein, dass er seit Monaten über die jeweils aktuelle Einschätzung der Risikolage der Bank informiert war. Dies seien aber vorläufige und keine belastbaren Zahlen gewesen. Nur wenige Tage nach dem Zahlen-Gau stimmt der Haushaltsausschuss des Landtages staatlichen Garantien für die BayernLB zu.

Und als ob es noch nicht genug gewesen wäre: Eine Woche vor den Landtagswahlen schlägt eine neuerliche Bombe ein. Die Pleite der amerikanischen Investmentbank Lehman Brothers kostet die BayernLB weitere 300 Millionen Euro. Huber schweigt und verliert die Wahl.

Jetzt soll der Staat für die Probleme bei der Bank geradestehen. Aus dem Rettungspaket der Bundesregierung, an dem sich Huber zu Anfang gar nicht beteiligen wollte, sollen 6,4 Milliarden an die BayernLB fließen. Dann sind alle Probleme gelöst? Mitnichten. »Kein Mensch kann die Entwicklung der internationalen Finanzmärkte voraussehen«, sagt Huber. Damit aber hat er nicht mehr viel zu tun, da er der aktuellen Landesregierung nicht mehr angehört.

Ins Bild passt, dass sich die Landesbank auf Kosten des Steuerzahlers eine Eskapade der besonderen Art leistet. Ausgerechnet auf dem Obersalzberg, dem berüchtigten Refugium Adolf Hitlers, ließ sie auf Betreiben des damaligen Finanzministers Kurt Faltlhauser (CSU) über eine Tochtergesellschaft für 50 Millionen Euro ein Luxushotel mit zwölf Suiten und 126 Doppelzimmern bauen, das wegen mangelnder Auslastung allein seit der Eröffnung im Februar 2005 bis 2008 fast 15 Millionen Euro Verluste einfuhr. Die etwa 150 Mitarbeiter waren bis auf eine Ausnahme bei der Landesbank angestellt. Auch hier zeigt sich also: Manchen Politikern ist nichts zu teuer, wenn es sich nicht um ihr eigenes Geld handelt.

Der Gipfel aber ist: Rudolf Hanisch, einer der beiden Vizechefs der Landesbank, geht in den Ruhestand und erhält riesige Abschiedsgelder. Die *Süddeutsche Zeitung* rechnete zwischen 500 000 Euro und 1 000 000 Euro aus. Ab Mitte 2009 erhält der frühere Amtschef von Edmund Stoiber sogar eine Pension. Hanisch ist bereits der dritte Manager seit der Krise, dem trotz Versagens auf voller Linie sein vertraglich vereinbartes Geld vorzeitig ausbezahlt wird.

Aber das ist noch harmlos gegen die Ankündigung von Bankchef Michael Kemmer im vergangenen Sommer, trotz der Milliardenverluste und der Steuergeldgeschenke bereits 2009 wieder fette Boni zahlen zu wollen. Da platzte selbst Bayerns Regierungschef Horst Seehofer der Kragen: »Es gibt auf keinen Fall Boni«, schnaubte er medienwirksam, und der Bund der Steuerzahler befürchtete gar, die Extraprämien gingen »womöglich an dieselben Personen, die das Desaster verursacht haben«[69].

WestLB: Eine Bank mit langer Skandaltradition

Die Skandal-Tradition der WestLB sucht ihresgleichen. Angefangen von den Milliardenverlusten durch Devisengeschäfte und faule Kredite bereits in den Gründerjahren über die Verfilzung mit der SPD in den 80er und 90er Jahren bis hin zur jüngster Affäre um Aktien-Manipulation.

4. April 2007: Die misslungenen Spekulationen werden durch einen Medienbericht bekannt, in dem die Verluste auf rund 100 Millionen Euro beziffert werden.

5. April 2007: Die WestLB bestätigt die Entlassung von zwei Mitarbeitern. Nach Angaben von Vorstandsmitglied Werner Taiber hat es Regelverstöße im Eigenhandel der Bank gegeben.

10. April 2007: Die WestLB hat gegen die beiden entlassenen Aktienhändler Strafanzeige gestellt. Vorstandschef Thomas Fischer kündigt eine vorbehaltslose Aufklärung des Sachverhalts an.

11. April 2007: Weitere Details werden bekannt. Die entlassenen Mitarbeiter sollen jahrelang die Schlusskurse der Vorzugsaktien von Metro, BMW und VW manipuliert haben. Dabei sollen sie auf ein Sinken der Kursdifferenz von Vorzügen und Stammaktien gesetzt haben.

13. April 2007: Bankchef Fischer stellt den Eigenhandel auf den Prüfstand. Aufgaben, Strukturen und Prozesse sollen überprüft und wenn nötig angepasst werden, schreibt er in einem Brief an die Mitarbeiter. Die deutsche Finanzaufsicht BaFin kündigt eine Sonderprüfung bei der WestLB an.

17. April 2007: Die Düsseldorfer Staatsanwaltschaft nimmt gegen die beiden ehemaligen Aktienhändler der WestLB Ermittlungen wegen des Verdachts der Untreue auf.

19. April 2007: Bei einer Anhörung im Finanzausschuss des Landtages von NRW werfen Oppositionspolitiker von SPD und Grünen Fischer vor, über das Ausmaß der Verluste keine Auskunft zu geben. Auch wird ihm vorgehalten, bei der Bilanzpressekonferenz Ende März kein Wort über erhebliche Risiken im Eigenhandel verloren zu haben.

26. April 2007: Die WestLB löst wesentliche Positionen im Eigenhandel auf, darunter ein Aktienpaket von VW-Papieren.

8. Mai 2007: Weitere personelle Konsequenzen werden bekannt: Zwei Mitarbeiter waren bereits vor zwei Wochen beurlaubt worden, »um den Sachverhalt vollständig aufzuklären«. Es soll sich um einen Angestellten aus der Abteilung für die Überwachung des Aktienhandels der Bank und um einen Mitarbeiter des Risiko-Managements handeln.

30. Juni 2007: WestLB-Chef Fischer spricht im Zusammenhang mit den Verlusten von einem »Anschlag auf die Bank«. Der größte Teil der Verluste von insgesamt rund 240 Millionen Euro beruhe auf kriminellen Aktivitäten und verratenen Geschäftspositionen.

10. Juli 2007: Die WestLB verliert ein weiteres Vorstandsmitglied. Kurzfristig scheidet Robert Stein aus dem Vorstand aus. Der 45-Jährige wolle sich einer neuen beruflichen Herausforderung widmen. Sein Ausscheiden habe nichts mit den Vorfällen im Eigenhandel zu tun, hieß es. Stein war bis Februar 2007 auch für den Eigenhandel zuständig.

24. Juli 2007: Eine kurzfristig anberaumte Sitzung des Aufsichtsrats wird bekannt. Nach übereinstimmenden Berichten stehen Bank-Chef Fischer und mehrere Vorstandsmitglieder auf der Kippe, nachdem die BaFin gravierende Managementfehler festgestellt habe.

26. Juli 2007: Nach Fehlspekulationen und Millionenverlusten müssen WestLB-Chef Thomas Fischer und offenbar auch Risikomanager Matthijs van den Adel die Landesbank verlassen. Neuer Vorstandsvorsitzender wird Alexander Stuhlmann.

27. Juli 2007: Personell hat die WestLB mit ihrem neuen Chef Alexander Stuhlmann die Weichen für die nächste Zukunft gestellt. Aber was wird nun aus der Landesbank? Gleich zwei Banken wollen offenbar mit der WestLB fusionieren.

21. Januar 2008: Die Eigentümer[70] müssen den Konzern mit einer Kapitalspritze von zwei Milliarden Euro stützen.

8. Februar 2008: Die Eigentümer einigen sich auf eine Risikoabschirmung im Umfang von fünf Milliarden Euro. Bis zum Jahr 2010 sollen bis zu 1500 Stellen gestrichen werden.

3. November 2008: Die Bank gibt bekannt, das Rettungspaket nutzen zu wollen. Planmäßige Kredite für 2008 und 2009 sollen über Garantien des SoFFin abgesichert werden.

12. Mai 2009: Die EU-Kommission genehmigt Staatsgarantien bis zu 5 Milliarden Euro aus dem Rettungsschirm nur unter der Bedingung, dass die WestLB die Hälfte ihres bisherigen Geschäfts abstößt und dann verkauft wird.

18. Juni 2009: Die Anteilseigner wollen ihre Bürgschaft für die WestLB von vier auf neun Milliarden Euro aufstocken.

29. Juni 2009: Die Anteilseigner haben jetzt endgültig zugestimmt, allerdings muss die EU-Kommission wieder grünes Licht geben.

Wer über die WestLB schreibt, kann sich selbst als Tageszeitungsjournalist nicht sicher sein, ob sein Text am nächsten Morgen noch aktuell ist. Irgendwas ist immer bei dieser Bank. Dabei regt sich der Bürger über den jeweiligen Skandal an sich häufig dermaßen auf, dass er ganz vergisst, dass er ja auch noch die Rechnung bezahlen muss.

LBBW: Zockerbank im Musterländle

Die Schwaben sind sparsam, sagt man, und können mit Geld umgehen. Aber auch die Landesbank des Musterländles Baden-Württemberg, die LBBW, war schwer angeschlagen und erhielt von den Eigentümern – also den baden-württembergischen Sparkassen, dem Land (je 35,6 Prozent Anteile), der Stadt Stuttgart (18,9 Prozent) und den Sparkassen in Rheinland-Pfalz (4,9 Prozent) – eine Finanzspritze von fünf Milliarden Euro. Außerdem steht das Land für riskante Wertpapiere mit 12,7 Milliarden Euro gerade. Im Gegenzug beschloss der Landtag einstimmig, die Gehälter der LBBW-Manager bei weiterhin roten Zahlen auf 500 000 Euro zu begrenzen. Allein im Jahre 2007 hatten die sieben Vorstandsmitglieder insgesamt sechs Millionen Euro abgeräumt, aber 2008 einen Verlust von 2,1 Milliarden Euro erwirtschaftet.

Typischer Schwafelkommentar aus der Politik, hier von Stuttgarts Oberbürgermeister Wolfgang Schuster (CDU): »Wir stehen zu unserer Bank. Wir behalten die politischen Handlungsspielräume und sichern Arbeitsplätze am Finanzplatz Stuttgart.«

Und das Theater ging weiter. Im Jahr 2009 machte man einen Verlust von rund zwei Milliarden Euro. Hauptgründe seien die Wirtschaftskrise und Ausfälle durch riskante Immobiliengeschäfte.[71]

IKB – Protokoll einer Katastrophe

Die Mittelstandsbank IKB war ursprünglich ein rein privates Geldinstitut. Bis die Börsenkrise 2001/2002 die Eigner Münchener Rück und Allianz zwang, ihren Anteil von 38 Prozent zu verkaufen. Die staatseigene KfW-Bankengruppe übernahm das Paket auf Wunsch der deutschen Wirtschaft, die einen Einstieg ausländischer Investoren beim wichtigen Mittelstandsfinanzierer IKB verhindern wollte. Vorigen Sommer geriet die IKB in eine Schieflage – damit weitete sich die US-Finanzmarktkrise auf Deutschland aus:

30. Juli 2007: Die KfW übernimmt alle Rechte und Pflichten aus einer Liquiditätslinie, die die IKB der Zweckgesellschaft *Rhineland Funding* gegeben hatte. Volumen laut KfW: etwa 8,1 Milliarden Euro.

2. August 2007: Die IKB teilt mit, dass die KfW nicht nur alle Risiken der Rhineland Funding, sondern weitere mögliche Verluste aus riskanten Bilanzpositionen der IKB in Höhe von einer Milliarde Euro übernehmen wird. Nach Meinung der Deutschen Schutzvereinigung für Wertpapierbesitz (DSW) wurde die »komplette Bank verwettet«. Der DSW erwägt eine Klage gegen Vorstand und Aufsichtsrat, falls die von der bedrohlichen Lage wussten oder hätten wissen müssen.[72]

9. August 2007: Trotz dieser Finanzspritze und obwohl mehrere deutsche Banken einen Pool zur Rettung der IKB bilden, verliert die Aktie der IKB binnen kurzem gut ein Drittel ihres Wertes.

15. August 2007: Die KfW schätzt das Potenzial des möglichen Verlustes aus der Risikoabschirmung der IKB auf 2,5 Milliarden Euro und bildet dafür eine Rückstellung. Später wird die Risikovorsorge auf 4,8 Milliarden Euro aufgestockt.

16. August 2007: Der inzwischen gebildete Bankenpool aus

KfW, öffentlichen und privaten Banken einigt sich auf eine Aufteilung der Kosten für die Risikoabschirmung der IKB bezüglich Rhineland Funding sowie weiterer direkter Investments der IKB in strukturierte Kreditderivate. Demnach trägt die KfW 70 Prozent der Lasten, 30 Prozent übernehmen die übrigen Banken. Die Kosten für die übrigen Banken sollen auf eine Milliarde Euro begrenzt sein.

28. November 2007: Der Bankenpool einigt sich auf die Übernahme von rund 520 Millionen Dollar weiterer Risiken bei der IKB, die bislang nicht unter den Risikoschirm gefallen sind. Dabei handelt es sich um Zusagen, die die IKB anderen Banken gegeben hatte, wenn diese Geld an Rhineland Funding geben. Diese Rückversicherung lief unter dem Namen Havenrock. Rund 43 Prozent dieser Summe trägt die KfW, den Rest die übrigen Banken. In der Folge weist der Fonds für allgemeine Bankrisiken der KfW nur noch 350 Millionen Euro auf.

31. Dezember 2007: Die KfW muss den Wert ihres IKB-Pakets teilweise abschreiben. Die Aktie war von zeitweise mehr als 30 Euro auf rund 6 Euro zum Jahresende abgestürzt.

7. Januar 2008: Die KfW übernimmt im Rahmen der Umsetzung der jüngsten Risikoabschirmung eine von der IKB emittierte Aktienanleihe im Volumen von insgesamt 54,3 Millionen Euro. Der Anteil der KfW an der IKB könnte sich damit von 37,8 auf 43,4 Prozent erhöhen. Zwei Tage später wird auch der Rest der jüngsten KfW-Zusage durch Verträge umgesetzt.

13. Februar 2008: Wirtschaftsminister Michael Glos (CSU) und Finanzminister Peer Steinbrück (SPD) teilen mit, dass die IKB weitere 1,5 Milliarden Euro erhalten solle. Davon will der Bund eine Milliarde Euro aufbringen. Da die KfW 800 Millionen Euro als Verkaufserlös aus ihrem IKB-Anteil einplant, umfasst das Rettungspaket brutto 2,3 Milliarden Euro.

19. Februar 2008: Die KfW gibt der IKB gemäß der Vereinbarung 600 Millionen Euro. Das Geld ist als Kredit ausgestaltet.

20. März 2008: Eine zweite Tranche aus dem Rettungspaket vom Februar wird an die IKB gezahlt. Nach den 600 Millionen Euro im Februar fließen nun noch einmal 450 Millionen Euro, heißt es in einer IKB-Mitteilung. Die übrigen 1,25 Milliarden Euro sollen für die geplante Kapitalerhöhung bei der IKB zur Verfügung stehen, durch die die KfW auf etwa 90 Prozent der Anteile kommen könnte. Zudem berichtet die IKB, sie erwarte zusätzliche 590 Millionen Euro Bewertungsverluste auf ihre Bestände und rechnet für mehrere Geschäftsjahre mit keinen oder geringen Überschüssen.

28. März 2008: Die Hauptversammlung der IKB beschließt die Kapitalerhöhung, verschiebt aber die Entlastung des Aufsichtsrats.

22. Juli 2008: Die KfW-Bankengruppe stellt der IKB eine weitere Liquiditätslinie von 1,5 Milliarden Euro zur Verfügung. Für das Ende Juni abgelaufene Quartal erwartet die IKB einen Bewertungsverlust von einer halben Milliarde Euro. Kritiker sprechen von einem »Fass ohne Boden«.

14. August 2008: Die KfW muss die IKB-Kapitalerhöhung nahezu allein stemmen. Von den innerhalb der Zeichnungsfrist ausgeübten Bezugsrechten für neue IKB-Aktien entfielen mehr als 99 Prozent auf die KfW-Bankengruppe. Der Vollzug der Kapitalerhöhung durch die KfW wird wohl erst im Oktober erfolgen, weil eine Entscheidung der europäischen Wettbewerbshüter abgewartet wird.

21. August 2008: Die KfW teilt mit, der US-Finanzinvestor Lone Star kaufe das gesamte Aktienpaket in Höhe von 90,8 Prozent.

2. Juli 2009: Ex-IKB-Chef Ortseifen steht wegen des Vorwurfs der Börsenpreismanipulation und der Untreue vor Gericht. Ihm drohen maximal fünf Jahre Haft.

3. Juli 2009: Die IKB erhält noch einmal 7 Milliarden vom Steuerzahler.

Zuweilen behaupten neoliberale Frontmänner wie Hans-Olaf Henkel, dass gerade die öffentlichen Banken und die mit staatlicher Beteiligung wie die IKB am unprofessionellsten gearbeitet hätten.[73] Dies ist ziemlich dreist. Zum einen hatte zur Zeit des Beginns der IKB-Krise die staatliche KfW noch keine Mehrheitsbeteiligung. Zweitgrößter Aktionär der IKB war allerdings die Stiftung Industrieforschung, also eine Tochtergesellschaft des Bundesverbandes der deutschen Industrie. Zum anderen saßen im Aufsichtsrat Konzernbosse wie der damalige E.on-Chef Ulrich Hartmann, und 2008 waren unter den 21 Aufsichtsräten neben Steinbrücks Abteilungsleiter Jörg Asmussen auch Wirtschaftsführer wie Michael Rogowski, Ex-Präsident des Bundesverbands der Deutschen Industrie, Randolf Rodenstock, Präsident der Vereinigung der Bayerischen Wirtschaft, oder eben wieder der inzwischen bei E.on ausgeschiedene Ulrich Hartmann. Hartmann saß übrigens auch im Aufsichtsrat der Deutschen Bank – einem der Institute, die der IKB »lange Jahre mit guten Gewinnen verbriefte Ramschhypotheken verkauft haben«.[74]

Ins Visier des Bundesrechnungshofs geriet aber zunächst die KfW als Hauptaktionärin der IKB-Bank, also der 37-köpfige Verwaltungsrat. Bis zu dem Zeitpunkt elf Milliarden Euro Steuergelder zu verplempern – im Juli 2009 kamen ja noch einmal sieben Milliarden dazu – ist schließlich kein Pappenstiel, auch wenn einem das angesichts der astronomischen Summen für die diversen Rettungspakete so vorkommen mag.

Und ebenfalls ein »Glanzstück« war das faktische Verschenken der IKB an die US-Heuschrecke Lone Star für 115 Millionen statt möglicher drei Milliarden Euro, ganz zu schweigen von jener Überweisung von 350 Millionen Euro an die US-Bank *Lehman Brothers* unmittelbar vor deren Insolvenz. Was aber die Vorstellungskraft des braven Bürgers endgültig sprengte: Die angebliche Transferschlamperei geschah offenbar in voller

Absicht[75], und die Milliarden wurden in Wahrheit von der Staatsbank KfW selbst verzockt.[76]

Das ganze Elend deutscher Politik im Allgemeinen und des KfW-Verwaltungsrats im Besonderen wird deutlich am Verhalten derer, denen man bislang ein besonders intensives Interesse an der Aufklärung von Skandalen in der westlichen Marktwirtschaft unterstellt hat.

»Kapitalismuskritiker schwänzt KfW-Verwaltungsrat«, triumphiert das *Handelsblatt* am 19. September 2008. »Als bei der Staatsbank KfW die Vorstände purzeln, fehlt Deutschlands schärfster Kapitalismuskritiker. Während im Verwaltungsrat am Donnerstag die peinliche Überweisungspanne der KfW an Lehman Brothers aufgeklärt … wird, macht ein Mitglied Wahlkampf in Bayern: Oskar Lafontaine.«[77]

Nun hat der linke Parteiführer das Gremium inzwischen verlassen. Es stellt sich aber doch die Frage nach der Qualität politischer Kontrolle staatlicher Unternehmen und damit der Steuergelder, wenn die einen keine Lust haben und die anderen der Aufgabe geistig oder fachlich nicht gewachsen sind – von den Lobbyisten gar nicht zu reden. Man wird nicht umhinkommen, Vorstände, Aufsichtsräte und auch Politiker für von ihnen angerichtete Schäden haftbar zu machen. Jede Wette, dass die halsbrecherische Zockerei – Motto: »Ist ja nicht mein Geld« – schlagartig abebben würde.

Einstweilen aber ist das Gegenteil der Fall. Die Landesfürsten schanzen gerade den Vorständen jener Landesbanken, die vom Steuerzahler Milliarden absahnten, Traumgehälter und üppigste Boni zu. So kassierten die Vorstandsmitglieder der WestLB im Krisenjahr 2008 jeweils durchschnittlich mehr als eine Million Euro Jahresgehalt. Anders als bei Finanzspritzen vom Bund, wo die Vorstände höchstens 500 000 Euro verdienen dürfen, gab es Geld von den Ländern ohne jede Auflage.

3. »Aus vollen Händen«: Der Konjunkturschirm

Kurz vor Silvester 2008 genehmigt die EU-Kommission das 15 Milliarden Euro umfassende Konjunkturpaket 1 der Bundesregierung. Herzstück ist ein Kreditprogramm der KfW für den Mittelstand, mit dem eine »Kreditklemme« seriöser Unternehmen verhindert werden soll. Schon bald allerdings erweist sich dieser Rettungsschirm als grandioser Fehlschlag. Wichtiges Ergebnis immerhin: Nach der grundsätzlichen Billigung durch die EU-Kommission müssen diese Beihilfen nun nicht mehr einzeln von Brüssel genehmigt werden.

Im Februar 2009 folgt das 50 Milliarden Euro schwere Paket 2, das außer der unverfrorenen Subvention für die Auto-Industrie in Gestalt der Abwrackprämie ebenfalls nicht viel Erwähnenswertes enthält. »Mehr als 1100 Firmen wollen Staatsgeld«, nörgelt immerhin die *Frankfurter Allgemeine Zeitung* bereits am 31. Mai 2009: »Der Staat gibt aus vollen Händen.«[78] Und prompt mäkelt der damalige Unionsfraktionschef Volker Kauder: »Die Verlockung, aber auch der Druck auf Unternehmen, sich dem Trend anzuschließen und staatliche Hilfe zu erbitten, wächst. Genau das kann der Staat aber nicht leisten.«[79]

Um die Konjunkturpakete richtig beurteilen zu können, lohnt ein Blick auf die Zusammenhänge. Die Ideologie der freien Marktwirtschaft, Neoliberalismus also, verhält sich zur Wissenschaft wie ein Spulwurm zu Leonardo da Vinci. In Wahrheit handelt es sich um eine Religion, die auf Glauben statt Wissen beruht und schon von daher jegliche Fach- und Sachkenntnis als überflüssig erscheinen lässt. So räumte der Mitbegründer des Neoliberalismus, Friedrich August von Hayek, unumwunden ein: »Das System funktioniert unter der Bedingung, dass der Einzelne bei seiner Teilnahme an sozialen Prozessen bereit und willig sein muss, sich Änderungen anzupassen und Konventionen zu unterwerfen, die nicht das Ergebnis vernünftigen

Planens sind (...) und deren Ursachen vielleicht niemand versteht.«[80] Auf Deutsch: Was ich nicht weiß, macht mich nicht heiß. Gewöhnliche neoliberale Politiker halten John Meynard Keynes für den Mittelstürmer des FC Liverpool, Adam Smith für den Großvater des US-Komikers Will Smith und besagten Hayek für den Stiefvater der Mimin Salma Hayek. Daher haben Neoliberale viel mit pseudochristlichen Sekten gemeinsam: Ihre Voraussagen treffen so gut wie nie ein – weder ist die Welt untergegangen, noch ist die freie und skrupellose Markwirtschaft das »Ende der Geschichte« (Francis Fukuyama).

Deshalb ist es gar nicht verwunderlich, dass viele unserer Volksvertreter nicht zugaben oder schlicht nicht wussten, dass das Konjunkturpaket vom Februar 2009 das direkte Gegenteil der bis dato vollmundig verkündeten Wirtschaftsdoktrin darstellte. Gerade eben noch zur Nichteinmischung in die Angelegenheiten der Wirtschaft verurteilt, wurde der Staat plötzlich um Finanzspritzen angebettelt.

Hier aber schwelt ein Widerspruch innerhalb der »Eliten« aus Politik und Wirtschaft: Einerseits brauchen sie die Steuergroschen der kleinen Leute zum Aufpäppeln maroder Unternehmen und zum »Ankurbeln der Wirtschaft«. Andererseits hätten sie das Geld in Form von Spitzensteuersatzsenkungen am liebsten direkt in die eigene Tasche gesteckt.

Beispielhaft für dieses Dilemma ist der verbale Wutanfall der *FAZ*: Die Regierung verteile »großzügig neue Wohltaten: Rentenerhöhung, mehr Leistungen bei der Pflege, Wohngeld, Elterngeld, höheres Kindergeld. In der Summe macht auch das zweistellige Milliardenbeträge aus – und die müssen auch jetzt gezahlt werden, obwohl das Geld fehlt.«[81]

Fest steht jedenfalls, dass der Bürger in Form von Bürgschaften alle Risiken trägt und im Gegenzug völlig unverbindliche Zusagen etwa für Arbeitsplätze erhält. Sollte sich dann ein Unternehmen aufgrund staatlichen Bürgens wieder erholen und entsprechend die Aktienkurse wieder in die Höhe klettern, dann profitieren davon weder Stahlarbeiter Krause und Verkäuferin Lehmann noch Krankenschwester Schulz und Installateur Müller, sondern die Aktionäre.

Verglichen damit sind die »Wohltaten« geradezu lächerlich: Bund, Länder und Kommunen investieren gerade einmal 18 Milliarden Euro in die Infrastruktur, also in den Ausbau oder die Sanierung von Kindergärten, Schulen, Hochschulen und Krankenhäusern, Straßen, Schienen und Wasserwegen. Die Baubranche und einige Handwerksbetriebe freut es, aber das war es dann auch schon. Auch die Steuererleichterungen für normal verdienende Familien und Singles von durchschnittlich unter 35 Euro monatlich sind eher mickrig.

Die Opel-Posse: Lehrstück alternativloser Marktwirtschaft

Lachen oder sich übergeben ist eine seltsame Alternative. Dennoch drängt sie sich ständig auf, betrachtet man unsere Wirtschaft und unsere Politik. Da wird uns am Vormittag noch die grandiose Litanei von der Allmacht des Marktes gepredigt und dass sich der Staat gefälligst herauszuhalten habe, und nur ein paar Stunden später fordern dieselben Lichtgestalten von ebendiesem Staat Millionen oder gar Milliarden an Unterstützung. Und sie sind dabei nicht einmal passenderweise »ganz klein mit Hut«, sondern treten wie eh und je nassforsch und unverschämt auf.

In den USA sind die Politiker weniger devot: Man denke nur an das selbstbewusste Auftreten des republikanischen Kongressabgeordneten Brad Sherman aus Kalifornien während einer Anhörung der Vorstandsvorsitzenden von Ford, General Motors und Chrysler, die um staatliche Gelder baten. Die Bosse waren in teuren Luxusjets angereist und hatten damit den Unmut einiger

Senatoren erregt. Sherman blamierte die drei Herren mit einfachen Feststellungen: »Es wäre verrückt, wenn dieses Land aufhören würde, Autos und LKWs zu entwickeln und zu bauen; es wäre genauso verrückt, wenn die drei leitenden Angestellten der drei Autobauer mit Privatflugzeugen angereist wären. Ich möchte die drei Vorstände hier bitten, die Hand zu heben, wenn sie mit einem Linienflug gekommen sind. Für das Protokoll: keine Hände erhoben. Zweitens möchte ich Sie bitten, die Hand zu heben, wenn Sie planen, ihren Flugjet hier und jetzt zu verkaufen und mit einem Linienflug zurückzufliegen. Für das Protokoll, es wurden keine Hände erhoben ...«[82] Kommentar des Internet-Users Fábián F. Világhy: »In Deutschland wäre so etwas undenkbar. Hier pflegt man auch dann noch einen partnerschaftlichen Umgang mit Vertretern großer Unternehmen, wenn aus deren Holzköpfen die Inkompetenz nach Ablösung schreit und die Schäden nicht mehr verschwiegen werden können.«[83]

Aber schauen wir uns doch zunächst noch einmal die Opel-Krisenchronologie im Einzelnen an:

14. November 2008: Nach Absatzeinbruch und massiven Verlusten ruft Opel als erster deutscher Autohersteller den Staat zu Hilfe. Eine Bürgschaft von Bund und Ländern soll Opel stützen. Nach Opel-Angaben geht es um »etwas mehr als eine Milliarde Euro«.
17. Februar 2009: GM will 47 000 Stellen streichen, davon 26 000 außerhalb der USA.
27. Februar 2009: Opel will sich weitgehend von GM abkoppeln. Das Management strebt eine rechtlich selbständige Geschäftseinheit an. Das von der öffentlichen Hand benötigte Kapital eines neuen europäischen Unternehmens Opel/Vauxhall wird auf 3,3 Milliarden Euro beziffert.

2. März 2009: Der Rettungsplan wird der Bundesregierung vorgelegt.

16.-18. März 2009: Gespräche von Wirtschaftsminister Guttenberg in den USA bleiben ohne konkrete Ergebnisse. Industrie- und Politikberater Roland Berger soll im Auftrag der Bundesregierung die Verhandlungen zur Rettung Opels koordinieren.

30. März 2009: US-Präsident Barack Obama stellt GM ein Ultimatum von 60 Tagen, um ein tragfähiges Sanierungskonzept vorzulegen.

31. März 2009: Bundeskanzlerin Angela Merkel (CDU) stellt in Rüsselsheim staatliche Unterstützung in Aussicht. Einen direkten Staatseinstieg, den etwa Vizekanzler Frank-Walter Steinmeier (SPD) fordert, lehnt Merkel aber erneut ab.

23. April 2009: Fiat will Opel übernehmen. Der Opel-Gesamtbetriebsratsvorsitzende Klaus Franz bestätigt einen Bericht von *Spiegel Online*. Die Arbeitnehmer lehnen den Einstieg ab.

28. April 2009: Der österreichisch-kanadische Autozulieferer Magna legt ein erstes »Grobkonzept« für Opel vor.

4. Mai 2009: Fiat wirbt in Berlin um Opel.

12. Mai 2009: Auch US-Finanzinvestor Ripplewood prüft eine Beteiligung, meldet die *Frankfurter Allgemeine Zeitung*.

14. Mai 2009: Die Bundesregierung will Opel über ein Treuhandmodell mehr Zeit für Verhandlungen mit Investoren geben. Voraussetzung sei, dass mindestens ein Interessent ein tragfähiges Konzept vorlege.

19. Mai 2009: Vertreter von Bundesregierung und Ländern sowie deutscher Banken einigen sich auf eine Brückenfinanzierung für Opel. Allerdings müsse noch die Investorenfrage geklärt werden.

27. Mai 2009: GM kündigt an, sein Europa-Geschäft mit der Hauptmarke Opel rechtlich abzuspalten, und scheitert mit seinem Angebot an die GM-Gläubiger zum Schuldenverzicht.

27./28. Mai 2009: Eine Spitzenrunde im Kanzleramt tagt bis zum frühen Morgen und scheitert. GM meldet überraschend einen kurzfristig zusätzlichen Finanzbedarf von 300 Millionen Euro an. Bis dahin war von einem Überbrückungskredit von 1,5 Milliarden die Rede. In den USA gibt es trotz der so gut wie sicheren Insolvenz für die Opel-Mutter neue Hoffnung auf ein Überleben. Die US-Regierung will mit einem verbesserten Angebot an die Gläubiger die zur Rettung geplante GM-Verstaatlichung schon vorher klarmachen.

29. Mai: 2009: Kurz vor einem neuen Krisentreffen in Berlin sagt Fiat seine Teilnahme ab. Weil auch Ripplewood aus dem Rennen ist und der chinesische Autobauer BAIC nur Interesse bekundet und bislang kein detailliertes Angebot vorlegt, bleibt zunächst nur Magna im Spiel. Der Staat müsste für mindestens 4,5 Milliarden Euro bürgen.

30. Mai 2009: Bund und Länder geben vorerst sechs Monate lang eine Garantie über 1,5 Milliarden Euro. Als Soforthilfe stellt Magna Opel 300 Millionen für »unmittelbaren Finanzierungsbedarf« bereit. Die Einigung beinhaltet aber weder schriftliche Festlegungen zur Sicherung der deutschen Standorte noch Beschränkungen des Stellenabbaus. Magna habe stets von einem Abbau von etwa 2600 oder zehn Prozent der Arbeitsplätze in Deutschland gesprochen, aber erklärt, dass die vier Standorte erhalten blieben, heißt es. An den übrigen europäischen Standorten wolle Magna insgesamt etwa 7500 bis 8500 Arbeitsplätze streichen. Bundeskanzlerin Angela Merkel wählt zur Rechtfertigung für diese Art der Rettung von Opel auf Kosten von Belegschaft und Steuerzahlern das hinlänglich lächerliche Wort »alternativlos«.

1. Juni 2009: GM reicht in New York einen Antrag auf Insolvenz mit Gläubigerschutz ein. Die Liquidität Opels ist durch das Rettungspaket gesichert.

10. Juli 2009: GM fährt zum Neustart aus der Insolvenz, mehrheitlich ist der US-Autobauer nun in Staatsbesitz. Zur Sanierung fließen weit mehr als 50 Milliarden Dollar (36 Milliarden Euro) an Steuergeldern.

15. Juli 2009: RHJI stellt in Berlin ein verbessertes Übernahmeangebot vor. Die Bundesländer mit Opel-Standorten favorisieren Magna, weil der Zulieferer weniger Arbeitsplätze abbauen und Opel klarer vom früheren Mutterkonzern trennen will. Magna plant Staatsgarantien von 4,5 Milliarden Euro ein, RHJI zwischen 3 und 3,8 Milliarden Euro.

31. Juli 2009: Der Opel-Absatz boomt in Deutschland dank der Abwrackprämie: Von Januar bis Juli werden rund 219 000 Fahrzeuge zugelassen, ein Drittel mehr als im Vorjahreszeitraum.

7. August 2009: GM-Chef Fritz Henderson und Magna-Chef Siegfried Wolf klären die noch offenen Fragen. Der GM-Verwaltungsrat kann sich nicht auf eine Empfehlung für einen der beiden Bieter einigen.

19. August 2009: Bund und Länder drücken aufs Tempo und wollen den Kredit für Opel von 4,5 Milliarden Euro ohne Beteiligung der anderen europäischen Länder mit Opel-Standorten vorstrecken, wenn GM sich für Magna entscheidet.

21. August 2009: Der GM-Verwaltungsrat vertagt erneut seine Entscheidung über die Angebote und legt sich immer noch nicht auf einen Bieter für Opel fest.

25. August 2009: Erneutes Opel-Spitzentreffen zwischen Bund, Ländern und GM in Berlin. Medien berichten, dass der amerikanische Autokonzern prüft, ob er seine bisherige Tochter doch behalten sollte.

9. September 2009: Das endlose Hickhack findet ein vorläufiges Ende, als sich GM zum Verkauf an Magna bereit erklärt. Im Gegenzug spendiert Schwarz-Rot für Opel zusätzlich zu den bereits gewährten 1,5 Milliarden Euro weitere Kreditbürgschaften in Höhe von drei Milliarden Euro. Magna wiederum muss über die neue Gesellschaft »NewOpel« 170 Millionen Euro nach Russland überweisen. Allerdings bleiben wesentliche Details, wie etwa das Rückkaufrecht für den US-Katastrophenkonzern GM, ungeklärt.

3. November 2009: Urplötzlich überlegt GM es sich anderes und will jetzt doch nicht verkaufen. Auf einmal meint der Verwaltungsrat des US-Konzerns, GM brauche Opel wegen der modernen Technologie der Deutschen und deren Zugang zum europäischen Markt. Der Betriebsrat ist verärgert, und die Bundesregierung fordert die 1,5 Milliarden zurück.

Eines sollte übrigens bei alledem nicht in Vergessenheit geraten: Opel hatte lange vor der Finanzkrise massive Probleme. Bereits 1998 fällt der deutsche Marktanteil nach Qualitätsproblemen und Konflikten mit der Muttergesellschaft auf den vorläufigen Tiefpunkt von rund 14 Prozent. Und ab 2004 fährt GM einen radikalen Sanierungskurs und streicht bei der deutschen Tochter bis 2006 rund 10 000 Stellen.

Man kann auch hier nur die Chuzpe bewundern, mit der dieselben, die sich gestern noch jegliche Einmischung des Staates verbeten haben, ihn heute um Geld anbetteln. Das einzig für den Steuerzahler Akzeptable wäre im Prinzip eine Komplettverstaatlichung, dann nämlich würden eventuelle Gewinne nicht von windigen »Investoren« eingefahren, sondern vom Gemeinwesen. Dagegen spricht eigentlich nur Ideologie der primitivsten Art: Selbst die Regierung Nordkoreas könnte Opel nicht weiter herunterwirtschaften, als dies unsere Marktwirtschaftler getan haben.

Im Grunde ist es immer das alte Lied: In den immer kürzeren Perioden des Aufschwungs verbittet sich die Wirtschaft staatliche Einmischung. Kaum aber geht es mit der glorreichen freien Marktwirtschaft erwartungsgemäß bergab und erwischt es deren lauteste Verfechter selber, entpuppen sie sich in den

Gängen und Büros der verhassten Behörden als die größten hilfeheischenden Waschlappen.

Hinzu kommen die zahllosen vorgelagerten menschlichen Tragödien: Dass sich eine Frau einen braven Installateur oder Supermarktkassierer des Geldes wegen angelt, klingt unwahrscheinlich; bei den Ehefrauen oder »Lebensabschnittspartnerinnen« der feisten Reichen dagegen weiß man das nicht so genau – ganz abgesehen davon, dass es schwerfällt, Typen wie die aus dem berühmten »Nudelsketch« von Loriot wirklich zu mögen: »Warum übernehme ich denn bald die Einkaufsabteilung? Weil mir niemand was vormachen kann. Weil ich eine weiße Weste habe. Weil ich politisch in Ordnung bin.« Wer als Frau diese Lichtgestalten dennoch erwählt, tickt möglicherweise ähnlich: Auf jeden Topf passt ein Deckel und unter jede Prostituierte ein Freier.

Übrigens hat der Autobauer auch jenseits der erwähnten direkten staatlichen Hilfen reichlich abgesahnt: »Opels Umgang mit Steuern erschwert die Rettung«, titelte *Welt Online* bereits im März 2009: »In den Jahren 2005 bis 2007 hat Opel deutlich mehr Geld vom Staat erhalten als Steuern gezahlt. Opel habe seine Gewinne an den Mutterkonzern in den USA überwiesen, Verluste aber in Deutschland steuerlich geltend gemacht.«[84] Schon ohne Staatshilfen hat das Unternehmen also dem Steuerzahler Milliarden aus der Tasche gezogen.

Bleibt also die simple Feststellung: Dass die Herrschaften ihre Art von »Streben nach Glück« in Gestalt der sozial unterentwickelten Ideologie der »freien Marktwirtschaft« suchen, sei ihnen unbenommen: Aber dass sie bei Bedarf die ehrlichen Menschen um einen finanziellen Zuschuss bitten, geht zusehends mehr Menschen zu weit.

Werftenrettung: Holzmann lässt grüßen

Ein Lehrbeispiel für den großzügigen Umgang mit Geld, das einem nicht gehört, liefert die Politik bei der rabenschwarzen Komödie um die Schiffsbaubetriebe in Wismar und Rostock-Warnemünde. Nach der Devise »Was dem Schröder sein Philipp Holzmann war, sind der Merkel die Werften« inszenierte sich unser aller Kanzlerin pünktlich zu Beginn der heißen Wahlkampfphase Mitte August 2009 als Retterin der beiden maroden Unternehmen. Man fand für die Waden-Werften einen neuen Investor. Wie der bisherige Besitzer ist es ein Russe. Der frühere russische Energieminister Igor Jussofow unterzeichnete einen Kaufvertrag über 40,5 Millionen Euro, und der Gläubigerausschuss mit Vertretern von Land, Deutscher Bank, KfW und Zulieferern stimmte dem Vertrag einstimmig zu. Jussofow will beide Werft-Standorte erhalten, allerdings nur 600 von bislang 2500 Arbeitsplätzen garantieren. Dafür fiel ihm wenigstens ein neuer schicker Name ein: Nordic Yards. Die Werften sollen neben Windenergieplattformen vor allem eisbrechende Tanker bauen, mit denen russische Unternehmen Öl- und Gasvorkommen erschließen wollen. Einer der Partner ist das russische Staatsunternehmen OSK.

Sein Sanierungskonzept war auch Hauptthema eines Treffens von Kanzlerin Merkel mit dem russischen Präsidenten Dmitrij Medwedjew Mitte August im russischen Sotschi. Merkel, deren Wahlkreis für die Bundestagswahl im September übrigens gleich neben der Rostocker Werft liegt, hatte in den vergangenen Monaten hinter den Kulissen immer wieder Druck gemacht und Staatshilfe versprochen, um die Industriebetriebe im strukturschwachen Mecklenburg-Vorpommern zu erhalten, das unter hoher Arbeitslosigkeit und der Abwanderung der Jungen leidet.

Offiziell streitet Putins Platzhalter Medwedjew allerdings ab, dass Gazprom auf Wunsch der Regierung über Aufträge an Wadan die Werften zu retten gedenke. Andererseits sitzt Jussofow im Aufsichtsrat des staatlichen Energiekonzerns Gazprom. Eines der ersten Begehren Jussofows galt natürlich dem Geld. Er sei sich sicher, »dass es einen konstruktiven Dialog auch um Finanzfragen gibt«. Dazu muss man wissen: Jussofow ist ein früherer Geschäftspartner Andrej Burlakows, der die Wadan-Werften im Jahre 2008 nur wegen seines Versprechens kaufen durfte, wegen seiner gigantischen Verbindungen zur russischen Regierung werde die Werft bald in Aufträgen ersticken. In Wahrheit konnte Burlakow nicht einen einzigen neuen Vertrag an Land ziehen. Und weil er natürlich den Zahlungsverpflichtungen nicht nachkam, mussten die Werften Anfang Juni 2009 Insolvenzanträge stellen.

Und auch bei den neuen Eigentümern kommt das Gefühl eines Déjà-vu auf: Obwohl sie den Kaufzuschlag auch wegen angeblicher Neuaufträge der Gazprom erhalten hatten, seit ihrem Eintritt aber nicht einen einzigen neuen Auftrag präsentieren konnten, wanderten sie unter den Rettungsschirm der Bundesregierung. Die Werften erhielten die Zusage für Kredite von 180 Millionen Euro, die vom Bund verbürgt werden. Aus dieser Bürgschaft waren laut *FAZ* bis August 2009 bereits 167 Millionen Euro in Anspruch genommen worden.

Übrigens: Ihr Überleben verdankten die beiden Werften nur dem milliardenschweren Einsatz von Steuergeldern. Nach der Wende gelang der »Verkauf« dieser Betriebe nur mit einer gewaltigen staatlichen Mitgift. Die Wismarer Werft musste gleich zweimal gerettet werden: Sie landete zunächst in den Fängen der Werftengruppe Bremer Vulkan, die die Staatsgelder für andere Zwecke missbrauchte und in Konkurs ging. Weil man die strukturschwache Region industriell nicht austrocknen lassen wollte, flossen abermals dreistellige Millionenbeträge aus dem Staatssäckel, bis die zweite Privatisierung gelang: 1998 kaufte

Aker die Werft in Wismar, vier Jahre später den Betrieb in Warnemünde. Und – um mit Hildegard Knef zu sprechen – »von da an ging's bergab«.

Ein neuer Name ist wie ein neues Leben: Arcandor

Leider haben wir zusehends verhaltensgestörte Mitbürger: Diese Menschen sind einerseits Analphabeten und verfügen insgesamt über den IQ eines Spulwurms, andererseits lungern sie zu Zeiten, wo sie eigentlich in der Schule oder auf dem Arbeitsamt sein sollten, in Spielhallen oder Internetcafés herum. Kaufhäuser, die jahrzehntelang zur westlichen Zivilisation gehörten wie Staubsauger oder Toilettenpapier, sind ihnen wesensfremd. Karstadt oder Hertie: Viele dieser geschätzten Mitbürger wären überrascht, dass ein Kaufhaus mehr zu bieten hat als die Telespielabteilung für Gehirnamputierte im dritten Stock. Dass es im Untergeschoss Lebensmittel jenseits von Big Mac gibt, im Parterre durchaus erschwingliche Frauenklamotten oberhalb des Klum-Levels und in der ersten Etage Männerkleidung, in der sich Mann auch außerhalb des Mallorquiner Idiotenviertels rund um die Drews-Idylle Ballermann bewegen kann. Dass man dort auf die Schnelle Bademäntel ebenso bekommt wie Bohrmaschinen, Kaffeemaschinen ebenso wie Teesiebe.

Schon als Karstadt sich im Jahr 1999 mit Quelle zusammentat (und ab 2007 unter dem Großkotz-Label *Arcandor* firmierte), ahnten Normalbürger nichts Gutes: Jahrzehntelang war Karstadt Karstadt und Quelle Quelle, auch ohne die »Hilfe« ebenso blässlicher wie halbgebildeter Betriebswirtschaftsstudenten. Als dann an jenem 9. Juni 2009 Arcandor einen Insolvenzantrag stellte, verriet dies mehr über unsere vielgepriesene Marktwirtschaft als hundert Fachbücher. Ein offenkundig florierendes Kaufhaus, in dem sich morgens die ersten Kunden über den Haufen rennen und das Personal vor lauter Arbeit

Mühe mit der Bewahrung der guten Laune hat, macht urplötzlich dicht. Der Antrag auf Gläubigerschutz wird am Mittag beschlossen. Arcandor-Chef Karl-Gerhard Eick teilt dem Kanzleramt mit, man wolle den Antrag für einen staatlichen Notkredit nicht »nachbessern«. Er werde die Frist für eine Nachbesserung des eigenen Rettungskonzepts verstreichen lassen. *Spiegel Online* meldet das um exakt 12.03 Uhr. Die Arcandor-Aktie gerät danach stark unter Druck. Der Kurs rutscht zeitweilig um 30 Prozent ab, später wird der Handel des Papiers ausgesetzt. Sieht so *Das Ende der Geschichte* nach den Weisheiten des Neoliberalen Francis Fukuyama aus?

Dass Anfang Juli 2009 der Druck des Quelle-Katalogs trotz eines 50-Millionen-Kredits aus der Tasche des Steuerzahlers gestoppt wurde, weil die Druckerei schlicht befürchtete, keinen müden Cent zu sehen, und die insolvente Quelle schließlich ab November 2009 nicht mehr sprudelte, sondern abgewickelt wurde, rundet das Bild von einer funktionierenden Marktwirtschaft ab.[85]

Schaeffler scheffelt – Abwrackprämie für Golfschläger

»Sie kam, sah und weinte«, frotzelte die *Süddeutsche Zeitung* über eine der peinlichsten Demonstrationen der Nachkriegszeit.[86] 8000 Mitarbeiter der Schaeffler-Gruppe gingen im Februar 2009 für ihre Chefin auf die Straße. Die gebürtige Pragerin und Medizinstudienabbrecherin Maria-Elisabeth Kurssa angelte sich 1962 den 24 Jahre älteren Unternehmer Georg Schaeffler und zählt heute mit einem geschätzten Vermögen von 4,1 Milliarden Euro gemeinsam mit ihrem Sohn zu den reichsten Deutschen.

Als sich die »listige Witwe« (*manager magazin*) dann mit dem Kauf des Auto-Zulieferers Continental verheddterte und auf öffentliches Geld hoffte, erwischten sie die Paparazzi der Münchener *Abendzeitung* im Tiroler Schickeria-Ort Kitzbühel im Pelz und mit einem Glas Champagner in der Hand. Die Schlagzeile: »Frau Milliardärin braucht Staatsknete.«

Dies allerdings war auch Peer Steinbrück zu viel des Guten, zumal vor der Bundestagswahl: »Wir können es doch keinem Menschen erklären, Unternehmen, hinter denen Milliarden-Vermögen stehen, mit Steuergeldern zu unterstützen.«[87]

Man fragt sich eigentlich, was in Menschen vorgeht, die, wie der Schaeffler-Betriebsrat im Februar 2009, staatliche Gelder für die Milliardärin fordern, während alleinerziehende und ehrlich arbeitende Mütter kaum das Geld für die Klassenfahrt der Tochter aufbringen können. Es ist nämlich nicht so, dass Arbeitnehmervertreter blind die vermeintlichen Interessen ihrer Belegschaft zu vertreten haben. Wäre dem so, dann müssten die Betriebsräte eines Rüstungskonzerns auch für den Dritten Weltkrieg demonstrieren.

Andererseits scheint auch die steinreiche Frau am Hungertuch zu nagen. »Meine Golfschläger sind 20 Jahre alt«, offenbarte sie dem *Handelsblatt*. Vielleicht sollte man die Kilometerpauschale erneut streichen und durch eine Golfschlägerzulage ersetzen. Eine Abwrackprämie für Golfschuhe täte es allerdings auch.

Nur nebenbei: Noch viel schlimmer scheint es allerdings die Quelle-Erbin Madeleine Schickedanz erwischt zu haben. Kaum hatte sie offen und ehrlich bekannt, von 600 Euro monatlich zu leben, reagierte die Belegschaft. »Wütende Mitarbeiter stellen Spendenbüchse für Quelle-Erbin auf«, meldet *Bild* im Juli 2009. Die Dame ist wirklich zu bedauern: So »jammerte sie öffentlich um ihre verlorenen Milliarden. Ihr seien von mehr als 3 Milliarden Euro »gerade noch 27 Millionen Euro« geblieben.«[88]

Kommentar von *Bild*: »Ganz so schlecht geht es der Quelle-Erbin offenbar nicht. Für das Tennisturnier »Schickedanz Open«

des TV Fürth stellte sie mit anderen Sponsoren im Juni noch 75 000 Dollar zur Verfügung.« Oder frei nach Marx: Die Dame hat nichts zu verlieren als ihre Ketten – die Goldketten, versteht sich.

Die Musikanten sind auch schon wieder da

Zum allgemeinen Ruf der ach so marktwirtschaftlichen Privatkonzerne nach Staatsknete passt auch das Betteln der Musikindustrie um öffentliche Gelder. Deren Cheflobbyist Dieter Gorny fordert allen Ernstes staatliche Unterstützung für die Popmusik. Kommentar der *Süddeutschen Zeitung*: »Längst lechzen auch Künstler nach ›Pop mit Staatsknete‹.«[89] Mit anderen Worten: Da die Plattenkonzerne mit ihrem allzu oft katzenmusikalischen Schrott keinen mehr hinter dem Ofen hervorlocken, geschweige denn zum Kauf einer CD bewegen, soll der Steuerzahler einspringen. Besonders originell in diesem Zusammenhang ist das Argument des »Kulturauftrages« des Staates, das auch der Musikverleger und ehemalige Bassist der Einstürzenden Neubauten, Mark Chung, ins Spiel bringt. Natürlich ist grundsätzlich gegen die Förderung junger Talente nichts einzuwenden. Nur läuft es in unserer Marktwirtschaft darauf hinaus, dass der Staat die Ausbildung des Nachwuchses finanziert und im Augenblick des sich abzeichnenden Erfolges ein Musikverlag den Künstler übernimmt und sich eine goldene Nase verdient.

Teil III
Die Böcke als Gärtner

*Probleme kann man niemals mit derselben Denkweise
lösen, durch die sie entstanden sind.*

Albert Einstein

Kam die Finanzkrise aus heiterem Himmel?
»Es war nicht schwer zu prognostizieren«, sagt der Philosoph Peter Sloterdijk dem *manager magazin*, »was früher oder
später geschehen musste.« Er selbst sei auch nur »einer unter
tausend Autoren, die im Augenblick überhaupt nicht überrascht
sind. Wenn Sie die zeitgenössische Literatur überblicken und in
den Zeitungen der vergangenen zehn Jahre blättern, sehen Sie:
Es gibt sehr viele, die den Inflationsschwindel bemerkt hatten
und jetzt, übrigens bemerkenswert untriumphal, feststellen, sie
hätten seit Jahren vorhergesagt, was aktuell geschieht.«[90] Tatsächlich reicht die Liste vom späteren Nobelpreisträger Paul
Krugman bis hin zum *Spiegel*, der vor einer »Billionenbombe«
warnte.[91]

Glaubt man dagegen Jörg Asmussen, so hat kein Mensch die
Krise vorhersehen können: »Es ist relativ einfach ex post, wenn
immer irgendwo ein Fachhochschulprofessor aus Lüneburg
sagt, er hat schon im Jahr 2002 über Immobilienmärkte geschrieben, dass das irgendwie gefährlich sein könnte.«[92]

Dass die damalige Bundesregierung gerade denen vertraut,
die durch Wort und Tat die Krise oder zumindest deren Schärfe
mit verursacht haben, wurde deutlich an der Teilnehmerliste
des Krisengipfels vom 14. Dezember 2008, bei dem es um ein

»gemeinsames Verständnis von Tiefe und Dauer der Krise«
ging.

Dies fängt schon an bei der Regierung selbst: Bei Kanzler-
amtsminister Thomas de Maizière, Vizekanzler Frank-Walter
Steinmeier, Finanzminister Peer Steinbrück, Arbeitsminister
Olaf Scholz und Wirtschaftsminister Michael Glos handelt es
sich ausnahmslos um Anhänger eher neoliberalen Gedanken-
guts. Gleiches gilt für Arbeitsagenturleiter Frank-Jürgen Weise,
Bundesbankboss Axel Weber und KfW-Chef Ulrich Schröder.
Erst recht trifft dies zu für die Präsidenten der wichtigsten
Wirtschaftsverbände: Jürgen Thumann vom BDI, Ludwig Ge-
org Braun vom DIHK, Otto Kentzler vom Handwerksverband
ZDH, Arbeitgeberpräsident Dieter Hundt, Anton Börner vom
Groß- und Außenhandelsverband BGA, Rolf-Peter Hoenen
vom Gesamtverband der Deutschen Versicherungswirtschaft,
Josef Sanktjohanser vom Einzelhandelsverband HDE, Klaus-
Peter Müller vom Bankenverband und Uwe Fröhlich vom Bun-
desverband der Volks- und Raiffeisenbanken.

Als »Konjunkturexperten« dabei waren Bert Rürup vom Sach-
verständigenrat, Michael Hüther vom Institut der deutschen
Wirtschaft und Klaus Zimmermann (DIW), außerdem die Un-
ternehmenschefs René Obermann von der Deutschen Telekom,
Wolfgang Reitzle von Linde und Franz Fehrenbach von Bosch.
Star des Treffens aber war der obligatorische Josef Ackermann.

Die Deutschen wären nichts, aber auch gar nichts ohne ihre
Experten. Dies setzt selbstverständlich voraus, dass sich nie-
mand so ohne weiteres »Experte« nennen darf. Vielmehr muss
er seine Fähigkeiten zuvor urbi et orbi, Krethi und Plethi – also
Land und Leuten – eindeutig, unbestreitbar und ein für alle
Mal nachgewiesen haben. So sollte ein Finanzminister ein ab-
gebrochenes Lehrerstudium, ein Lehrer eine Vorstrafe wegen
Kindesmisshandlung und eine Kanzlerin eine Agitprop-Aus-

bildung bei der Menschenrechtsorganisation FDJ vorzuweisen haben. So dürfen bei uns Wohnviertel nur von Architekten konzipiert werden, denen zuvor schon etliche Wohnviertel komplett eingestürzt sind, und der Weg aus der Wirtschaftskrise wird ausschließlich denen überlassen, die noch vor kurzem diese Wirtschaftskrise für unmöglich und für Hetzpropaganda stalinistischer Staatsfeinde gehalten haben.

Diese »Analysten« (zu Deutsch: Blindschleichen) sagten zum Beispiel Ende 2007 für Ende 2008 einen DAX-Durchschnittskurs von 8641 Punkten voraus, was gegenüber den tatsächlichen 4779 Punkten einer branchenüblichen Fehlerquote von nicht einmal 50 Prozent entspricht.

Eine derartig exakte Prognose erscheint dem einfachen Volk wie eine göttliche prophetische Gabe oder wie copperfieldeske Zauberei. Und tatsächlich schwören die fünf Naseweisen, wie die Tippgemeinschaft der Bundesregierung zur Begutachtung der gesamtwirtschaftlichen Entwicklung meist genannt wird, auf eine kloßbrühenklare Glaskugel mit exakt 9,999 kg Durchmesser, während das Institut für Profitforschung in Baden-Baden ein mechanisches Modell bevorzugt, mit dem schon der Gewinn der Fußball-WM 2006 durch Pakistan vorhergesagt werden konnte: Gemeint ist das analoge Tischrücken. Durch diese bereits 207 vor Christus patentierte Methode erwarten die Experten mit einer Wahrscheinlichkeit von 101,7 Prozent den nächsten Aufschwung für den Zeitraum vom 3. Mai 2010, 14.53,871 Uhr MEZ bis zum 8. September 3065, 47.11,110 Uhr UTC.

Aber ob nun konventionelle Methoden oder die von Regierungsberatern, Hedgefondsmanagern und Konzernchefs bevorzugte Tarot-Analyse: Bei den Eliten des Landes ist Deutschlands Volkswirtschaft in besten Händen. Und schließlich rückt schon allein nach der Wahrscheinlichkeitsrechnung mit jedem billionenschweren Fehlversuch der Augenblick näher, da die

Pechsträhne reißt. Vertrauen wir also weiter den Rürupern, Unsinns und Kirchhofgängern als den Hüthern wahrer Kompetenz. Und wenn alles nichts hilft, können wir uns ja immer noch kneifen und hoffen, dass alles nur ein neoliberaler Traum war.

Was aber bedeutet *neoliberal?*
Dass die meisten Normalbürger ein relativ krudes und sogar die neoliberalen Propagandisten ein durchaus unterschiedliches Verständnis von Neoliberalismus haben, liegt schlicht daran, dass man »weder von *dem* Neoliberalismus noch von einer theoretisch-ideologischen Konzeption« sprechen kann. So betonte Frontmann Friedrich August von Hayek bereits 1944. »Die Grundsätze des Liberalismus enthalten keine Elemente, die ihn zu einem starren Dogma machten, und es gibt auch keine starren Regeln, die ein für alle Mal feststünden.«[93] Den Neoliberalen nämlich, so der Kölner Soziologieprofessor Ralf Ptak, »ging und geht es nicht um eine rationale wissenschaftliche Debatte, sondern um die Herabsetzung und Diskreditierung des Gegners an der politisch-ökonomischen Front«[94].
Hier nun eine Auswahl der Crème de la Crème einschlägiger bundesdeutscher Talkshow-Experten:

1. Oswald Metzger,

geboren am 19. Dezember 1954 in Grabs (Schweiz), ist ein in jeder Hinsicht klassischer Universalexperte. Zwar reichte es nicht ganz zum Studienabschluss in Jura, dafür aber war er schon Mitglied oder Sympathisant fast jeder Bundestagspartei. Er war von 1974 bis 1979 Mitglied der SPD und von 1987 bis 2007 Mitglied bei Bündnis 90/Die Grünen, für die er von 1994 bis 2002 im Bundestag saß. Zwischenzeitlich flirtete er zwecks Bundestagsmandats mit der FDP, und seit April 2008 ist er Mit-

glied der CDU, die ihn aber hinsichtlich einer Bundestagskan-
didatur abblitzen ließ. Vor allem aber ist er Botschafter der
Initiative Neue Soziale Marktwirtschaft (INSM), was ihm allerdings eher peinlich ist, wie 3,1 Millionen Zuschauer am
8. Februar in der ZDF Talkshow *Berlin Mitte* live miterleben
konnten. Kaum hatte die angenehm forsche Maybritt Illner
Oswald Metzger wahrheitsgemäß als Kuratoriumsmitglied der
INSM vorgestellt, da erbleichte der und giftete dann, dies sei
aber nicht ausgemacht und er doch als »Grüner« eingeladen.
Was Oswald Metzger von sich gibt, blamiert in Form und Inhalt sogar die Neoliberalen, was an und für sich schon ein
Kunststück ist. Niemand vermag die drei mittlerweile muse-
umsreifen Forderungen »Schlanker Staat«, »Sparsamer Staat«
und »Privatisierung« dermaßen platt und sprachlich unbehol-
fen zu vertreten wie der karrieresüchtige Schwabe. Zuweilen
meint der Zuhörer, er habe dessen Landsmann vor sich, den
Imitationskönig Matthias Riechling. Der Skandal ist allerdings
nicht, dass es der liebe Herrgott mit Metzger nicht gut gemeint
hat, sondern dass der von einer Talkshow zur anderen weiter-
gereicht wird. Wenn er dort auch noch auf Kontrahenten ähnlich geistigen Kalibers trifft wie etwa Hubertus Heil (SPD) oder
Rainer Brüderle (FDP), dann ist der Abend für den Liebha-
ber unfreiwilligen Humors schon gerettet. Wenn Leute wie
Metzger Deutschlands »Wirtschaftsexperten« sein sollen, dann
möchte man gar nicht erst die Laien kennenlernen – oder umgekehrt: Kein Milchmädchen kann so verquere Rechnungen
aufmachen wie der ewige Wanderer zwischen den Parteien.

2. Michael Hüther,

geboren am 24. April 1962 in Düsseldorf, war von 1990 bis 1995
wissenschaftlicher Mitarbeiter im Stab und von 1995 bis 1999

Generalsekretär sowie Leiter des wissenschaftlichen Stabes des Sachverständigenrates zur Begutachtung der gesamtwirtschaftlichen Entwicklung, von 1999 bis 2004 Chefvolkswirt und von 2001 bis 2004 Bereichsleiter Volkswirtschaft und Kommunikation der DekaBank Deutsche Girozentrale in Frankfurt, ist seit 1995 Dozent und seit 2001 Honorarprofessor an der European Business School in Oestrich-Winkel und seit Juli 2004 Direktor und Mitglied des Präsidiums des Instituts der deutschen Wirtschaft Köln. Vor allem aber sitzt er im Kuratorium der Initiative Neue Soziale Marktwirtschaft (INSM). Die wiederum fordert eine Beschränkung des Staates auf seine »Kernkompetenzen«, Abbau von Bürokratie und Vereinfachung von Genehmigungsverfahren sowie Senkung von Steuern und Abgaben (das bringe neue »Freiräume« für die Eigeninitiative von Bürgern und Unternehmen, verbessere die Wettbewerbsfähigkeit und sei Voraussetzung für das Entstehen neuer Arbeitsplätze), Abbau von Subventionen (diese verzerrten den Wettbewerb, diskriminierten Nichtsubventionierte, erhöhten die Abgabenlast). Arbeitslose müssten sinnvoll qualifiziert statt alimentiert werden. Alles, was aus Sicht der Initiative im Sozial- und Arbeitsrecht die Schaffung neuer Arbeitsplätze verhindert, müsse dereguliert werden. Ansprüche auf eine aus Sicht der INSM bestehende »Rundum-Absicherung« seien nicht mehr bezahlbar. Wer mehr Schutz oder eine höhere Rente wolle, müsse über das Kapitaldeckungsverfahren zusätzlich privat vorsorgen.

Für die Investoren ist entscheidend, dass es der Regierung gelungen ist, ein Projekt gegen die Mehrheit der Bevölkerung durchzusetzen.
Michael Hüther zur Rente ab 67.[95]

Die Tarifpolitik müsse sich stärker an den Bedürfnissen der Betriebe ausrichten. Das bedeute zum Beispiel die weitere Flexibilisierung der Arbeitszeiten, die Senkung der Lohnnebenkosten. Auf der Website der INSM verbreitet Prof. Michael Hüther im April 2008 folgende Prognose: »Wir sind weit davon entfernt, uns in eine Wirtschaftskrise hineinzubewegen. Es handelt sich eher um einen isolierten Schock. Denn das Ursprungsproblem ist eindeutig in den USA zu lokalisieren – mit der Hypothekenkrise und den fragwürdigen Kreditvergaben dort.« Kommentar überflüssig.

Nun sollte man Hüther nicht zu streng beurteilen. Schließlich ist er nur Honorarprofessor, und der verhält sich bekanntlich zu einem echten Professor wie ein Laienfußballer zu einem Bundesligastar. Zudem ist er als INSM-Vertreter in etwa so entscheidungs- und urteilsfrei wie ein SPD-Pressesprecher, der ja auch nicht so einfach der Konkurrenzpartei recht geben kann. Eine ganz andere Frage ist es, was Hüther in den Talkshows eines Polizeireporters oder eines Sportjournalisten zu suchen hat. Michael Hüther, so könnte man sagen, redet viel, wenn der Tag lang ist, aber so lang kann kein Tag sein, um Hüthers Unsinn über die Marktwirtschaft zu rechtfertigen.

Menschen wie Hüther möchte man fast wünschen, sie lägen mit verstauchtem Fuß am Straßenrand, und ein Vorbeikommender ruft nicht etwa die Feuerwehr, sondern rät ihm, doch mehr Eigeninitiative zu zeigen.

3. Hans-Olaf Henkel,

geboren am 14. März 1940 in Hamburg, ist einer der angesehensten neoliberalen Einpeitscher der Republik. Von 1995 bis 2000 war er Präsident des Bundesverbandes der Deutschen Industrie, von 2001 bis 2005 Präsident der Leibniz-Gesellschaft.

Seit 2006 berät Henkel die Bank of America zwecks Ausbaus der Marktposition im Investment Banking in Deutschland. Außerdem sitzt er in den Aufsichtsräten von Bayer AG (Leverkusen), Continental AG (Hannover), Daimler Luft- und Raumfahrt AG (München), EPG AG (Saarbrücken), SMS GmbH (Düsseldorf), Ringier AG (Zofingen/Schweiz) und Heliad Equity Partners GmbH & Co. KGaA (Frankfurt/Zürich). Henkel ist parteilos, unterstützte aber bei der Bundestagswahl 2005 die FDP.

»Hans-Olaf Henkel gehen die Ideen aus«, bemerkt *Welt*-Autor Detlef Gürtler. Eigentlich könne Henkel doch zufrieden sein. Agenda 2010 und Hartz IV markierten die Abkehr vom Versorgungsstaat. Mehrere Jahre Lohnzurückhaltung hätten die Kosten für die Unternehmen deutlich gesenkt und die Wettbewerbsfähigkeit ebenso deutlich erhöht. Das Wachstum der deutschen Wirtschaft sei höher als das der USA, seit der Pisa-Pleite dürften in der Bildungspolitik wieder Wörter wie Leistung und Elite verwendet werden und Angela Merkel habe Gerhard Schröder abgelöst.

»Ein Sieg auf der ganzen Linie also für die multiple Führungskraft. Aber was tut er? Er nimmt übel. Während die Welt anfängt, sich zu fragen, was die Deutschen in den vergangenen Jahren wohl alles richtig gemacht haben, ist Henkel frei von solchen Anwandlungen.«

Laut Henkel stehe das Bürgertum heute unter ideologischem Beschuss, der auf seine Abschaffung zielte. Geschossen werde natürlich von der Linken, die »in Richtung Machtübernahme« gehe. Finstere Verschwörer bedienten sich unserer Demokratie, um sie zu stürzen. Dies ist sogar dem *Welt*-Autor Gürtler zu viel: Henkel zeichne »mit Verlaub, ein Zerrbild unserer Gesellschaft«[96].

Auch hier stellt sich wieder die Frage, warum Henkel all dies nicht seinem Friseur oder seinen Golf-Freunden erzählt, sondern er Gelegenheit erhält, mit seinem verqueren neoliberalen

Gedankengut, das die Krise mit verursacht hat, nach wie vor ein breites Fernsehpublikum zu belästigen.

4. Meinhard Miegel,

geboren am 23. April 1939 in Wien, flüchtete 1958 aus der DDR. Von 1970 bis 1973 war er Syndikusanwalt bei der Firma Henkel in Düsseldorf. Von 1973 bis 1977 Gehilfe von CDU-Generalsekretär Kurt Biedenkopf, ab 1975 Leiter der Hauptabteilung Politik, Information und Dokumentation der Bundesgeschäftsstelle der CDU. Kaum war Biedenkopf sächsischer Ministerpräsident, wurde Miegel von 1992 bis 1998 außerplanmäßiger Jura-Professor an der Universität Leipzig.

Besonders häufig äußert er sich öffentlich zum demographischen Wandel und dessen Folgen für die umlagefinanzierten sozialen Sicherungssysteme. Er plädiert für die Umwandlung der lohnbezogenen gesetzlichen Rente in eine allgemeine, steuerfinanzierte Grundsicherung im Alter, die durch private Vorsorge zu ergänzen ist.

Miegels Vorschläge zielen darauf ab, »die tradierte Arbeitnehmergesellschaft zu überwinden und eine eigenverantwortliche Bürgergesellschaft aufzubauen«[97]. Für den Ökonomen Albrecht Müller ist Miegel nur ein Beispiel für die Verflechtung von Politik, Wissenschaft und Versicherungswirtschaft: »Die gesetzliche Rente wird gezielt geschwächt, um die Menschen in die Arme der Privatvorsorge zu treiben: Wenn es der Privatvorsorge, den Versicherungskonzernen gelingt, nur zehn Prozent der Beiträge, die heute in die gesetzliche Rente gehen, herüberzuholen und auf ihre Mühlen zu lenken, dann ist das ein Umsatzzuwachs von 15 bis 16 Milliarden Euro jedes Jahr.«[98] Kein Wunder also, dass Miegel von der Initiative Neue Soziale Markwirtschaft begeistert gefeiert wird.[99]

Auch Miegel ist ein Verfechter von Privatisierung und Turbokapitalismus, jenes Systems also, das die schwerste Wirtschaftskrise der letzten Jahrzehnte ausgelöst hat und historisch erledigt scheint. Dass Miegel, als wäre nichts geschehen, unbeirrbar an seinen neoliberalen Ideen festhält, kann man eigentlich schon als sehr mutig bezeichnen. Was er allerdings in Talkshows zu suchen hat, ist eine andere Frage.

5. Hans-Werner Sinn,

geboren am 7. März 1948 in Brake (Westfalen), ist seit 1984 Professor für Nationalökonomie und Finanzwissenschaft an der Münchener Ludwig-Maximilians-Universität. Er war zwei Jahre lang Professor an der University of Western Ontario in Kanada, außerdem Gastprofessor an der London School of Economics sowie an den Universitäten Bergen, Stanford, Princeton und Jerusalem und seit 1988 Honorarprofessor an der Universität Wien. Seit Februar 1999 ist er Präsident des ifo Instituts für Wirtschaftsforschung. Zudem sitzt er für den Freistaat Bayern als Mitglied im Aufsichtsrat der HypoVereinsbank. 1999 erhält er das Bundesverdienstkreuz (am Bande).

Laut einer Umfrage der *Financial Times Deutschland* zusammen mit dem Verein für Sozialpolitik unter 550 deutschen Wirtschaftsexperten im Jahr 2006 schrieben die Befragten »nur zwei Vertretern der eigenen Zunft nennenswerten Einfluss auf die Politik [zu]: Bert Rürup und Hans-Werner Sinn.[100]

Nach einer Untersuchung im Jahre 2007 rangierte Sinn, gemessen an der Anzahl der Zitierungen in wirtschaftswissenschaftlichen Fachzeitschriften, auf dem zweiten Platz unter den deutschen Ökonomen nach Reinhard Selten.[101]

Als er im Oktober 2008 die Managerkritik mit der Judenverfolgung gleichsetzt, ist die Empörung groß. Stellvertretend für

Sinns Kritiker sagte die evangelische Landesbischöfin Margot Käßmann: »Die Juden waren die Opfer, bei den Banken wird zu Recht nach Verantwortlichen gefragt. Es ist unverantwortlich, da irgendeinen Vergleich zu ziehen.« Und der Generalsekretär des Zentralrats der Juden in Deutschland, Stephan Kramer, meinte sarkastisch: »Mir wäre neu, dass Manager geschlagen, ermordet oder ins Konzentrationslager gesperrt würden.« Mit seinen »völlig abstrusen Thesen« gebe der Ifo-Chef auch jenen recht, die seit Wochen behaupteten, die Juden hätten die Schuld für die gegenwärtige Finanzkrise. Damit schüre Sinn den bestehenden Antisemitismus und die Vorurteile gegenüber Juden.[102]

Sinns Wirtschaftskonzept stammt für Frank Lübberding von der *Zeit* »aus der Mottenkiste« und folgt dem 1832 verstorbenen Ökonomen Jean-Baptiste Say: Demnach schafft die Produktion von Gütern genau die Nachfrage, die dem Angebot entspricht. Voraussetzung seien Konkurrenz und flexible Preise. »Entsprechend fällt Sinns Therapievorschlag für den Arbeitsmarkt aus. Zwischen Menschen und Äpfeln gebe es, ökonomisch gesehen, keinen Unterschied, Güter- und Arbeitsmärkte seien also gleich zu behandeln. Das Stichwort lautet Wettbewerbsfähigkeit.« Würden die Arbeitnehmer ihre Arbeitskraft zum jeweiligen Marktpreis verkaufen, fänden sie immer einen Arbeitsplatz – allerdings nur unter zwei Bedingungen: 1. Flexibilität der Löhne nach unten und 2. keine Mindestlöhne. Leider werde die Anwendung des Sayschen Theorems von zwei Seiten verhindert: von den Gewerkschaften und vom Sozialstaat.[103]

»Der erste Neoliberale ist zurück: die Rückkehr des Backenbarts«, lästert die *taz*: »Hans-Werner Sinn war aus der Mode gekommen. Dann kam die Krise – und er mit ihr zurück in die Talkshows.«[104] Dies freilich ist eine offene Verhöhnung der noch verbliebenen Zuschauer: Wieso laden Plasberg, Illner oder

Will nicht gleich Hausmeister Krause als Wirtschaftsexperten ein?

Hans-Werner Sinn wirkt wie eine Erfindung der Sendung *Switch*: Er könnte eine Karikatur auf einen Ökonomen sein; und viele der echten Wissenschaftler verzichten deshalb auf eine Beurteilung, weil sie zwangsläufig in eine Beleidigungsklage ausarten würde.

6. Bert Rürup,

geboren am 7. November 1943 in Essen, berät seit vielen Jahren die Bundesregierungen in sozialpolitischen Fragen. Unter anderem war er 1992 bis 2002 in der Enquete-Kommission des Deutschen Bundestags *Demographischer Wandel*; von 1996 bis 1998 in der Kommission der Bundesregierung *Fortentwicklung der Rentenversicherung*, von 1999 bis 2001 gehörte er zum Expertenkreis von Bundesarbeitsminister Walter Riester zur Vorbereitung der Rentenreform 2001, von 2000 bis 2008 Vorsitzender des Sozialbeirats für die Rentenversicherung. Ab 2000 war SPD-Mitglied Rürup im *Sachverständigenrat zur Begutachtung der gesamtwirtschaftlichen Entwicklung (Rat der Wirtschaftsweisen)*, ab März 2005 deren Vorsitzender. Ab 2002 war er Chef der Sachverständigenkommission zur *Neuordnung der Besteuerung von Altersvorsorgeaufwendungen und Alterseinkommen* und in der *Kommission für die Nachhaltigkeit in der Finanzierung der sozialen Sicherungssysteme*, in den Medien auch als »Rürup-Kommission« bekannt, die Konzepte für die Beitragsstabilität von Renten- und Krankenversicherung erarbeiten sollte. Rürup gilt als Vater der Riester-Rente, die der Privatwirtschaft Milliardengewinne zuschanzt. Auch für die Regierungen von Österreich und Kasachstan war er beratend tätig.

Ärger mit Nebenjobs hatte Rürup 2006: »Eine Hand wäscht die andere«, schrieb Wolfgang Lieb in den NachDenkSeiten. »Der Finanzdienstleister MLP engagiert den Vorsitzenden des Sachverständigenrats Bert Rürup als Gastredner für eine Werbetournee. Man hilft sich eben gegenseitig zum beiderseitigen Vorteil.«[105]

Im November 2008 schied Rürup aus dem Sozialbeirat und Ende Februar 2009 aus dem Kreis der fünf Wirtschaftsweisen aus, denn die Privatwirtschaft lockte, und die Opposition fand es ein Unding, dass ein Wirtschaftslobbyist gleichzeitig Regierungsberater sei. Im April 2009 machte Rürup den ganzen Schritt und verdingte sich als Chefökonom und Sonderberater für die private und betriebliche Altersversorgung beim zweitgrößten deutsche Finanzdienstleister AWD.

7. Thomas Straubhaar,

geboren am 2. August 1957 in Unterseen (Schweiz), wurde 1992 Professor für Volkswirtschaftslehre an der Bundeswehr-Universität Hamburg. Seit 1999 ist er Professor für Internationale Wirtschaftsbeziehungen an der Uni Hamburg und zugleich Präsident des 2006 geschlossenen Hamburgischen Weltwirtschaftsarchivs (HWWA). Im Jahr 2005 wurde er Direktor des damals neu gegründeten Hamburgischen Weltwirtschaftsinstituts (HWWI).

Straubhaar ist INSM-Botschafter und Initiator des Vereins *Pro Bürgergeld*. Er befürwortet ein bedingungsloses Grundeinkommen von 625 Euro an Stelle sämtlicher bisheriger Sozialleistungen. Für den Arbeitsmarkt fordert er weniger Macht für Kartelle, Verbände und Gewerkschaften.

Steueroasen hält er allerdings für »notwendige Plätze, die einen Steuerwettbewerb möglich machen, wie wir ihn in der

Schweiz etwa auf kommunaler und kantonaler Ebene durchaus bieten.«[106]

Ebenso verteidigt er trotz Finanzkrise die Globalisierung: »Entgegen oft geäußerten Meinungen sind Massenarmut, Elend und Not nicht die Folge der Globalisierung. Gerade die Globalisierung – und oft nur sie – kann helfen, die schrecklichen Folgen von Machtmissbrauch, Korruption und Nepotismus zu überwinden und die Menschen vor der Willkür und Ausbeutung der Machthaber zu schützen.«[107]

Was dem Staat durch Steuerflucht sowie lächerlich geringe Erbschafts-, Vermögens- und Reichensteuern entgeht, will Straubhaar beim kleinen Mann abkassieren. So tritt er beispielsweise für eine Erhöhung der Mehrwertsteuer auf 25 Prozent ein.

8. Bernd Raffelhüschen,

geboren am 7. Oktober 1957 in Niebüll, ist ebenfalls ein Agitator der Initiative Neue Soziale Marktwirtschaft, der in Nachrichtensendungen und Talkshows gern als »internationaler Experte« vorgestellt wird. Außerdem ist er Professor für Finanzwissenschaft an der Albert-Ludwigs-Universität Freiburg im Breisgau. Aufgrund seiner Nebenjobs in der Versicherungsbranche – er sitzt im Aufsichtsrat der ERGO Versicherungsgruppe sowie der Volksbank Freiburg und ist Berater der Victoria Versicherung AG – tritt er natürlich für die kapitalgedeckte private Altersvorsorge ein. Dass er außerdem Mitglied des Kuratoriums der Augustinum-Gruppe ist, die dem Diakonischen Werk der Evangelischen Kirche angehört, spricht weniger für Raffelhüschen als gegen die Kirche.

9. Arnulf Baring,

geboren am 8. Mai 1932 in Dresden, ist Geschichtsprofessor, Talkshowdauergast und eifriger Unterstützer der INSM. 1983 flog er aus der SPD, weil er im Bundestagswahlkampf die FDP unterstützt hatte. Seither schreibt er Bücher wie *Scheitert Deutschland?* oder *Es lebe die Republik, es lebe Deutschland!* und verbreitet marktradikales und deutschnationales Gedankengut. So verteidigte er im Jahre 2003 den Bundestagsabgeordneten Martin Hohmann, den die CDU wegen Antisemitismus ausgeschlossen hatte. Bei einem Auftritt während einer CDU-Veranstaltung im September 2006 hatte er laut *Frankfurter Rundschau* die Nazi-Verbrechen als »beklagenswerte Entgleisung«, die Darstellung der Judenvernichtung als »einzigartiges und unvergleichbares Verbrechen« als »übertrieben« bezeichnet und sich für das Ersetzen des Wortes *Integration* durch *Eindeutschung* stark gemacht.[108]

Unvergessen bleibt sein *FAZ*-Artikel »Bürger, auf die Barrikaden«, in dem er Ende 2002 »Deutschland auf dem Weg zu einer westlichen DDR« wähnte und unter der Losung »Wir sind das Volk« zu einer Revolution für marktradikale Reformen aufrief.

Im Oktober 2008 kritisierte *Zeit*-Redakteurin Susanne Gaschke Barings »dröhnendes Schweigen« zur Finanzkrise. Jahrelang hätten er und andere alle Schuld an Fehlentwicklungen dem Staat und den Politikern angelastet. Als sich aber das Verhalten von Bankiers und Spekulanten als viel größere Krisenursache entpuppt habe, schwiegen die »Neunmalklugen«.[109]

10. Die Propagandisten der Ausplünderung – Die INSM

Unsere »Experten« liefern politischen Dadaismus in Reinkultur, und ihre wortreichen Statements wirken wie die Antwort der deutschen »Eliten« auf den Dada-Klassiker *Drei Chinesen mit dem Kontrabass*. Ihre Zielgruppe sind allerdings nicht – auch wenn sie zehnmal in Regierungskommissionen sitzen – die Macher und Entscheider: Die können mit diesem Nonsens sowieso nichts anfangen. Es ist vielmehr die Heerschar der Halbgebildeten: Nicht zu blöd, um eine Talkshow einzuschalten oder sich den *Spiegel* zu kaufen, aber auch nicht klug genug, die Inhalte als Mischung aus Schwachsinn und Indoktrination zu erkennen.

In einer formalen Demokratie muss die Politik Mehrheiten nicht nur bei Wahlen, sondern zumindest teilweise für ihre Aktionen gewinnen, um das Land sturmreif zu machen für die grenzenlose Ausplünderung. Und genau dies ist die Aufgabe des Arbeitgeberflaggschiffs Initiative Neue Soziale Marktwirtschaft (INSM). Man betreibt »Kooperation« unter anderem mit Printmedien wie *Wirtschaftswoche, Financial Times Deutschland, Frankfurter Allgemeine Sonntagszeitung, Focus* und *Handelsblatt*.

Dessen Chefredakteur Bernd Ziesemer moderierte am 2. Juni 2009 eine Podiumsdiskussion auf einer INSM-Veranstaltung im Berliner Nobelhotel Adlon. Mit der INSM hat Ziesemer keinerlei Probleme: »Die Lobbyarbeit der Initiative Neue Soziale Marktwirtschaft richtet sich auf viele Ziele, die wir im *Handelsblatt* ausdrücklich teilen.«

Berüchtigt sind auch die INMS-Rankings für Bundesländer und Städte. Hier werden diejenigen Länder und Kommunen ausgezeichnet, die den Superreichen, Bankstern und Konzernen die besten Voraussetzungen für die skrupellose Ausplünderung unseres Gemeinwesens bieten, während der »Bildungsmonitor Bestandsranking« und der Titel »Reformer des Jahres« die höchstmögliche neoliberale Indoktrination und Verblödung würdigt, wohingegen halb sozial denkende Personen als »Blockierer des Jahres« verunglimpft werden. Diese Rankings, deren Maßstab fast ausschließlich die Ziele der INSM sind, werden dennoch von den Printmedien häufig kritiklos und ohne Aufklärung über die Quelle übernommen.

Fast noch schlimmer sieht's im Fernsehen aus. So berichtete das ARD-Magazin *plusminus* schon am 13. Oktober 2005, dass die Talkshow-Dauergäste der INSM zuweilen zu dritt in einer Sendung hockten. Medienwissenschaftler Siegfried Weischenberg nennt als Hauptgrund für diese Hörigkeit, dass dies für sie eine Frage der Kostenersparnis sei: Wenn Zeitungen kostenlose Beiträge und Sender kostenlose Studiogäste erhielten, sei dies natürlich attraktiv. Die Folge: »Die Journalistinnen und Journalisten fallen sozusagen aus der Rolle, weil sie nicht kritisch kontrollieren, weil sie die Interessen nicht transparent machen.«

Dass die INSM am liebsten inkognito arbeitet, bestätigt auch eine Studie der Westfälischen Wilhelms-Universität in Münster: Bei mehr als 50 Prozent der untersuchten Beiträge tauchten INSM-Botschafter auf, aber nicht einmal in jedem sechsten Beitrag wurde die Botschafterrolle für die INSM transparent gemacht.[110]

Teil IV
Der Schwarzmaler-Wettbewerb

Eitelkeit ist das Mindeste, was alle Multiplikatoren treibt, Chefvolkswirte, Politiker und Journalisten sind keine außenstehende Beobachter, sondern Teil einer Mediengesellschaft, in der sie ihre Existenzberechtigung aus dem Erzielen von Aufmerksamkeit ziehen. Aufmerksamkeit aber erhält man am leichtesten für die noch katastrophalere Zahl und die noch drastischere Formulierung.

Detlef Esslinger, *Süddeutsche Zeitung*

Etwas ganz anderes ist es, das Ausmaß der Krise in möglichst dunklen Farben zu malen. Ende September 2008 begann die große Schwarzmaler-Rallye, und sie steigerte sich von Tag zu Tag, von Superlativ zu Superlativ. Alle möglichen Experten aus Wirtschaft, Politik und Medien, zuweilen sogar aus Kultur und Sport, sowie alle möglichen anderen »Experten« lieferten sich einen verbissenen Kampf um das ultimative Horrorszenario: Die schlimmste Krise seit 2001! Nee, seit 1945! Oder nicht doch seit 1929? Eigentlich aber doch seit Erkalten der Erdkruste!

Es klang, als stünden wir kurz vor dem Übergang in die Steinzeit und müssten Bangladesch um Fresspakete und den Irak um Öl für unsere Petroleumlampen bitten oder unsere Höhlen mit Lagerfeuern heizen. Gegen die prominenten Stimmungsmacher jedenfalls waren die pseudoreligiösen Weltuntergangsprediger die reinsten Lebensoptimisten.

Aber woher kam diese Götterdämmerungsstimmung auf *Bild*-Niveau?

Neben der erwähnten exhibitionistischen Selbstgefälligkeit spielt sicher der Herdentrieb eine Rolle: Wer keinen Schimmer hat, worum es eigentlich geht, übernimmt einfach die Meinung anderer, aufgebauscht durch noch wildere Begriffe wie »realwirtschaftlicher Tsunami«. Das Ganze erinnert an eine Runde des Spiels »Stille Post« mit koreanischen Vokabeln: Man versteht nur die Hälfte, gibt es aber dennoch an den Mitspieler weiter. Am Ende kommt natürlich hanebüchener Unsinn heraus, den wir dann in den Talkshows oder in der Presse bestaunen können.

Diese Propaganda tut natürlich beim deutschen Lemming seine Wirkung und löst eine Kettenreaktion aus: Wozu jetzt neue Maschinen kaufen, wenn meine Kunden momentan knapp bei Kasse sind? Wozu Stahl produzieren, wenn der Maschinenhersteller zurzeit eh seine Produktion reduziert? Sosehr auch die Krise »an sich« zum Kapitalismus gehört wie das Erbspüree zum Berliner Eisbein, so sehr beeinflusst auch die allgemeine Stimmung den konkreten Verlauf einer Krise. Ob Konsumenten oder Händler und Produzenten Geld ausgeben, hängt natürlich von ihrer Erwartung ab, ob sie es sich leisten können oder es sich lohnt.

Ein weiterer Grund für die »Vollversammlung im Jammertal« *(Süddeutsche Zeitung)* war allerdings eiskaltes politisches Kalkül. Erstens: Je grauenhafter man die Zukunft malt, umso größer das Verdienst der Regierung, wenn es pünktlich zu den Wahlen dann doch ganz anders kommt. »Wirtschaftsministerium ruft Ende der Krise aus«, titelt *Spiegel Online* termingerecht am 11. Juli 2009. Zweitens: Dem Bürger soll das Hirn weichgeklopft werden, damit er die Ausplünderung der Staatskassen auch noch als normal oder zumindest notwendig oder gar »alternativlos« empfindet. Im Herbst 2008 habe Deutschland »drei Wochen lang

am Rand des finanziellen GAU« gestanden, übertreibt die *Tagesschau* sogar noch im Nachhinein. »Ein paar Tage noch und die Geldautomaten hätten keine Scheine mehr ausgespuckt.«[111]
Die Frage, warum man gerade eben noch die Renovierung einer Schule für unfinanzierbar hält und in der nächsten Sekunde eine halbe Billion Euro für einen »Rettungsschirm« zur Finanzierung von Traumgehältern der Versager und der Dividenden der wahren »Sozialschmarotzer« hinblättern kann, soll ihm gar nicht erst in den Sinn kommen.

Aber die Schwarzmalerei verfängt nicht. »Es ist Krise, aber die meisten Deutschen gehen nicht hin«, konstatiert Olaf Preuß vom *Hamburger Abendblatt* im Juni 2009.[112] Hier ist allerdings genau zu unterscheiden zwischen den Aussichten der Wirtschaft und denen der Menschen. Einerseits halten die Leute das Wehklagen der Konzerne für zielgerichtete Übertreibung, um noch mehr Steuergelder zu erpressen. Andererseits ist es angesichts eines Rückgangs der Bruttolöhne im Jahre 2009 um 0,4 Prozent, von knapp vier Millionen Arbeitslosen, rund 1,1 Millionen Kurzarbeitern und etwa 6,5 Millionen Menschen, die trotz teilweise guter Ausbildung bei höchstens 9,62 Euro pro Stunde Bezahlung als Niedriglöhner gelten, demagogisches Wunschdenken, mehr als einer gutsituierten Minderheit einen allgemeinen Lebensoptimismus anzudichten, der die Krise Krise sein lässt: »Doch was tun die Menschen im Land?«, fragt Springer-Schreiber Preuß und antwortet in Verwechslung der Normalbürger mit privilegierten Schickeria-Schreibern: »Sie füllen die Biergärten, sobald die Sonne scheint, sie genießen in ihrer Freizeit einen bislang überwiegend prächtigen Frühling. Sie kaufen ein wie immer.« Tun das außer den Redakteuren des *Hamburger Abendblatts* auch die Normalbürger, von den sozial Schwächeren ganz zu schweigen?
»Wohin aber ist die Angst der Deutschen verschwunden?«, fragt

Preuß. »Jene tiefe Verunsicherung und Fortschrittsfeindlichkeit, jene Furcht und Skepsis vor der Zukunft, die sich immer wieder in quälenden Debatten über die nahende Apokalypse Bahn brach, die Angst vor Atomkrieg, Waldsterben und Klimawandel, vor teurem Benzin, Massenarbeitslosigkeit, Rinderwahn und Vogelgrippe? Jene Schwarzmalerei, die so charakteristisch für die Deutschen zu sein schien, dass der angelsächsische Sprachraum den Begriff als ›German Angst‹ gleich übernahm?«[113] Dümmer geht's nimmer, denn die meisten der angesprochenen Angstgründe sind real: Klimawandel, Waldsterben und Massenarbeitslosigkeit zu ignorieren ist nicht »optimistisch«, sondern idiotisch.

Pünktlich zu den Wahlen allerdings kam die erwartete kollektive Kehrtwende. Die Staatskassen waren geplündert, die Steuergelder sicher auf den Konten der Banken, Konzerne und Superreichen gelandet. Nun war Bürgerbesänftigung angesagt und somit »Optimismus erste Ökonomenpflicht«, wie Claus Hulverscheidt in der *Süddeutschen Zeitung* anmerkt. »Seit dem Ende der Sommerpause ist praktisch kein Tag ins Land gegangen, an dem nicht irgendein Wirtschaftsforscher seine Konjunkturprognose angehoben hätte. Die Teilnehmer dieses neuerlichen Rennens hoffen nicht zuletzt auf eine ordentliche Schlagzeile, schließlich gehören neben den Ökonomen auch Journalisten – verhaltensbiologisch betrachtet – zu den Herdentieren.«[114]
Und entsprechend schnell verflogen war auch das geheuchelte schlechte Gewissen der Verantwortlichen. »Die Büßerhemden, die der eine oder andere Manager zwischenzeitlich in nett inszenierter Demut übergezogen hatte«, stellt Franz Walter fest, »hängen längst alle wieder weit hinten im Kleiderschrank.«[115]

Teil V
Ausplünderung

*Die Heuchelei ist ein privilegiertes Laster, das mit
seiner eigenen Hand aller Welt den Mund verschließt
und in Ruhe seine Straflosigkeit genießt.*

Molière

1. Heuchelei als Prinzip

Auch wenn sich der Finanzkrise kein Staat wirklich entziehen
kann, so bleibt doch die Frage nach den Wegbereitern des Turbokapitalismus. Und die sieht Harald Schumann vom *Tagesspiegel* vor allem in den Sozialdemokraten, denen er im Hin-
blick auf »linke« Forderungen »Heuchelei als Prinzip« bescheinigt:
Tatsächlich wurde der Spitzensteuersatz von 53 Prozent in der
Kohl-Ära auf 42 Prozent gesenkt. »Dann verschenkten sie mit
der Minderung der Körperschaftsteuer auf nur noch 15 Prozent zweistellige Milliardenbeträge jährlich an Kapitalgesell-
schaften aller Art.« Im Jahre 2003 wurden die Hedgefonds le-
galisiert. »Anschließend beteiligte sich die SPD, die so gern die
Chancengerechtigkeit predigt, mit der Abschaffung der Erbschaftsteuer auf Betriebsvermögen zum Frohlocken des Geld-
adels an der garantierten Steuerfreiheit des Reichtums per Ge-
burtsrecht.« Damit aber noch nicht genug: »Zu allem Überfluss
setzte ausgerechnet der amtierende SPD-Finanzminister durch,
dass private Kapitalgewinne jeder Art nur noch pauschal mit 25
Prozent besteuert werden. Ausgerechnet jene Einkommen also,

die durch die Arbeit anderer erwirtschaftet werden und im Gegensatz zu den Löhnen in den ersten sieben Jahren dieses Jahrzehnts um 30 Prozent zulegten, ausgerechnet diese ›leistungslosen‹ Einnahmen der Vermögenden, wie sie Sozialdemokraten früher nannten, unterliegen nur noch einer Billigsteuer.«[116]
Den finanziellen Gesamtschaden dieser Politik für das Gemeinwesen kann man durchaus im vierstelligen Milliardenbereich verorten. Und auch hier – überflüssig zu sagen – sollen die Steuergeschenke für die Reichen vom Volk finanziert werden: Ein Liter Milch nämlich kostet für eine Alleinerziehende genauso viel wie für einen Milliardär. Sozialstaat ade: Starke Schultern tragen mehr? Mann, wo kommen Sie denn her? Deshalb ist es kein Wunder, wenn der Chef des Deutschen Instituts für Wirtschaftsforschung, Klaus Zimmermann, eine Erhöhung der Mehrwertsteuer ab 2011 gleich auf 25 Prozent vorschlägt – zum Schuldenabbau und zur Senkung der »Lohnnebenkosten«, also des Unternehmeranteils am Sozialstaat.
Die Überlegung dabei, dass viele wenig zahlen wollen statt wenige viel, erinnert an den Vorschlag: Wenn mir jeder der Bundesbürger nur 50 Cent zahlt, tut das dem Einzelnen nicht weh, und ich habe 40 Millionen.

2. Die Mär vom Übel der Staatsverschuldung

Die Tiefe der Krise lässt sich auch an den Haushaltszahlen ablesen: So erzielten die Kommunen im Jahre 2008 noch einen Überschuss von 7,6 Milliarden Euro, 2009 wurde daraus ein Defizit von drei Milliarden, für 2010 wird mit elf Milliarden Euro gerechnet.
Die Länder hatten 2008 insgesamt ein Minus von gerade noch 400 Millionen Euro. Für die Zukunft rechnet man mit 30 Milliarden Euro jährlich.

Schuldenstand der Bundesländer
je Einwohner in Euro im März 2009[117]

Bremen	22047
Berlin	16321
Hamburg	11808
Saarland	9554
Sachsen-Anhalt	8611
Schleswig-Holstein	8426
Brandenburg	6984
Thüringen	6805
Niedersachsen	6376
Nordrhein-Westfalen	6369
Rheinland-Pfalz	6299
Mecklenburg-Vorpommern	5826
Hessen	4922
Baden-Württemberg	3991
Sachsen	2192
Bayern	1972

Der Bund erwartet nach dem Defizit von 48 Milliarden in 2009 86 Milliarden in 2010. »Der Staat macht Schulden wie noch nie«, jammert das *Hamburger Abendblatt* am 8. Juli 2009. Tatsächlich sind die 5009 Milliarden Euro, die sich Bund, Länder und Kommunen voraussichtlich bis zum Jahr 2013 leihen müssen, kein Pappenstiel. Daher rechnet man schon im Frühjahr 2009 mit Steuererhöhungen nach der Bundestagswahl.

Umso amüsanter, wenn auch nicht unerwartet, ist die Forderung des FDP-nahen Bundes der Steuerzahler (die die FDP in den Koalitionsgesprächen nach der Bundestagswahl prompt aufgreift) nach Senkung natürlich vor allem der Einkommenssteu-

er. Schließlich kassiere der Staat 2009 durch Steuern und Sozialabgaben 53,3 Prozent des Einkommens der Bürger. Daher ruft
man den 14. Juli zum »Steuerzahler-Gedenktag« aus. Ab 8 Uhr
40 könne der Bürger endlich für sich selbst arbeiten.

Akzeptiert man diesen Humbug spaßeshalber als seriös, so sei
daran erinnert, dass jene 53,3 Prozent und mehr vor allem für
die Mega-Verdiener fällig werden, für die niedrigen und mitt-
leren Lohngruppen ganz sicher nicht. Aber davon abgesehen,
sind gewisse simple Gemüter stets dafür, möglichst wenig zu
zahlen. Aber dieselben Leute, die sich über einen Steuernach-
lass freuen, ärgern sich dann über den Verfall der Infrastruktur,
von kaum noch befahrbaren Straßen über heruntergekomme-
ne Schulen, Unis und Kindergärten bis hin zu öffentlichem
Nahverkehr wie in der Nachkriegszeit.

Ein weiteres Meisterstück neoliberaler Demagogie ist die Schuldenuhr, die im Internet und an der Zentrale des Steuerzahlerbundes in Berlin dem naiven Bürger anzeigt, wie die Staatsschulden sekündlich immer größer werden. Ende 2009 liegen sie
bei über 1,7 Billionen Euro. Dies wiederum entspreche »in etwa
den öffentlichen Ausgaben für Schulen und Hochschulen. Ohne
unseren Schuldenberg könnten die öffentlichen Ausgaben für
die Bildung doppelt so hoch sein.«[118] Wie aber wollte man auf die
Schnelle den Schuldenberg auf null bringen? Vielleicht durch
Privatisierung der Bundeswehr, der Polizei oder des Bundesverfassungsgerichts?

Als sich der Bundestag Ende Mai 2009 für eine Schuldenbremse
im Grundgesetz ausspricht – wonach das Defizit des Bundes
von 2016 an 0,35 Prozent der gesamtwirtschaftlichen Leistung
oder aktuell zehn Milliarden Euro nicht mehr überschreiten
darf –, ist der Jubel bei den Reichen und Neoliberalen groß:
Schließlich können Millionäre mit einem verarmten Staat bequem leben. Schleswig-Holsteins SPD-Chef Ralf Stegner befürchtet dagegen wahlkampftauglich, dass durch die Schulden-

bremse Investitionen in Bildung, Kinderbetreuung, Klimaschutz oder Verkehrsinfrastruktur künftig unmöglich sein könnten, weil sie Schulden erforderlich machen: »Wer diese Investitionen bremst, bringt das Land um seine Zukunft.«

Dass *Schulden* etwas Ehrenrühriges sind, beruht auf der Rechnung unserer Urahnin, dem Milchmädchen. Zum einen sind Schulden – die Kredite – das Schmieröl inzwischen nahezu jeder Volkswirtschaft: Keine Schulden – keine Banken, keine Kredite – keine Realwirtschaft. Zum anderen ist entscheidend, ob der Bürger, das Unternehmen oder der Staat sich aufgrund von Vermögen und Einkünften diesen Kredit leisten können oder ob sie überschuldet sind, und dies ist bei einem der reichsten Länder der Welt wohl kaum der Fall: Deutschland wird nicht so schnell in die Pleite rutschen.

Dass allerdings die Neoliberalen und Reichen gegen hohe Staatsschulden sind – Motto: »Lieber keine Kindergärten als welche auf Pump« –, hat einen handfesten, aus ihrer Sicht vernünftigen Grund: Sie befürchten eine Inflation, und da sie, als Besitzer von Aktien, Fondsanteilen oder Staatsanleihen, *Gläubiger* sind, schwindet natürlich mit dem Wert des Geldes auch der ihrer Forderungen. Und was ihnen nicht weniger wichtig ist: Nach dem neuen Gesetz und der gegenwärtigen Schuldenentwicklung sind ab 2020 Steuersenkungen praktisch ausgeschlossen. »Die Schuldenbremse ist auch eine Steuersenkungsbremse«, meint Haushaltsstaatssekretär Werner Gatzer. Der Traum von einem Spitzensteuersatz unter 15 Prozent muss also warten.

Dies ist aber nur vordergründig gedacht: Wenn etwa BDI oder der Bund der Steuerzahler zu hohe Defizite beklagen, dann denken sie mit Sicherheit nicht an fehlendes Geld für die Bezüge von Rentnern, Hartz-IV-Empfängern oder alleinerziehenden Müttern, dafür umso intensiver an die Auswirkungen auf den »Geldmarkt«: Staatsschulden treiben die Geldentwertung in die Höhe. Die aber nutzt logischerweise immer den Schuldnern und schadet den Gläubigern. Da aber in aller Regel die Reichen, die Konzerne die Gläubiger und die Normalbürger und Ärmeren die Schuldner sind – siehe Immobiliencrash in den USA –, profitieren diese Schichten von einer Inflation.

> *Durch die Gasse der Vorurteile muss die Wahrheit ständig Spießruten laufen.*
>
> Indira Gandhi

3. Demagogen in Hochform: Verantwortung für unsere Kinder

Besonders skurril und dem Genre »Psychoterror« zuzuordnen ist die Behauptung, unsere Kinder und Enkel und Enkelsenkel wären die Leidtragenden der heutigen Staatsverschuldung.

Erstens ist noch gar nicht entschieden, ob die überwältigende Mehrheit der Bevölkerung sich über Generationen damit abfindet, dass eine klitzekleine, ohne einen Handschlag immer steinreicher werdende Minderheit in Saus und Braus lebt, während die Normalbürger selbst den Gürtel enger und enger schnallen sollen.

Zweitens sind nicht die Staatsschulden das Problem, sondern die Arm-Reich-Schere. Hinzu kommt die nach wie vor atemberaubende Steigerung der Produktivität der Arbeit, die natürlich auch den Nachfolgegenerationen zugutekommen wird.

Drittens ist es hirnverbrannt und demagogisch, den Ausverkauf von Staatsbetrieben als »Sparen« und »Schuldenabbau« auszugeben. Ob Stromkonzerne oder Wasserbetriebe, Bundesbahn oder Lufthansa, Wohnungsgesellschaften oder Müllentsorger:

Da sich die neuen Eigentümer natürlich eine goldene Nase verdienen wollen, wurde und wird mit der Privatisierung alles teurer. Der Staat entschuldet sich auf Kosten seiner Bürger – vom Qualitätsverlust einmal ganz abgesehen; schließlich gehen die Kosten für Instandhaltung und Sicherheit vom Profit ab.

»Es ist wie bei einer Familie«, schreibt Albrecht Müller, »die ihr Eigenheim verkauft, um Schulden zurückzuzahlen, und dann (vorerst) darin zur Miete wohnt.«[119]

Hinzu kommt, dass es meist nicht oder nicht nur um die Ausplünderung des privatisierten Unternehmens geht. »Die Transaktionskosten sind in vielen Fällen das Motiv für die Privatisierung kommunaler Unternehmen und Einrichtungen«, denn: »Ein Segment der Plünderer verdient am Vorgang des Plünderns selbst ... die begleitende Investmentbank, Broker an der Börse, PR- und Werbeagenturen, Wirtschafts- und Steueranwälte, Berater und dann auch noch die Medien. Man denke nur einmal an die vielen Anzeigen und Fernsehspots, die zum Zwecke der Privatisierung der Deutschen Telekom AG mit Hilfe des ›Zeugen‹ Manfred Krug in den deutschen Medien geschaltet wurden.«[120]

Ganz anders verhält es sich natürlich mit dem *materiellen* im Gegensatz zum *finanziellen* Erbe: Stichwort Zerstörung oder Bewahrung der Umwelt.

Solange die SPD bei jedem Anlass vor angeblich Arbeitsplätze gefährdender »Klima-Hysterie« warnt[121] und die CDU zum Thema Umweltgesetzbuch mahnt: »Gerade in dieser Wirtschaftskrise sollten wir die Wirtschaft nicht noch zusätzlich belasten«[122], so lange ist es abwegig, diesen Parteien bei ihren Ergüssen über die Verantwortung für die Menschen nach uns überhaupt zuzuhören.

Klimaschutz schadet der Wirtschaft

Das Problem – oder für unsere Regierung das Glück – ist, dass der Klimaschutz nur global angegangen werden und man demzufolge die Schuld auf die anderen schieben kann. Solange also eine Kanzlerin Merkel sicher war, dass die USA sowieso nicht mitmachen, so lange konnte sie das Blaue vom Himmel fabulieren und fordern. Wird es allerdings ernst, dann gilt die schon erwähnte Logik: »Übertriebener Umweltschutz schadet der Wirtschaft.«

So rückte die EU-Kommission auf massiven Druck der Bundesregierung und der deutschen Autokonzerne vom Plan ihres Umweltkommissars Stavros Dimas ab, die klimaschädlichen Auto-Abgase bis 2012 vor allem durch sparsame Motoren zu reduzieren. Zuvor hatten die deutschen Hersteller mit dem Verlust Zehntausender Arbeitsplätze gedroht, falls sie Neuwagen umweltfreundlich modernisieren müssten. Auf Deutsch: Auch Klimaschutz – »die Bewahrung der Schöpfung« – ist mit der Marktwirtschaft unvereinbar.

So fordert der Deutsche Industrie- und Handelskammertag (DIHK), die Vorgabe, bis 2020 die Abgasemissionen um 40 Prozent zu senken, zu kippen, das Umweltministerium zu zerschlagen und wichtige Kompetenzen dem Wirtschaftsministerium zuzuweisen. Naturschutzregelungen hätten »in der Praxis zahlreiche Infrastrukturvorhaben und Standortentwicklungen behindert«.[123]

Und auch die damalige Bundesregierung blies eilfertig in dieses Horn: Die geplanten Grenzwerte seien »für uns unannehmbar«, nörgelte der damalige Bundeswirtschaftsminister Michael Glos. Es gehe »nicht nur um Umweltpolitik, sondern um knallharte industriepolitische Interessen«.

Nun steht die Politik vor dem Dilemma einer umweltfeindlichen Marktwirtschaft und einer mehrheitlich umweltbesorgten Bevölkerung. Also muss volksverblödende symbolische Politik her: »So tun als ob«. So gibt es auf Initiative der Ex-Minister Wolfgang Tiefensee (Verkehr und Ostaufbau) und Sigmar Gabriel (Umwelt) den *Energiepass*. Seit Anfang 2009 ist er für normale Immobilien, ab Juli 2009 für Bürohäuser Pflicht, kostet 300 Euro und soll Mieter und Käufer von Wohnungen oder Häusern Auskunft über den Energieverbrauch geben: was nutzt schließlich eine günstige Kaltmiete bei unbezahlbaren Heizkosten?

Der Gag: Der Gesetzgeber erlaubt auch einen Billigpass für 15 Euro aus dem Internet. Dies aber ist für Professor Gerd Hauser vom Fraunhofer-Institut für Bauphysik »eine Katastrophe für den Energiepass, weil mit schlichter Eingabe von Daten, die niemand kontrolliert, ein Energiepass erzeugt wird. Es hat fast den Charakter eines amtlichen Dokuments und taugt in Wirklichkeit nichts.« Dahinter stecke die Lobby der Wohnungswirtschaft. Die habe wohl Angst, »dass sehr marode Immobilien schlecht vermietbar sind und dass Kosten auf diese Gebäude zukommen.«[124]

Ähnlich verhöhnt werden umweltbewusste Mitbürger bei der *Mülltrennung*. Ein häufig gespielter Sketch besagt, dass bei der Entsorgung eines Teebeutels der Tee in die Komposttonne, die Metallklammer zum Alteisen, das Teeschild zum Altpapier und Beutel samt Schnur in den Restabfall gehören. Dabei wurde längst entlarvt, dass der liebevoll aufgeteilte Müll in der Regel wieder zusammengetan und dann von Maschinen erneut getrennt wird. Die nämlich können längst das, was selbst der mündige Bürger nicht fehlerfrei beherrscht: Etwa die Hälfte des von Menschenhand getrennten Mülls landet im falschen Container. Bestenfalls positiv an dieser Art sinnloser Beschäftigungstherapie: Die Deutschen können sich als Vorreiter des internationalen Umweltschutzes fühlen.

Ein wahrer Husarenstreich aber ist nach wie vor die Ökosteuer, besonders als Mineralöl-, Strom- und Kraftfahrzeugsteuer. Welcher Bürger möchte nicht irgendwie zum Kampf gegen Klimakatastrophe und Umweltdesaster beitragen? Und spürt man die Verschwendung am eigenen Geldbeutel – umso besser für die Umwelt. Derzeit spült die Ökosteuer rund 18 Milliarden Euro jährlich in die Rentenkassen.

Nun ist diese Abgabe aber zum einen, ähnlich wie die Mehrwertsteuer, eine reine Endverbrauchersteuer, die unsere Konzerne gar nicht, dafür aber die Bürger umso stärker trifft, je weniger sie besitzen. Für Heike Heinrich aus Heideloh gerät die Autofahrt zum Gardasee auch im Kleinwagen wegen der Spritpreise schnell zum Luxusurlaub, während Reiner Reibach sogar die Porsche-Tour von Starnberg nach St. Tropez lässig aus der Champagner-Kasse zahlt.

Zum anderen werden die Steuereinnahmen nicht einmal zu einem Prozent in erneuerbare Energien investiert, aber zu fast neunzig Prozent für die Sanierung der Rentenkassen verwendet, für die *Zeit* ein »fauler Trick«[125].Sollen damit wenigstens würdige Altersbezüge gesichert werden? Falsch! Damit soll der Arbeitgeberanteil an den Sozialleistungen für Krankheit und Alter (menschenverachtende Diktion: »Lohnnebenkosten«) gesenkt werden, bis wir dann endgültig dem im Grundgesetz verankerten Sozialstaat »Adieu« sagen können. Denn auch das ist ein – wenn nicht sogar der wichtigste – gewollter Effekt der maroden Rentenkassen: Niedriges staatliches Altersruhegeld bedeutet Nötigung zur privaten Vorsorge – also zumeist *Riesterrente* –, und die eingezahlten Beiträge soll man möglichst in Lehman-Zertifikate oder Aktien der Hypo Real Estate investieren …

Nicht zu vergessen, dass sich die Riesterrente für sozial Schwächere nicht lohnt, weil sie mit anderen staatlichen Leistungen verrechnet wird. Dies aber betrifft bereits sechs Millionen Bürger, Tendenz steigend. Da hilft alles Schönlügen nicht: Zwar war der gelernte Fliesenleger und frühere Arbeitsminister Walter Riester laut *Stern* »außer sich« und nannte die *Monitor*-Enthüllung »unverantwortlich«. Die Kernaussage konnte er allerdings nicht bestreiten: Ein gutgläubiger Riester-Vorsorger »kriegt im Alter womöglich keinen Cent raus«. Und selbst der geistige Vater der Riester-Rente hält die Anrechnung für falsch.[126]

Aber zurück zum Umweltschutz: Ungekrönter König der Irreführung ist hier übrigens der Biodiesel. Den Autofahrern wird er als umweltfreundlich verkauft. Verheimlicht wird allerdings dabei, dass momentan weltweit Naturlandschaften großflächig für den Anbau von Ölsaaten »kultiviert« werden. Umweltschutzverbände wie *Rettet den Regenwald* prangern daher den Zusammenhang von EU-Importen aus den armen Regionen und Regenwaldzerstörung ebenso an wie die hohen Emissionswerte einiger Anbaumethoden etwa bei Palmöl. Unterm Strich werde ein Vielfaches mehr an CO_2 freigesetzt, als die Pflanzen später wieder binden könnten.

Noch schlimmere »Schattenseiten des Biospritbooms«, nämlich Hungersnöte in den Anbauländern, entlarven die AFP-Reporter Alexandre Peyrille und Isabelle Tourne im Januar 2007 in ihrem Bericht *Volle Tanks, leere Teller:* »Was auf der einen Seite der Grenze als Durchbruch in der Umwelttechnik gefeiert wird, schürt auf der anderen Seite die Angst ums Überleben: In den USA boomt das Geschäft mit Bio-Sprit. Im Gegenzug wird in Mexiko nun der Mais knapp – und für die Armen unbezahlbar.«[127]

Nun ist es aber nicht damit getan, dass man irgendwelchen Kyoto-Protokollen wahlkampftauglich zustimmt – schon gar nicht, wenn man dann das direkte Gegenteil praktiziert. Angela Merkel zum Beispiel hatte als engagierte Umweltministerin unter Helmut Kohl einen Ruf zu verlieren. Sie hat ihn verloren.

Und auch das gehört zu den Wahrheiten, die manche fleisch-essenden Mitbürger allerdings so ignorieren wie der Alkohol-Junkie seine Leberwerte: Die Produktion von einem Kilogramm Rindfleisch belastet laut einer japanischen Studie das Klima so stark wie 250 Kilometer Autofahrt. Am schädlichsten ist das Methan, das die Tiere bei der Verdauung ausstoßen. Tatsächlich scheint vegetarische Ernährung das Klima zu schützen: So weist der CO_2-Rechner des bayrischen Umweltministeriums für Vegetarier einen deutlich geringeren Kohlendioxid-Ausstoß aus als für typische Fleischesser. Der Steak-Liebhaber kommt demnach auf 1,82 Tonnen CO_2 pro Jahr, Vegetarier hingegen auf weniger als eine Tonne.

Der Strom kommt aus der Steckdose, die Milch aus der Tüte und der Fisch aus dem Kühlregal. Letzterer ist für Marktwirtschaftler weniger ein notwendiger Bestandteil der Natur, sondern eine möglichst profitable Ware. Folglich wird alles abgefischt, was sich bei drei nicht im Meeresgrund eingebuddelt hat.

»Meere werden immer stärker überfischt«, titelt *Spiegel Online* am 2. März 2009. Kein Wunder: Während laut einer Studie ein Verbrauch von sieben Kilo pro Kopf im Jahr unbedenklich seien, liege er derzeit bei 15 Kilo, und mit an der Spitze natürlich die Deutschen.

Der weltweite »Raubbau an der Erde« (»Ressourcenverbrauch«) liegt laut dem »Living Planet Report 2008« der Umweltstiftung WWF so hoch, dass die Menschheit ab 2035 eigentlich zwei Planeten bräuchte. Um diese simplen Sachverhalte zu verstehen, muss man kein Umweltexperte sein. Man muss auch keine Kürschnerlehre absolviert haben, um gegen das Abschlachten von Tieren für den Pelz einer finanziell und gesellschaftlich überfütterten Millionärsgattin Einspruch zu erheben. Worum es geht, ist das Bewusstsein dafür, dass wir – als Wähler der Politiker und ihrer teilweise kriminellen Financiers – in null

Komma nix eine Zivilisation zu zerstören im Begriff sind, zu deren evolutionärem Aufbau die Natur Millionen oder gar Milliarden von Jahren gebraucht hat.

»Merkel entpuppt sich als Klima-Fossil«, titelt *Spiegel Online* am 11. Dezember 2008. »Deutschland spielt gern den Umwelt-schutz-Pionier der Weltpolitik. Doch bei den Verhandlungen über das EU-Klimapaket gibt sich Angela Merkel als Anwältin der Industrie. Die weltweit aufbrandende Kritik lässt sie kalt.« Stein des Anstoßes: In der EU setzte sie durch, dass die Industrie die Umweltverschmutzungslizenzen (»Emissionsrechte«) unter anderem für den CO_2-Ausstoß nicht wie geplant ersteigern muss, sondern zum Nulltarif erhält.

»Merkel hat sich früher als Klima-Kanzlerin bezeichnet«, erklärte die Umweltorganisation Climate Action Network (CAN). »Jetzt wird sie zu einer Waffe zur Klimazerstörung.« Aber auch in Deutschland hagelte es Kritik. »Merkel schwächelt«, meinte die *taz*, »Merkel knickt ein«, die *Süddeutsche Zeitung*. »Aus der selbsternannten Klima-Queen wird eine Klima-Killerin«, lästerte Grünen-Chefin Claudia Roth, und Ex-Umweltminister Jürgen Trittin stellte fest, Deutschland sei unter Merkel zum Blockierer geworden. Sogar im Team des gerade gewählten US-Präsidenten Barack Obama war man besorgt, dass die Kehrtwende der EU die Klimaziele der neuen US-Regierung gefährden könnte.

Kleiner Gag am Rande: Deutsche Stromkonzerne etwa schlagen die »Kosten« für die Gratis-Zertifikate auf die Verbraucherpreise – »und scheffeln so Milliarden«.[128] Witzigerweise nennen sich die gewohnheitsmäßigen Umweltzerstörer nicht »Satanisten Altona« oder »Hooligans Wernigerode«, sondern Christdemokraten. Und wenn Merkel und Co. ihren Amtseid mit der Phrase »so wahr mir Gott helfe« beenden, dann fragt man sich schon, welchen Gott die eigentlich meinen. Da war der 68er Anarcho-Kommunarde Fritz Teufel schon ehrlicher, als er in seinen zahlreichen Prozessen stets beteuerte: »Ich schwöre bei Karel Gott.«

Wenn dann auch noch die damalige schwarz-rote Regierung in Gestalt des Umweltministers Sigmar Gabriel als quasi wichtigsten Beitrag zum Umweltschutz ausgerechnet die Abwrackprämie feiert, dann sagt das mehr über das Bewusstsein der politisch Verantwortlichen als hundert Parteiprogramme.

Und nennt man dann auch noch Mülltrennung, Verbot von 100-Watt-Birnen und das doppelseitige Fotokopieren zwecks Papiereinsparung, dann fühlt sich der Bürger endgültig auf den Arm genommen. Es ist, als wolle man einen Waldbrand mit einem Eimer Wasser löschen.

Macht sich die deutsche Spitzenpolitik aber wenigstens an anderer Stelle um den Umweltschutz verdient? Als unsere Kanzlerin im Sommer 2007 medienwirksam durch Grönlands Eisfjorde schipperte, um Klimawandel und Schneeschmelze persönlich zu beobachten, lästerte die *FAZ* in Anspielung auf den Kultroman *Fräulein Smillas Gespür für Schnee:* »Frau Merkels Gespür für Schau«. Und: »Alle filmen und knipsen die Kanzlerin.« Wer dies für seriöse Umweltpolitik halten möchte, mag dies tun.[129]

4. Die Ausplünderung der Kommunen

Städte verzocken Millionen Steuergelder[130]

Bei der allgemeinen kasinokapitalistischen Zockerei wollen natürlich auch die Kommunen nicht abseits stehen. Fast 800 Städte und Gemeinden »verspielen« etwa eine Milliarde Euro. Ob Wetten auf die Zukunft oder Derivate – die Kämmerer sind munter dabei. Dabei ist es wie im wirklichen Leben: Gerade die Ärmeren sehen ihre große und häufig letzte Chance in einem

Lottogewinn, und gerade die klammen Gemeinden hoffen auf eine Blitzsanierung ihrer hoffnungslos überschuldeten Haushalte.

Nun ist das Gejammer groß. Der Präsident des Deutschen Städtetages, Münchens Oberbürgermeister Christian Ude (SPD), befürchtet denn auch schon »die nächste Krise der Kommunen«.

Besonders beliebt sind die *Spread Ladder Swaps*: Man tippt – wie beim Fußball HSV gegen Bayern – gegen die Bank auf eine bestimmte Wirtschaftsentwicklung: Rohölpreise, Aktienkurse und vor allem Zinsen. So tauschen etliche Städte ihre langfristigen Kredite mit hohen Zinssätzen gegen kurzfristige Kredite mit niedrigeren Sätzen und wetten zusätzlich darauf, dass die Differenz zwischen den Zinssätzen wächst.

Aber sie schrumpfte – und die Bank hatte den Kommunen Steuerzahlers Geld abgeknöpft. Dies war meist die Deutsche Bank, und auch die größten Leidtragenden wie Hagen (57 Millionen Euro Verlust), Remscheid (13) oder Neuss (10) wurden bereits genannt. Andererseits behaupten einige Gemeinden, Gewinne erzockt zu haben, das niederrheinische Hückelhoven zum Beispiel von 2004 bis 2006 immerhin 250 000 Euro. Aber selbst wenn dies der Fall wäre, so bleibt die Aktion immer noch so unverantwortlich wie die Autofahrt eines Betrunkenen, der heil sein Ziel erreicht.

Da auch die Darlehen immer teurer werden, trifft die Krise die Kommunen gleich doppelt. Rund 800 Millionen Euro an Krediten schulden sie den Banken bereits, und da die sich angeblich nicht mehr gegenseitig trauen, verleihen manche gar kein Geld mehr oder zu deutlich höheren Zinsen. Zudem verlangen manche Institute »Liquiditätsrisikozuschläge« von bis zu zwei Prozentpunkten.

Die Kreditklemme aber betrifft auch die Investoren, so dass viele potenzielle Käufer kommunaler Grundstücke oder Immobilien kalte Füße bekommen. Diese fest eingeplanten Verkaufseinnahmen fehlen jetzt natürlich den Kommunen.

In Esslingen bei Stuttgart gibt es angesichts leerer Kassen kaum noch Tabus: Sollen das Freibad und die Sport- und Veranstaltungshalle geschlossen, die öffentliche Entsorgung der Weihnachtsbäume abgeschafft, zwei Bürgerämter aufgelöst, beim Stadtmuseum, beim Denkmalschutz und beim Straßenausbau gespart werden? Die Gewerbesteuereinnahmen gingen von 70 Millionen Euro im Jahre 2007 auf 17 Millionen in 2009 zurück. Ergebnis: ein Haushaltsloch von 50 Millionen Euro. »Der gesamte baden-württembergische Wohlstand wird plötzlich in Frage gestellt«, bemerkt Anne Seith in *Spiegel Online*.[131]

Makabrerweise ist den Stadtoberen, die übrigens ebenfalls bei den *Lehman Brothers* Geld angelegt hatten, vor allem der vom Bund beschlossene Ausbau der Kinderbetreuung ein Dorn im Auge; 1,2 Millionen Euro solle das kosten. Allein beim Gedanken an die Vorgabe, dass ab 2013 tatsächlich 35 Prozent aller Kinder einen Kita-Platz haben sollen, werde Finanzbürgermeister Bertram Schiebel (SPD) laut *Spiegel Online* »richtig wütend«. Nicht nur die Erzieher seien teuer, »es kommen ja auch noch Raumkosten, Sachkosten, Brandschutzkosten dazu«. So viel vorbildliches Sparsamkeitsdenken zu Lasten der Jüngsten hätte man seinen sozialdemokratischen Parteifreunden bei den diversen Steuergeschenken für die Reichen gewünscht.

Die naiven Cleveren

Dieses Buch ist keine offizielle Anklageschrift einer Staatsanwaltschaft. Daher bleibt die Beantwortung der Frage, ob die Beihilfe der politisch Verantwortlichen zur enthemmten Ausplünderung der Kommunen durch teilweise hochkriminelle »Investoren« auf Naivität oder Korruption zurückzuführen ist, der Phantasie oder dem klardenkenden Menschenverstand des Lesers überlassen.

CBL – Genialer Coup der Bauernfänger

Cross Border Leasing (CBL) heißt das Zauberwort seit Ende des vorigen Jahrtausends: Vor allem Kommunen in ständiger Geldnot sollen sich eine goldene Nase verdienen können, wenn sie windigen US-Investoren beim Ausnutzen eines Steuerschlupflochs helfen. Es klingt wie die Erfolgsgeschichte von Dagobert Duck: Städte und Gemeinden verkaufen ihre Kanalisationen, Trinkwasser- und Schienennetze, Messehallen, Müllverbrennungsanlagen und sogar Schulen an Geldmacher aus Übersee, das nötige Geld können die wiederum zum großen Teil dem Zugriff des US-Fiskus entziehen. Nun mieten die Kommunen alles wieder zurück und sanieren mit dem Erlös ihren Haushalt. »Kämmerer und Oberbürgermeister flogen frohgemut auf Investorenkosten über den großen Teich und unterzeichneten in Anwaltsbüros an New Yorks Fifth Avenue dicke Verträge. Bei der Rückkehr konnten sie ihren Bürgern strahlend von den Millionen berichten, die sie mit ihrer Cleverness für die Stadtkasse herbeigeschafft hatten.«[132]

Dieses Bäumchen-wechsle-dich-Spiel betrifft 600 Städte und staatliche Unternehmen in Westeuropa, in Deutschland etwa 150. Fast auf jedem Gebiet der öffentlichen Infrastruktur ließ man sich über den Tisch ziehen. Bis der US-Kongress 2004 das Steuerschlupfloch schloss und neue Verträge verbot, verscherbelten unter anderem Recklinghausen, Ruhr- und Wupperverband, Stuttgart, Bochum und Schwerin ihre Kanalisation an mehr oder minder zwielichtige US-Investoren und mieteten sie zurück. In Ulm, Böblingen und Wuppertal verkaufte man die Müllöfen, in Berlin, Leipzig und Köln die Messehallen, in Essen und Düsseldorf das Schienennetz, in zwei Dutzend Städten die Straßenbahn.

Seit Beginn der Krise mutiert für die Stadtoberen die vermeintliche Gelddruckmethode zum Alptraum. Was die naiven Cleveren damals nicht erfuhren oder gar nicht so genau wissen wollten: CBL ist eine äußerst undurchsichtige Angelegenheit, eine sogenannte »strukturierte Finanzierung«. Die Verträge bestehen aus mehr als 1000 Seiten, enthalten eine strafbewehrte Geheimhaltungsklausel und wurden nicht ins Deutsche übersetzt. Zudem gibt es jede Menge Vertragspartner: Da ist zunächst der Investor, der eine Briefkastenfirma (»Trust«) in einer Steueroase gründet, der Treuhänder dieser Scheinfirma, zwei Darlehensbanken, die der Briefkastenfirma die Kredite in dreistelliger Millionenhöhe gewähren, zwei Schuldübernahmebanken, eine Depotbank und ein Versicherungsunternehmen. Alle haben ihre eigenen Steuerberater, Wirtschaftsprüfer und Anwälte. Und ganz am Rande gibt es noch die Stadt als Melkkuh.

Eng damit verwandt ist das Ursprungsmodell: Die Stadt verkauft ihre Anlage für 99 Jahre und mietet sie bis zur ersten Kündigungsoption für 30 Jahre zurück. In Wahrheit ist die Stadt vom ersten Tag an aus allen Geldflüssen abgekoppelt. Der Kaufpreis – je nach Wert der Anlage zwischen 100 Millionen und 1,5 Milliarden US-Dollar – wird gar nicht ausgezahlt. Nur 4 bis 5 Prozent davon fließen als einmalige Barzahlung (»Barwertvorteil«) an die Stadt. Der Rest verschwindet unverzüglich bei zwei Schuldübernahmebanken und einer Depotbank. Von diesem Geld sollen Erstere im Namen der Stadt 30 Jahre lang die Leasingraten an die Briefkastenfirma des Investors auf den Cayman Islands überweisen, damit die Stadt die verkaufte Anlage weiter nutzen kann. Die Depotbank soll aus der ihr überwiesenen Summe genug erwirtschaften, damit die Stadt nach 30 Jahren die Anlage zurückkaufen kann.

Bei Vertragsabschluss redet man den Stadtvätern ein, die »renommierten« Banken, Versicherungen und Investoren könnten gar nicht pleitegehen und existierten ewig. Gleichzeitig aber sichern sich die Vertragspartner akribisch knallhart gegen jeden erdenklichen Ausfall ab. So muss die Stadt eine Versicherung abschließen, ist verpflichtet, ständig das Rating des Versicherers zu beobachten und ihn binnen 90 Tagen zu wechseln, wenn dessen Bonität sinkt. Viele CBL-Geschäfte versicherte übrigens der US-Branchenführer American International Group (AIG), dessen Rating in den Keller ging, nachdem die US-Regierung ihn nur mit Millionen an Steuergeldern vor dem Ruin bewahrte.

Genauso müssen die Städte das Rating der drei Treuhänderbanken verfolgen. Wenn deren Bonitätseinstufung durch die Rating-Agenturen Moodys, Standard & Poors und Fitch sich verschlechtert, müssen die Städte auch die Bank wechseln.

Diese kostspieligen »Umstrukturierungen« kosten zum Beispiel den Ruhrverband – der die Kläranlagen verkaufte – jetzt schon 4,5 Millionen Euro und die *Bodensee-Wasserversorgung* mit 180 angeschlossenen Gemeinden – die das Trinkwassernetz abgab – sogar »mehr als 10 Millionen Euro«, wobei die Durchführung streng geheim ist. So gaben die Städte Wuppertal und Recklinghausen bekannt, dass sie »den Austausch von Finanzinstituten vorbereiten«, aber »Namen und weitere Details entsprechend den vertraglichen Vertraulichkeitsverpflichtungen« nicht nennen dürfen. Allen Hiobsbotschaften zum Trotz machen manche Kämmerer in Zweckoptimismus. Die Gelder seien in US-Staatsanleihen angelegt und lägen »sicher im Depot«. Dabei werden bei diesen »strukturierten Finanzierungen«, ähnlich wie bei den faulen US-Hypothekenkrediten, die Darlehens- und Mietforderungen verbrieft und verkauft, und auf die Depots werden Wertpapiere ausgegeben.

PPP – Die kurzen Löffel der politischen Stümper

»Wer mit dem Teufel aus einem Teller essen will«, sagt ein Sprichwort, »muss einen langen Löffel haben.« Und wer schon einmal das Vergnügen hatte, die abgefeimten Abzocker – auch hier wieder wohlklingend »Investoren genannt – live zu erleben, der wird den Teufelsvergleich eher als verharmlosend empfinden.

»Public Private Partnership« (PPP) heißt das nicht zufällig US-amerikanische Fremdwort: Der Staat überlässt irgendeinem dahergelaufenen privaten Investor Planung und Ausführung von vormals öffentlichen Aufgaben, wie etwa die Sanierung von Messehallen, Schulen oder Rathäusern, aber auch Straßenreinigung, Müllentsorgung oder Wasserversorgung, ja sogar das Betreiben von Kliniken und Kindergärten.[133] Den mittlerweile internationalen Trick, nämlich die »heftigste Privatisierung in der EU ohne Änderung der Eigentumsverhältnisse«, erläutert der emeritierte Bremer Wirtschaftsprofessor Jörg Huffschmid: »Indem die Bereitstellung öffentlicher Dienstleistungen ausgelagert und an private Unternehmen vergeben wird, die aus dem öffentlichen Haushalt bezahlt werden.«[134]

Wie der Kölner Sozialwissenschaftler Tim Engartner zurecht bemerkt, sind von derlei Machenschaften der Marke »Der Staat zahlt – Privat kassiert« am meisten die Menschen ohne eigene Lobby betroffen, vor allem Schüler und Studenten, Arbeitslose und Geringverdiener sowie Behinderte.[135]

Die »seriöse« Geldgier

Aber auch scheinbar »seriöse« Geldgier erweist sich als fatal. Gut 50 Gemeinden legen wegen hoher Zinsen bei der deutschen Lehman-Tochter in Frankfurt Millionenbeträge zumeist in Festgeld an, Frankfurt zum Beispiel 95 Millionen Euro, Köln 90, Freiburg 47, der Kreis Euskirchen 35, Karlsruhe 10, Mannheim 6 sowie Lörrach und der Kreis Frechen je 5 Millionen Euro. Auch München, Paderborn und Münster sollen bei Lehman-Kunden investiert haben. Zwar ist das Geld durch den Einlagensicherungsfonds der Banken geschützt, da Lehman als deutsches Geldinstitut gilt und damit dem deutschen Sicherungssystem unterliegt. Dennoch sind die Gelder monatelang blockiert, die die Gemeinden so nötig brauchen.

Finanzkollaps und Privatisierung

Laut einer Umfrage der *Welt am Sonntag* unter 20 großen Städten rechnen Deutschlands Metropolen bereits im Juli 2009 mit einem massiven Einbruch der Gewerbesteuer, der Haupteinnahmequelle von Städten und Gemeinden.

In Hannover zum Beispiel, wo diese Steuer fast ein Drittel aller Einnahmen ausmacht, sind es nur noch 350 Millionen statt 502 Millionen Euro im Jahre 2008, also 30 Prozent weniger. Mannheim erwartet ein Minus von 17 Prozent. Dresden von 20 Prozent, München von 24 Prozent, Duisburg von 30 Prozent und das Finanzzentrum Frankfurt am Main befürchtet gar ein Minus von 40 Prozent. Damit übertreffen die Gewerbesteuerverluste fast überall die Einnahmen aus dem Konjunkturpaket II. So stehen in München einem Steuerminus von 400 Millionen Euro nur 53 Millionen aus dem Konjunkturpaket II gegenüber. Der Deutsche Städtetag rechnet bundesweit mit einem Rückgang um sechs Milliarden Euro, also einem Minus von fast 15 Prozent gegenüber 2008.[136]

Aber auch andere Einnahmequellen wie der kommunale Anteil an der Einkommensteuer verringern sich in oft zweistelliger Millionenhöhe. Die Kommunen müssen bis Ende 2010 mit weiteren Einbußen rechnen.[137]

»Erst hatten sie kein Glück, und dann kam noch Pech dazu«, könnte man über die Bürgermeister, Kämmerer und andere Verantwortliche lästern. In Wahrheit haben sich die Ortsfürsten ein Beispiel an der »großen Politik« genommen, also auf die neoliberale Karte gesetzt – und verloren. Und dies ist unabhängig von der strafrechtlichen Relevanz – wenn ein Angestellter

Firmengeld verzockt, landet er wegen Untreue im Gefängnis –
extrem verantwortungslos.

Nun kann man sicher sein, dass kein Bürgermeister und kein
Stadtkämmerer auch nur auf einen Cent seines Einkommens
verzichten wird. So selbstverständlich, wie im Luxusrestau-
rant »dem Herrn« und nicht seiner Begleitung die Rechnung
präsentiert wird, so zahlt auch der kleine Mann die Zeche für
die Eskapaden »seiner« Volksvertreter: Lübecks Bürgermeister
Bernd Saxe warnte bereits, dass die Gemeinden ihre Angebote
demnächst reduzieren, Einrichtungen schließen und Leute entlassen müssten.[138]

In dieser Situation leisten sich die Lübecker Entsorgungsbetrie-
be die Anmietung von zwei Toiletten am Marktplatz für nicht
weniger als 130 000 Euro im Jahr. Hinzu kommen Reinigungs-
und Wartungskosten. Nur zum Vergleich: Bei der luxuriösen
Neugestaltung der Obertrave wurde eine ebenfalls hochmoder-
ne Toilettenanlage für 270 000 Euro neu errichtet. Auf Deutsch:
Schon mit zwei Jahresmieten hätte man einen kompletten und
an die historische Architektur angepassten Neubau finanzieren
können.[139]

Vergammelnde Gebäude und zu wenig Personal im Bildungs-
bereich, Herunterfahren des Kulturangebots des »Volkes der
Dichter und Denker« auf Dschungelcamp-Niveau: Das Ganze bildet einen Frontalangriff auf die Lebensqualität der Bürger. Wenn öffentliche Parks, Sportplätze, Festhallen, Biblio-
theken verrotten oder gleich geschlossen werden müssen, dann
werden sich hier nicht nur die Senioren zunehmend unwohl
fühlen. Insofern treffen Emigranten-Soaps wie »Goodbye
Deutschland! – Die Auswanderer« des Senders Vox bei all ihrer
unterirdischen Qualität durchaus den Zeitgeist: »Auswande-
rung light« erleben wir ja bereits in Gestalt der Flucht der jungen, begabten, gebildeten und im positiven Sinne ehrgeizigen

Frauen und teilweise auch Männer aus trostlosen ostdeutschen Gemeinden in Richtung Westen.

Hinzu kommt die Privatisierung: Um kurzfristig an Geld zu kommen, verhökern die Kommunen pro Jahr öffentliches Eigentum für gut fünf Milliarden Euro: Wasserversorgung oder Straßenreinigung, Kliniken oder Müllabfuhr, Messehallen oder Busverkehr, Wohnungen oder Schulhausbau an private Investoren. Nun führen schon allein gesunder Menschenverstand und Ehrlichkeit zur Überlegung, dass gerade die raffgierigen Konzerne niemals irgendetwas kaufen würden, was nicht satte Profite verspricht. Wieso also sollten sie angeblich marode Staatsbetriebe übernehmen. Das Argument ist an Idiotie und Frechheit kaum zu überbieten: Politiker und staatliche Manager hätten keinen Schimmer von Unternehmensführung, private dagegen die betriebswirtschaftliche Weisheit mit Löffeln gefressen. Nichts gegen die These von der Stümperei in der Politik, aber wäre der Unterschied zu den Privaten so groß: Wieso werden dann Politiker und staatliche Manager rudelweise von der Privatwirtschaft mit Kusshand genommen? Schieben sie eine ruhige Kugel und dilettieren fröhlich vor sich hin, solange sie – formal – für das Volk arbeiten, und wachsen schlagartig über sich hinaus, sobald sie für das leistungslose Einkommen von Milliardären schuften? Fest steht: Die horrenden und alle Grenzen von Verhältnismäßigkeit und Anstand sprengenden Gewinne von E.on, Deutscher Bank und Co. könnten – wären es Staatsbetriebe – genauso gut den Bürgern zugutekommen. Und gerade weil diese Überlegung so einleuchtend ist, wird sie von der neoliberalen Gegenseite meist nur mit wutschnaubenden Ausfällen à la Guido Westerwelle beantwortet, für den ja schon ein Mindestlohn bei der Post »Planwirtschaft wie in der DDR, nur ohne Mauer«[140] darstellte.

Die verhasste »bankenfeindliche« Alternative

Dass Gemeinden durch die Finanzkrise auch ohne kriminelle Zockereskapaden in die Bredouille kommen können, zeigt das Beispiel Quickborn im »Speckgürtel« von Hamburg. Vor allem wegen des Wegbrechens der Gewerbesteuer rechnet man mit einem jährlichen Minus von 1,8 Millionen Euro und bis 2012 mit einem Schuldenberg von 41 Millionen.

Aber anders als andere Bürgermeister bezog Thomas Köppl (CDU) die Bevölkerung mit ein. 500 der 20 000 Einwohner kamen zur Bürgerstunde und geizten nicht mit Vorschlägen zum Abbau ihrer eigenen Lebensqualität: Man könne die Temperatur im Freibad um drei Grad senken, die Hausdächer für Solaranlagen verpachten, mehr Gebühren für die Volkshochschule nehmen oder keine Weihnachtsbeleuchtung mehr aufhängen.

Der Clou aber war die Idee, dass statt den kreditblockierenden oder viel zu teuren Banken die Bürger selbst zu Kreditgebern ihrer Gemeinde werden sollten. Gesagt, getan, und keine Woche später waren schon vier Millionen überwiesen. Mindestens 5000 Euro sollte ein Bürgerdarlehen betragen, und nach einem Jahr zahlt die Stadt das Geld mit drei Prozent Zinsen zurück. Weil die Zinsen nun in die Taschen ehrlicher Bürger statt in die der Banken fließen, schäumten die üblichen Verdächtigen vor Wut. »Zu viel Bürokratie«, moserte der *Bund der Steuerzahler;* und der *Bundesverband Deutscher Volks- und Raiffeisenbanken* drohte gar, jetzt fehle dem Finanzkapital das Geld für Kredite an Quickborner Unternehmen. Ein wenig dreist angesichts der von den Banken veranstalteten Kreditklemme. Und ist der BaFin sonst alles ein Dorn im Auge, was die Profite der Geldinstitute beschneiden könnte – Heuschrecken konnten jahrelang schalten, walten und absahnen, wie sie wollten –, geht der Finanzaufsicht ein Bürgerengagement natürlich zu weit. Das

Kreditgeschäft sei genehmigungspflichtig, und wenn Bürgermeister Köppl noch mehr Geld einsammeln wolle, müsse er
entsprechende Anträge stellen.[141]

5. Das Plündern der Lebensqualität

Dass der »Sachzwang zur Globalisierung« und der damit
verbundene Abbau des Lebensstandards unter die Gattung der
neoliberalen Fabeln fällt, erweist sich besonders eindrucksvoll
an der UNO-Rangliste zur Lebensqualität. Deutschland als
eines der reichsten Länder der Erde liegt hinter ob ihres
Lebensstandards überheblich belächelten Staaten wie Island,
Irland oder Spanien auf Platz 22. Auch für das andere Land, an
dessen Wesen die Welt notfalls mit Gewalt genesen soll, die
USA, sieht's mit Rang 13 kaum weniger blamabel aus.[142]

Weltrangliste der Vereinten Nationen

1.	Norwegen	13.	USA
2.	Australien	14.	Österreich
3.	Island	15.	Spanien
4.	Kanada	16.	Dänemark
5.	Irland	17.	Belgien
6.	Niederlande	18.	Italien
7.	Schweden	19.	Liechtenstein
8.	Frankreich	20.	Neuseeland
9.	Schweiz	21.	Großbritannien
10.	Japan	22.	Deutschland
11.	Luxemburg	23.	Singapur
12.	Finnland	24.	Hongkong

Nummer eins in der EU ist Deutschland dagegen laut Forbes-Liste mit neun Milliardären unter den 100 reichsten Menschen der Welt.

Dass es dem Volk eines der reichsten Länder der Welt eher mittelmäßig bis schlecht geht, wirft ein Schlaglicht auf die Marktwirtschaft. Der große deutsche Philosoph Ernst Bloch beschreibt die Logik so: »Da es nicht für alle reicht, springen die Armen ein.«[143] Damit die Reichen perspektivisch überhaupt keine Steuern mehr zahlen müssen – die in der alten Bundesrepublik üblichen Steuern auf Erbschaft und Vermögen gelten ja vielen Jungkarrieristen der Volksparteien als stalinistischer Planwirtschaftsterror –, müssen Renten und Hartz IV ebenso herhalten wie die Förderung ehrlich arbeitender Menschen.

Nun stehen aber Sätze wie »Jeder muss sehen, wo er bleibt«, »Den letzten beißen die Hunde« oder »Alle gegen alle« entgegen der Überzeugung mancher Politiker gerade nicht im Grundgesetz: »Die Würde des Menschen ist unantastbar«, heißt es in Artikel 1. »Sie zu achten und zu schützen ist Verpflichtung aller staatlichen Gewalt.« Dass jemand, dessen Ahnen im Zusammenhang mit dem Holocaust steinreich geworden sind, anderer Meinung und auf das Bewahren und Mehren seines ererbten Verbrechervermögens bedacht ist, mag menschlich verständlich sein. Dass die überwältigende Mehrheit der Bevölkerung aber – jeder an seinem Platz – nicht dafür arbeitet, dass jugendliche Milliardenerben sich ihre Cohiba mit 100-Euro-Scheinen anzünden, liegt ebenfalls auf der Hand.

Heuschrecken – die Plünderweltmeister

In grauer Vorzeit galt Auto-Teile-Unger (ATU) als ein Vorzeigebetrieb. Unternehmensgründer Peter Unger flanierte durch die Zentrale in Weiden (Oberpfalz) oder die Werkstätten und hatte für jeden Mitarbeiter ein freundliches Wort. »Fördern und fordern, so einfach funktionierte sein Management.«[144] An der rosigen Zukunft hatte Unger keinen Zweifel: »A Birnl, a Rücklicht, a Lackspray – des braucht ma doch immer!«

Doch dann ritt ihn der Teufel, und er verkaufte ATU an einen Finanzinvestor. 2004 stieg dann die US-Firma Kohlberg Kravis Roberts (KKR) ein, »die Mutter aller ›Heuschrecken‹«, wie der damalige SPD-Chef Frank Müntefering 2005 geurteilt hatte. Sie interessierten sich wenig für Birnl und Lackspray, klopften keine Schultern, wollten nur Rendite. Den Kaufpreis, 1,45 Milliarden Euro, bürdeten sie nach Heuschreckenmanier zum Großteil ATU selbst auf – das Unternehmen musste sich entsprechend verschulden und geriet prompt in Schwierigkeiten. Die Rating-Agentur Standard & Poor's stufte ATU auf »CCC+« herunter – das Prädikat für Pleitekandidaten. KKR musste 140 Millionen Euro nachschießen, um eine peinliche Pleite zu verhindern.

Kein Einzelfall: Auch andere deutsche Firmen, die von Heuschrecken übernommen wurden, bekamen Probleme, so etwa die Kaufhauskette Hertie, die Fernsehgruppe ProSiebenSat.1 Media AG, der Modemacher Hugo Boss, der Brillenproduzent Rodenstock, der Nähmaschinenhersteller Pfaff, die Strumpffabrik Kunert, der Modelleisenbahnbauer Märklin, der Autobahnraststättenbetreiber Tank & Rast oder die Textilkette Wehmeyer.

Heuschrecken erstreben den »Super-Return«, eine Verzinsung des Kapitals von 25 Prozent und mehr. Motto: »Buy it, strip it, flip it« – Kaufen, plündern, weg damit. Nach vier, fünf Jahren stoßen die Investoren ihre Beteiligungen wieder ab. Doch seit der Finanzkrise ist dieses Geschäft nicht mehr ganz so einfach. So berechnete die Bank für Internationalen Zahlungsausgleich in Basel, dass von Finanzinvestoren gekaufte Firmen in den nächsten zwei Jahren weltweit Darlehen von einer halben Billion Dollar, rund 350 Milliarden Euro, umschulden müssen.

Dies dürfte viele Firmen in die Pleite treiben, denn seit der internationalen Bankenkrise sind Kredite sehr viel teurer geworden.

»Die Übernahmeparty ist vorbei, die Stimmung gekippt.« Auch Heuschrecken kommen nur noch schwer an Bankkredite. Sie müssen bei ihren Einkaufstouren deshalb mehr Geld aus der eigenen Tasche lockermachen – privates Kapital, genannt »Private Equity«, das sie etwa bei kanadischen Pensionskassen, englischen Versicherungen oder schwedischen Millionären zum Zwecke der Unternehmensbeteiligung eingesammelt haben.

Die Bilanz der Heuschrecken fällt ziemlich erschreckend aus. Ihre riskanten Strategien, die sie öffentlich als Selbstreinigungsprozess verstaubter Firmen verkaufen, kosten am Ende fast immer Arbeitsplätze. »Fabelrenditen«, sagt Johann Rösch, Arbeitnehmervertreter im damaligen Hertie-Aufsichtsrat, »lassen sich nur durch ein extrem hohes Risiko erzielen. Geht es schief, leiden immer die Beschäftigten.« Aber auch wenn alles gut läuft, muss in der Regel die Belegschaft bluten. Nach einer Studie der renommierten Harvard Business School in Boston beschäftigen Private-Equity-Gesellschaften zwei Jahre nach der Übernahme einer Firma sieben Prozent weniger Mitarbeiter als vergleichbare Unternehmen.

Professor Uwe Schneider, Direktor des Instituts für Kreditrecht an der Universität Mainz, ist nicht erstaunt, dass viele mit Private Equity finanzierte Firmen in der Krise als Erste ins Wanken geraten. »Eigenkapitalräuber« nennt er die gefräßigsten Heuschrecken wie KKR oder Blackstone: »Da fließt kein neues Kapital für Investitionen. Im Gegenteil: Sie saugen es aus den Unternehmen ab, um Kredite zu finanzieren und Sonderausschüttungen einzustreichen.«

Die Finanzinvestoren haben aus ihren Fehlern auf eigene Art gelernt: Wenn es mehr Pleiten gibt, dann versuchen sie eben daran zu verdienen. Derzeit legen sie Fonds auf, die Kredite

angeschlagener Schuldner aufkaufen. Und sie stellen Berater-
teams zusammen, die den Gestrauchelten gegen hohe Gebühren wieder auf die Beine helfen sollen. So lässt sich noch einmal
bei Unternehmen kassieren, die schon kräftig ausgenommen
wurden. Hauptsache, der Profit stimmt.

Fazit: Während echte und ehrliche Investoren – große oder kleine – eigenes Geld in einem Unternehmen oder in dessen Aktien
anlegen, »investieren« die Heuschrecken fast ausschließlich ge-
pumptes Geld. Und genau das macht die Investition zur reinen
Zockerei. Man stelle sich vor, alle erwachsenen Bundesbürger
würden – notfalls über die berüchtigten »Hausfrauenkredite« –
geliehenes Geld in riskante Wertpapiere »investieren« und im
Falle des Scheiterns den Weg der *Privatinsolvenz* gehen. Dann
wären sie nach sechs Jahren wieder schuldenfrei – allerdings
wäre unser Wirtschaftssystem schon vorher zusammengebro-
chen.

Der geplünderte Sozialstaat

Während es sich die Schönen und Reichen gut und besser gehen lassen, gerät unser Gemeinwesen immer tiefer in die Krise. »Sozialkassen droht 30-Milliarden-Euro-Defizit«, berichtet
Spiegel Online schon am 1. August 2009. Nach »Berechnungen« der Marktradikalen vom Rheinisch-Westfälischen Institut für Wirtschaftsforschung (RWI) werde die Bundesagentur
für Arbeit bis Ende 2010 ein Minus von rund 18 Milliarden
Euro machen, die Krankenkassen von 10,5 Milliarden Euro.
Wer sich die Elbschlösser von Blankenese und die Villen rund
um den Starnberger See ansieht, ahnt natürlich, wo das dringend benötigte Geld geblieben ist. Aber dieser Saus und Braus
ist die heiligste aller Kühe, und so fordert das RWI, die neue
Regierung müsse einmal mehr die Normalbürger melken, also
»in großem Stil Ausgaben kürzen, Beiträge erhöhen oder Steu-

ergelder zuschießen«.[145] Ähnlich äußert sich auch ein Agitator der Initiative Neue Soziale Marktwirtschaft, der Freiburger Finanzprofessor Bernd Raffelhüschen: »Wir brauchen eine neue Agenda 2010.«

Damit ist klar, dass die sozial Schwachen sich »warm anziehen« können. Und selbst vor dem Tod macht der Neoliberalismus nicht halt. »Eine angemessene Beerdigung braucht eigenverantwortliche Vorsorge«, wirbt – oder droht? – die Barmer Ersatzkasse.[146]

Auch der Sozialbericht 2009 der Bundesregierung belegt einen gewaltigen Abbau des Sozialstaates. Betrug der Anteil der Sozialausgaben 2004 noch 31,52 Prozent, so lag er 2008 nur noch bei 28,96 Prozent. Bei gleicher Quote hätten dagegen fast 120 Milliarden Euro mehr für soziale Leistungen ausgegeben werden müssen, vor allem angesichts einer älter werdenden Gesellschaft und steigenden Zahlen bei Pflegebedürftigen, Arbeitslosen und Bedürftigen. Nominal stiegen in diesem Zeitraum die Sozialausgaben um 3,6 Prozent, das Bruttosozialprodukt jedoch um 12,7 Prozent, also um fast das Vierfache.[147]

Offenbar war die schwarz-rote Koalition darauf auch noch stolz: »Ab 2004 verminderte sich das Ausgabenwachstum bis 2007 deutlich auf rd. 0,4 % p.a. Dazu beigetragen hat der im Jahr 2004 zum ersten Mal in der Geschichte der Bundesrepublik Deutschland beobachtete nominale Rückgang der Sozialleistungen. Dieser ist vor allem auf erhebliche Einsparungen in der gesetzlichen Krankenversicherung in Verbindung mit einer Nullrunde bei der Rentenanpassung in der gesetzlichen Rentenversicherung in Folge des Rentenversicherungsnachhaltigkeitsgesetzes zurückzuführen. In den Jahren danach setzte sich die verhaltene Ausgabenentwicklung in den Sozialversicherungssystemen weiter fort. Hierzu haben weitere Nullrunden bei der Rentenanpassung in den Jahren 2005 und 2006 als Folge der geringen Lohnentwicklung in den jeweiligen Vorjahren beigetragen. Trotz Einführung der neuen Grundsicherung für Arbeitsuchende stiegen die Sozialausgaben im Jahr 2005 lediglich um 0,8 %. Den Mehrausgaben durch das neue Sicherungssystem standen Minderausgaben bei der Arbeitslosenhilfe, beim Wohngeld und bei der Sozialhilfe in ähnlicher Größenordnung gegenüber.«

Kommentar der Partei Die Linke: »Nicht die demographische Entwicklung oder gar die Globalisierung sind schuld am Elend von Millionen Bürgern, sondern der von der Regierung geförderte Griff der Kapitalseigner in die Taschen der Ärmsten der Armen. Brutaler hat noch keine Regierung unser Grundgesetz und unsere humanistische Grundwerteordnung mit Füßen getreten.«[148]

Arbeitslosigkeit und Kurzarbeit

Häufig gerät in Vergessenheit, dass laut Grundgesetz »alle Gewalt« nicht etwa von den Superreichen und ihren Politikern ausgeht, sondern »vom Volke«. Daher betrifft die Formulierung »geplünderte Republik« nicht in erster Linie die Staatsverschuldung an sich, zumal die aus durchaus unterschiedlichem Blickwinkel betrachtet wird: Die einen interessiert nur das Geld, die anderen die Lebensqualität. Dies ist frei nach Karl Marx der Unterschied zwischen Tauschwert und Gebrauchswert. Letzterer ist entgegen der Pseudomathematik der Neoliberalen nicht in Zahlen auszudrücken: Arbeitslosigkeit und zunehmend auch Kurzarbeit bedeuten Verlust an sozialen Kontakten, an Selbstwertgefühl und an »erfülltem Leben«. Man kann also auch die Seele eines Menschen ausplündern. Wesentliches Resultat von Hartz IV als »Armut per Gesetz« ist die Entwürdigung. Menschen, die nach 30 Arbeitsjahren wegen einer Firmenpleite ihren Job verlieren und nun vergeblich 20 Bewerbungen pro Tag losschicken, landen in einem Topf mit tatsächlich asozialen Randgruppen, jener Spezies also, die sogar ein Karl Marx als »Lumpenproletariat« bezeichnet.

Fest steht also: Auch wer arbeitswilligen Menschen das unausgesprochene, nicht gesetzlich verankerte und daher auch nicht einklagbare Recht auf Arbeit verunmöglicht, betreibt die Plünderung der Republik. Dies freilich lässt sich auch in Zahlen ausdrücken: Laut einer Studie des Nürnberger Instituts für Arbeitsmarkt- und Berufsforschung (IAB) verlieren durch Kurzarbeit die Beschäftigten drei und die Betriebe fünf Milliarden Euro. Zudem muss die Arbeitsagentur weitere sechs Milliarden zuschießen.[149]

Nicht selten geistern dubiose Legenden über offene Stellen durch die Medien, auf die sich niemand gemeldet habe, um die Behauptung von den fast durchgängig arbeitsscheuen Hartz-IV-Empfängern zu »beweisen«. Dabei wird umgekehrt ein Schuh daraus. So beklagt die Bundesagentur für Arbeit, dass viele Unternehmen Hartz-IV-Empfänger von vornherein aussortieren.

Übrigens steht die Politik bei der »Hetze gegen die Arbeitslosen« *(Berliner Zeitung)* in der ersten Reihe. »Es ist der immer wieder von Politikern erhobene Pauschalvorwurf«, schreibt Regine Zylka, »sie missbrauchten Steuergelder und machten es sich bequem. Das ist keine Arbeitsmarktpolitik, sondern sozialpolitische Hetzerei.«[150]

Mit in vorderster Front ist zuweilen auch der Bundesrechnungshof. »Schlechte Betreuung von Arbeitslosen, teure Mängel bei Ein-Euro-Jobs«, kommentiert *Spiegel Online* schon im Juli 2008 einen Bericht der obersten Finanzprüfer über die Job-Center: »Die Kritik ist vernichtend.« Und natürlich geht es nach der traditionellen deutschen Methode »nach oben buckeln, nach unten treten« wieder gegen die vermeintlich oder tatsächlich Schwächsten der Gesellschaft. »Extremen Missbrauch« gebe es bei den Ein-Euro-Jobbern: Bei zwei Dritteln der geprüften Maßnahmen sei mindestens eine Voraussetzung zur Förderung nicht erfüllt gewesen. Dennoch habe man dafür über eine Milliarde Euro ausgegeben. Die Rechnungshöfer hatten ihre Erkenntnisse aus Untersuchungen der Job-Center in Berlin, Hannover, Köln, München und Stuttgart. Die Aufgaben von Ein-Euro-Jobbern müssten zusätzlich zu bestehenden Jobs erledigt werden und im öffentlichen Interesse liegen. »Im Pflegebereich zum Beispiel dürften sie nicht als Pfleger eingesetzt werden«, meinte Rechnungshof-Sprecherin Christine Rabenschlag. Vorlesen hingegen sei eine Aufgabe, die in ihren Tätigkeitsbereich fallen könnte.

Wer diesen gequirlten Gedankenmüll für etwas anderes als Zynismus oder unfreiwilligen Humor hält, dem sei es unbenommen.

Die Wahrheit über das vermeintlich »arbeitsscheue Gesindel« sieht dagegen anders aus: Hartz-IV-Empfänger warten im Schnitt neun Wochen auf ein sogenanntes qualifiziertes Erstgespräch bei einem Vermittler. Dann dauert es laut Rechnungshof im Schnitt noch einmal 16 Wochen, bis eine schriftliche Vereinbarung zur Eingliederung in den Arbeitsmarkt unterzeichnet ist. In jedem dritten Fall wurde überhaupt keine Vereinbarung geschlossen.

Die Betreuung von Langzeitarbeitslosen sei ebenfalls unter aller Kanone: In jedem dritten Fall hätten die Vermittler in den vergangenen drei Monaten des Bezugs von Arbeitslosengeld I die weitere Beratung eingestellt. Von der letzten Beratung bis zum ersten Gespräch bei den Hartz-IV-Stellen vergingen durchschnittlich 139 Tage.

Grund für das miserable Resultat ist laut Bundesrechnungshof vor allem die Mischverwaltung im Kontrollsystem. Einerseits seien Bund, Länder und Kommunen für die Aufgaben der Job-Center zuständig, andererseits werde die Finanzierung vorwiegend vom Bund getragen. Es sei »problematisch, wenn der

Bund nur eingeschränkte Kontrollmöglichkeiten über die von ihm finanzierten Leistungen hat«[151]. Auf Deutsch: Was kümmern uns die milliardenschweren Steuerhinterzieher, wenn wir den Ärmsten der Armen nachweisen können, dass ihnen ein Wintermantel gar nicht zusteht.

Auf eine besonders perfide Ausplünderung des Sozialstaats durch die Wirtschaft wies der Präsident des Sozialverbands VdK, Walter Hirrlinger, bereits 2005 hin, nämlich auf die Belastung der Rentenkassen durch die zahlreichen Entlassungen. Immer mehr Konzerne würden auf Kosten der Beitragszahler und Rentner Tausende Beschäftigte auf die Straße setzen und so ihre Dividenden erhöhen. Es sei ein Trugschluss zu glauben, dass für Altersteilzeit und Frühverrentung die Unternehmen aufzukommen hätten. Für die Sanierung der Konzerne müsse vor allem die Rentenkasse herhalten. Die Folge seien höhere Beitragssätze und Kürzungen der Altersbezüge für die Senioren.

Hirrlinger forderte, dass die Unternehmen künftig die Kosten für die Entlassungen finanziell alleine zu tragen hätten. »Mit dieser Plünderung der Sozialkassen versündigen sich die Arbeitgeber an der Gesellschaft.« Es sei längst an der Zeit, einen zusätzlichen Solidaritätszuschlag von den Unternehmen zu verlangen. Mit diesem Extra-Soli wären sie dann auch an den Kosten der versicherungsfremden Leistungen beteiligt. Die Politik müsse ein Stoppzeichen setzen und dürfe nicht weiter tatenlos zusehen, wie sich die Konzerne mit den Geldern der Beitragszahler sanierten.[152]

Ein noch größerer Plünderungscoup sind Kombi- und Niedriglohn. In beiden Fällen ergänzt der Staat die Einkommen der Arbeitnehmer, aber die Nutznießer sind in Wahrheit die Arbeitgeber: Ihnen werden nämlich die Lohnkosten abgenommen. Man fragt sich ohnehin, wann die ersten Großkonzerne nach dem Vorbild der Friseure nur noch drei Euro zahlen und die

Aufstockung dem Staat überlassen – zumal es ja dem Arbeitnehmer egal sein kann, von wem er sein Geld erhält.

Da laut Statistischem Bundesamt derzeit 20 Prozent aller Arbeitnehmer oder 6,5 Millionen für Niedriglohn arbeiten, wird der Staat hier jährlich um Milliardenbeträge geplündert. Ein kleiner Tipp: Eröffnen Sie doch ein Callcenter mit 20 Mitarbeitern und bitten Sie den Staat, doch freundlicherweise die Lohnkosten zu übernehmen …

Lieber reich und gesund

Ein besonders perfider Akt der Ausplünderung ist die der Kranken und Pflegebedürftigen; dass wir uns an gewisse Absurditäten mit der Zeit gewöhnt haben, ändert nichts daran. Zum Beispiel die Praxisgebühr – 40 Euro im Jahr. »Ist doch ein Klacks«, tönt die Politik, aber wenn sie diese Summe als Erhöhung des Kindergeldes oder als Rentenerhöhung lockermacht, dann ist es plötzlich ein gigantischer Betrag. Ähnlich verhält es sich mit der Zuzahlung auf Medikamente. Natürlich gibt es Ausnahmen für Bedürftige: Aber erstens ist das Eingeständnis der Bedürftigkeit seit jeher ein beliebtes Mittel der Politik zur Demütigung, um die eigentlich Berechtigten von der Wahrnehmung ihrer Rechte und Ansprüche abzuhalten. Zweitens ist es ja auch eine Form des Schröpfens des Normalbürgers, ihm pro Rezept fünf Euro abzunehmen. Drittens werden zusehends mehr Arzneien gar nicht auf Rezept verschrieben, sondern müssen »eigenverantwortlich« und zu den Phantasiepreisen der Pharmakonzerne gekauft werden. So richtig die Idee sein mag, Simulanten und Hypochonder vom überflüssigen Arztbesuch und vom exzessiven Medikamentenmissbrauch abzuhalten: Die Praxis zeigt, dass umgekehrt viele kranke Menschen weder den Arzt aufsuchen noch sich die notwendigen Pillen, Salben oder Tropfen besorgen. Dass dann aber die Kassen seit der Gesundheitsreform 2009 auch noch umso mehr kassieren, je kränker ihre Patienten dastehen, rundet das Bild der gnadenlosen Abzocke nur noch ab. Dass die Kassen aber ihrerseits jeden Cent zweimal umdrehen und daher zumindest gesetzlich Versicherte für schlechtere Leistungen mehr zahlen müssen, liegt auf der Hand.[153]

»Ärzte und Krankenkassen plündern den Gesundheitsfonds«, resümiert *Spiegel Online*. Millionen Versichertendaten würden laut Leitfaden für AOK-Mitarbeiter unter dem Aspekt der »Erlösoptimierung« geprüft. Ideal seien Krankheiten mit niedrigen Behandlungskosten, aber hohen Zuschlägen aus dem Gesundheitsfonds.

So bringt die Diagnose »psychische Verstimmung« keinen Zuschuss aus dem Gesundheitsfonds, die aus Sicht des Arztes ähnliche »leichte depressive Episode« aber 1000 Euro im Jahr. Eine »dissoziative Störung« bringt fast 2000 Euro und eine »bipolare affektive Störung« gar über 3400 Euro.

Schon jetzt ist laut *Spiegel* absehbar, dass sich künftig nur noch wenigen Menschen gar keine Krankheit anhängen lasse. So kämen in Berlin auf 100 Versicherte statistisch bereits 97 »finanziell interessante« Krankheiten, wobei einige Betroffene mehrere davon hätten. [154]

Und der Schmu nimmt System an: So zahlt die AOK Bayern den Ärzten doppeltes Honorar. »Als Gegenleistung«, heißt es in einem Brief an die Ärzte, »bitten wir Sie nochmals, eine entsprechende Codierung bei den AOK-Patienten vorzunehmen«. Auf Wunsch schickt die Kasse sogar ihre Experten vorbei, die Ärzten bei der Codierung von Krankheiten am Praxiscomputer helfen. Diese »Win-win-Situationen« für Mediziner und Versicherer sind für Norbert Klusen von der Techniker Krankenkasse »massive Fehlanreize«.

Und selbst der Chef der Hanseatischen Krankenkasse (HEK), Jens Luther, war »geradezu fassungslos, als er feststellte, dass sein Arzt bei ihm plötzlich die chronische ›Ösophagitis‹, außerdem Reflux und andere Erkrankungen der Speiseröhre diagnostizierte, obwohl er nur unter leichtem Sodbrennen litt. Dem Kassenchef allerdings kann's nur recht sein. Seine »Krankheit« bringt der HEK jährlich 912 Euro aus dem Gesundheitsfonds ein.

Extremstes Beispiel aber dürften jene Augenärzte sein, die insgesamt über 10 000 HIV-Infizierte meldeten, die meisten über 65. Sogar die über 80-jährige Mutter eines Kassenmanagers soll sich noch angesteckt haben. Schuld soll übrigens eine fehlerhafte Software sein, der Hersteller sprach von »Anwendungsfehlern«, aber was soll's? Der Kasse bringt es 10 000 Euro im Jahr, plus der Ersparnis für die gar nicht benötigten teuren Medikamente.[155]

Die Pointe: Bei der Vielzahl der dubiosen Fälle ist schon der Gedanke an wirksame Kontrollen völlig abwegig. »Normalerweise«, heißt es aus Kreisen des Bundesversicherungsamtes, »fällt der Pfusch doch gar nicht auf.«[156]

Nun könnte man das Ganze durchaus als Notwehr werten: Den Krankenkassen würden im Jahre 2010 über 7,4 Milliarden Euro fehlen, warnte der Schätzerkreis für die gesetzliche Krankenversicherung bereits im Oktober 2009.[157]

Und ziemlich außen vor bleiben in der Regel die Plünderchampions, also die Pharmakonzerne.

Und die arbeiten mit Haken und Ösen. So berichtete der *Spiegel* schon 2003 über »erfundene Krankheiten«: »Pharmazeutische Unternehmen sponsern die Erfindung ganzer Krankheitsbilder und schaffen ihren Produkten auf die Weise neue Märkte … Krankheitserfinder verdienen ihr Geld an gesunden Menschen, denen sie einreden, sie wären krank. Ob soziale Phobie, Internet-Sucht, erhöhter Cholesterinspiegel, larvierte Depression, Übergewicht, Menopause, Prä-Hypertonie, Weichteilrheumatismus, Reizdarmsyndrom oder erektile Dysfunktion – medizinische Fachgesellschaften, Patientenverbände und Pharma-Firmen machen in nicht enden wollenden Medienkampagnen die Öffentlichkeit auf Störungen aufmerksam, die angeblich gravierend sind und viel zu selten behandelt werden.« Mit im Boot sitzen übrigens deutsche Professoren. Als »Mietmäuler« (Branchenjargon) kassierten sie pro Vortrag oder Auftritt auf Pressekonferenzen bis zu 4000 Euro ein »und machen offen Werbung für die entsprechenden Krankheiten und die dazu passenden Produkte«[158].

Mächtige Verbündete hat die Pharmaindustrie seit jeher in der Politik. So wurde die 1992 im Gesundheitsstrukturgesetz geplante Einführung einer Positivliste für Arzneimittel trotz mehrerer Anläufe nicht umgesetzt. Und als dies 2003 wieder einmal drohte, warf sich ausgerechnet Hessens Ministerpräsident Koch für die Pharmaindustrie in die Bresche: »Ich will, dass es dieser Industrie gutgeht.«[159] Prompt wurde das entsprechende rot-grüne Gesetz im Mai 2003 vom Bundesrat abgelehnt. Und dies, obwohl die meisten EU-Staaten, unter anderem Belgien, Dänemark, Finnland, Frankreich, Griechenland, Italien, Luxemburg, die Niederlande, Österreich, Portugal und Schweden längst eine Positivliste haben. Die Positivliste und geänderte Zulassungsverfahren sollten das gigantische Angebot von 50 000 erstattungsfähigen Präparaten auf rund 20 000 reduzieren. Kein Wunder also, dass jährlich 4000 Tonnen Arzneien im Wert von etwa vier Milliarden Euro auf dem Müll landen. Zum Vergleich: In Schweden gibt es nur 3500 Medikamente, in Frankreich nur 770, ohne dass die Menschen dort kränker wären als bei uns.[160]

Aber selbst wenn die Positivliste käme: Es ist ein Hobby der Pharmakonzerne, ständig ihre Arzneien durch neue und scheinbar stark verbesserte, in Wahrheit aber nur minimal veränderte, aber um ein Vielfaches teurere Produkte zu ersetzen.

Aber das ist noch nicht alles: Die Patienten müssen für ein

rezeptpflichtiges Medikament zuzahlen, zudem müssen die Patienten die rezeptfreien Arzneien selbst bezahlen. Alles zusammengenommen, werden der Staat und seine Bürger jährlich um mehrstellige Milliardenbeträge erleichtert.

Bezeichnenderweise attackiert inzwischen sogar Bayerns Gesundheitsminister Markus Söder die Pharmaindustrie: »Da werden großartige Gewinne gemacht. Und ich denke, wenn es darum geht, Einsparungen vorzunehmen, dann sicherlich dort – aber nicht zu Lasten der Patienten.«[161] Hier schimmert ein wenig die – wenngleich minimale – Macht des Wählers durch: Der CSU droht nach den Wahlkatastrophen in Bayern – 2008 bei der Landtagswahl 43,4 Prozent (minus 17,3 gegenüber der vorigen Wahl) und 2009 bei der Bundestagswahl 41,9 (minus 8 Prozent) – der endgültige Verlust des Status der letzten Volkspartei in den alten Ländern. Deshalb kämpfte Horst Seehofer für die Pendlerpauschale, und deshalb greift Söder jetzt die Heilige Kuh Pharmaindustrie an. Denn entgegen allem Anschein sind die CSU-Macher nicht blöd: Sie wissen sehr wohl, dass den Normalo und erst recht den simpel gestrickten Bürger die Plünderung des für ihn »abstrakten« Staatshaushalts mit praktisch unvorstellbaren Summen wie 480 Milliarden Euro für den Bankenschirm weniger aufregen als das, was er am eigenen Leibe spürt.

Und was wäre spürbarer als die Explosion seiner Krankenkassenbeiträge oder gar die rasante Verschlechterung der medizinischen Versorgung? Wer ständig mehr aus eigener Tasche zahlen muss und wer die notwendige Herzoperation oder Nierentransplantation für die kleine Tochter als für ihn unbezahlbar und somit als Privileg der Reichen sinnlich erfährt, der stimmt dem polemischen Satz »Weil du arm bist, musst du früher sterben« zu.

Einer Lobbyisten-Gang wie der FDP können derlei Fragen des Volkes wurscht sein, einer (Noch-)Volkspartei wie der CSU dagegen keineswegs. Die Partei befindet sich also – mehr noch als alle anderen Parteien – in einem Spagat zwischen der aktiven Mitwirkung an der Umverteilung von Arm und Mittel nach Reich und der halbwegs glaubwürdigen Vertretung der Interessen derer, von denen sie ja schließlich wieder gewählt werden will. Ohne eine glaubwürdige und den Umständen entsprechend humane Gesundheitspolitik dürfte dies kaum gelingen.

Opfer Mittelschicht?

Unverbesserliche neoliberale Wortführer wie etwa der Wirtschaftschef der *Süddeutschen Zeitung*, Marc Beise, sehen als am meisten ausgeplünderte Bevölkerungsgruppe die Mittelschicht. So richtig es ist, dass diese Gruppe die steuerliche Hauptlast trägt: Aber Ärzte, Apotheker, Anwälte, Architekten, Zahnärzte, Lehrer, Professoren oder Boutique-Betreiber sieht man eben recht selten bei einer Armenspeisung (»Tafel«). Wie der Name *Mittelschicht* schon sagt, handelt es sich nicht um die Ärmsten der Armen. »Es ist aber vor allem nicht gerecht, dass die Armen keine Steuern zahlen«, schreibt Beise, »aber die Mittelschicht alles schultern muss.«[162] Das mag ja so sein; aber wieso greift man dann nach der Radfahrerdevise »Nach oben buckeln, nach unten treten« die Ärmsten der Armen an, anstatt sich an die Superreichen heranzuwagen? Wieso hört man aus den genannten Berufsgruppen sehr oft die Forderung nach einer weiteren Absenkung der Hartz-IV-Sätze oder weiteren Senkungen der Einkommensteuer möglichst auf null, aber die Anregung für angemessene Steuern auf Erbschaft und Vermögen für die Superreichen eher selten? Der Textilunternehmer Wolfgang Grupp *(Trigema)* zeigt, dass es auch anders geht. Er bekennt sich ohne Umschweife zu einer echten Reichensteuer: »Wenn unser Land nach vorne gebracht werden soll, müssen wir eine Vorbildfunktion übernehmen.«[163]

Ganz anders verhält es sich mit den angestellten Mittelschichtlern, den Sekretärinnen und Supermarktkassierern, Krankenschwestern und Automechanikern, Erzieherinnen und Installateuren. Ihnen werden Lohnsteuer und Sozialabgaben automatisch vom Brutto abgezogen, und sie erhalten oft genug nicht mehr als die Hälfte ihres Ursprungsgehalts ausgezahlt, und sie können auch anders als Selbständige eher wenige Steuertricks anwenden. Für viele von ihnen war auch der verfassungswidrige vorübergehende Wegfall der Kilometerpauschale ein schwerer Schlag. Nur ist es eben nicht der verhasste Staat, der sie letztendlich ausplündert, sondern es sind diejenigen Wohlhabenden, die sich davon ihre Steuergeschenke finanzieren lassen.

Dass es auch selbsternannten Mittelschichtparteien nicht um diese tatsächlich belasteten kleinen Leute geht, ergibt sich schon aus der Tatsache, dass sich zum Beispiel die FDP seit 1994 als die »Partei der Besserverdiener« bezeichnet, auch wenn sie das vor Wahlen aus taktischen Gründen zuweilen zurücknimmt.

Plünderkomplize Gewerkschaft

Um die Frage zu klären, ob die Gewerkschaften wirklich auf der Seite ihrer Mitglieder stehen und nicht vielmehr die Arbeitnehmer im Interesse des Konzerns zu allen möglichen Eingeständnissen zu bewegen versuchen, genügen zwei klassische, beliebig auswechselbare Beispiele:
Im Mai 2008 wechselt der damalige Chef der DGB-Gewerkschaft *Transnet*, Norbert Hansen, in den Personalvorstand der Bahn. Unmittelbar zuvor hatte er im Lokführerstreik den Bahn-Vorstand gegen die eigenen Kollegen unterstützt. Die Quittung: Rund tausend Kollegen traten aus der Gewerkschaft aus. Und selbst FDP-Verkehrsexperte Horst Friedrich meinte: »Der Posten als Personalchef ist die Belohnung für die entgegen-

kommende Haltung, die Herr Hansen bisher gegenüber der Bahn eingenommen hat.« Auch *Welt Online* ist sich sicher, »dass Mehdorn ohne den Chef der größten Bahngewerkschaft seine Privatisierungspläne nicht hätte verwirklichen können«[164].

Im Januar 2007 wird der frühere VW-Arbeitsdirektor Peter Hartz vom Landgericht Braunschweig zu zwei Jahren Haft auf Bewährung plus 576 000 Euro (360 Tagessätze) Geldstrafe für Untreue und Begünstigung von Betriebsräten wegen Schmiergeldzahlungen an den ehemaligen VW-Betriebsratschef Klaus Volkert verurteilt. Laut Anklage schanzte Hartz seinem Duzfreund Volkert zusätzlich zum Gehalt »üppige Extrahonorare bis zu 290 000 Euro pro Jahr« zu. »Die Schadenssumme für den Konzern: 1 949 600 Euro.«

Darüber hinaus wurde dem »Arbeitnehmervertreter« Volkert auch seine brasilianische Gespielin finanziert. Hartz zeichnete die Rechnungen der Brasilianerin ab, obwohl sie laut Anklage »tatsächlich keine Arbeitsleistung für die Volkswagen AG erbracht« habe. »Einen schriftlichen Vertrag gab es nicht. Dennoch kassierte sie Honorare in Höhe von 398 806,33 Euro.«[165]

Einzelfälle? Würden die Mitglieder ihre Führung und Betriebsräte für integer halten, hätten wohl kaum von 2004 bis Anfang 2009 über 600 000 von bis dato 7 Millionen die Gewerkschaft verlassen. Unter dem Deckmantel »gesellschaftlicher Verantwortung« stimmen die Gewerkschafter für Lohnverzicht und Arbeitsplatzabbau, und nicht zuletzt pries bekanntlich der Intimus des damaligen Kanzlers Gerhard Schröder, DGB-Chef Michael Sommer, Hartz IV als »alternativlos«. O-Ton Schröder im August 2004: »Ich bin froh, dass der DGB gesagt hat, dass er sich an den Demonstrationen nicht beteiligt – das ist eine große Leistung von Herrn Sommer.«[166] Es ist also keineswegs übertrieben, den DGB als Ordnungsfaktor und als Gehilfen bei der Plünderung der Republik zu empfinden.

Die doppelte Rentenlüge

Bevorzugtes Feld der Umverteilung vom Gemeinwesen auf Konzerne ist das Rentensystem. So erpressten im Herbst 2003 die privaten Versicherer fünf Milliarden Euro mit der Drohung, sie würden sonst Pleite machen. Die damalige CDU-Opposition nannte das rot-grüne Rettungspaket »Politik auf Zuruf von Interessenvertretern«.[167]

Ein ständiger Geschenkposten zum Wohle der Versicherer ist dagegen die Riester-Rente, die der Staat jährlich mit etwa zwei Milliarden Euro unterstützt. Dieses Geld fehlt natürlich der gesetzlichen Versicherung, und selbst in der SPD-Fraktion wurde erkannt, man müsse wegen dieses Geschenks zwei Milliarden Euro in der Rentenkasse einsparen. Es ist also keineswegs der »demographische Faktor«, der das staatliche Rentensystem ruiniert, sondern neben dem absurden Steuersystem, das die »starken Schultern« schont, die Umverteilung zugunsten der Privaten.

Wer allerdings daraus schließt, die staatlichen Vorsorgeinstitutionen seien die Guten, erlebt eine Überraschung. Ausgerechnet die Deutsche Rentenkasse legte bei Lehman Brothers mindestens 44,5 Millionen Euro an. Wie viel davon verloren ist, werden Politik und Gerichte zu klären haben.

Dennoch bleibt die Tatsache bestehen, dass die Sicherung der Menschenwürde auch im Alter zu den Grundsätzen des Sozialstaates gehört. Insofern war Norbert Blüms Versprechen »Die Renten sind sicher« durchaus richtig, auch wenn es nicht eingehalten werden konnte.

Geradezu sprichwörtlich ist die Plünderung der Rentenkassen durch versicherungsfremde Leistungen wie etwa die Kosten für die deutsche Einheit. Nun könnte man sagen, auch dieses Geld käme dem Bürger zugute; schließlich sei die Einigung ja gewollt. Diese Position aber unterliegt dem Irrglauben, das Geld käme unmittelbar den ostdeutschen Brüdern und Schwestern zugute. In Wahrheit fließt es zumeist an – nicht selten – westdeutsche Konzerne, zum Beispiel für die Restauration von Straßen oder den Bau von Schwimmhallen. Dies aber bedeutet schon rein logisch, dass die Beitragszahler der Rentenversicherung die Profite privater Unternehmen finanzieren und selbst trotz lebenslangen Einzahlens zum Abschluss halbseidener Zusatzversicherungen wie der Riester-Rente gezwungen sind.

Dabei hat die Behauptung, jeder müsse die staatliche durch eine private Altersvorsorge ergänzen, genauso viel mit dem Grundgesetz zu tun wie die Forderung, der Bürger müsse zur Sicherheit seiner Kinder auf dem Schulweg aus Mangel an Polizeipräsenz private Schlägertrupps engagieren. Staaten mit derartiger Praxis nennt man Bananenrepubliken.

Geplanter Lehrermangel

Über 300 000 Pädagogen werden nach Berechnungen des Bildungsforschers Klaus Klemm allein bis 2015 aus Altersgründen ausscheiden. Dem stehen aber nur jährlich 26 000 Berufsanfänger gegenüber. Und die derzeit aktiven Pädagogen, so eine OECD-Untersuchung, sind häufig schlecht auf den Schulalltag vorbereitet. Unterm Strich fehlen also nach vorsichtigen Schätzungen schon jetzt 20 000 Lehrer.

Folge des Lehrermangels wird laut Klemm ein noch härterer Wettbewerb unter den Ländern sein, vor allem in den Fächern Mathematik und Informatik. Aber selbst bei dieser Berechnung wird eine Klassenstärke vorausgesetzt, die die Schönen und Reichen für ihre Kinder als unzumutbar empfinden würden. Kurzum: Für eine menschenwürdige Ausbildung fehlen bedeutend mehr Pädagogen.

Eine besonders originelle Idee hatte die damalige Bildungsministerin Annette Schavan. Ausgerechnet die viertelgebildeten

Großkotze, deren Ideologie uns an den Rand des Ruins getrieben hat – also die Manager –, sollten in den Schulen als Lehrer fungieren. Dieser Scherz war so schlecht, dass er schon fast wieder gut war. Der Legasthenikersender Viva, der Schmuddeltalk mit Oliver Geißen und die unsäglichen Gerichtsshows wären harmlos gewesen gegen das, was die Ökonomie-Versager den lieben Kleinen aufs Auge und ins Hirn gedrückt hätten.

Die Plünderung der Schulbildung

Wenn aus Gründen der Sparsamkeit und der Privatisierung das Wort *Pisa* eines der bekanntesten der deutschen Sprache wurde und die Regierung für die indirekte Finanzierung der Boni von Pleitemanagern wie denen von der HSH Nordbank mehr Geld locker macht als etwa für die dringende Renovierung von Schulen, dann sollten unsere Politiker zum Problem »Verantwortung für morgen« lieber schweigen. Besonderer Treppenwitz: Von den vier Milliarden Euro, die der Bund von 2003 an für den Ausbau von 10 000 Ganztagsschulen zur Verfügung stellt, wurden 400 Millionen von den Ländern gar nicht erst abgerufen, und es gibt bislang auch erst 6918 solcher Schulen, die teilweise auch nicht neu geschaffen, sondern nur renoviert wurden.[168]

Derzeit besuchen nicht einmal neun Prozent der Kinder eine sogenannte »gebundene Ganztagsschule«, die für alle ein verbindliches Programm bis in der Regel 16 Uhr vorsieht. Dabei sind die Unterschiede unter den Ländern gewaltig. So gehen in Thüringen und Berlin schon über 40 Prozent der Kinder in eine Ganztagsschule – in Sachsen sogar mehr als jedes zweite Kind. In Hamburg sind es 33 und in Bremen nur 16 Prozent. Jämmerliches Schlusslicht ist Bayern, wo gerade mal vier Prozent der Schüler an einer Ganztagsschule unterrichtet werden.[169]

Geradezu beschämend aber wird es, wenn man sich vor Augen

führt, dass Deutschland nicht einmal die 70 Millionen aufbringen kann, die für ein Schulessen bedürftiger Kinder notwendig wären.[170]

Im Widerspruch zur praktischen Politik wird das Thema Bildung von allen Parteien verbal sehr hoch gehängt, aber Vorsicht: Über Bildungsinhalte wird wohlweislich nur verhalten oder am Rande diskutiert. Schließlich gilt Bildung nicht mehr als Grundrecht für alle Menschen. Sondern als Dienstleistung, die man sich leisten will und je nach Geldbeutel leisten kann oder nicht. Dem entspricht die Ablösung des Ziels der sozialen Gerechtigkeit durch das der Chancengleichheit. Motto: »Jeder hat die Chance, Astronaut zu werden!«, lästert Gerlinde Schermer, langjährige SPD-Parlamentarierin im Berliner Abgeordnetenhaus. »Wer das ›Angebot‹ nicht nutzen kann, hat eben Pech!«[171]

Hinzu kommt: Die Tests über das schulische »Wissen« entwickelt die neoliberale Bertelsmann-Stiftung. Also wird der schulische »Erfolg« an den Vorgaben einer Einrichtung gemessen, die sich die Vermarktung des Wissens und seine Verwertbarkeit auf ihre Fahnen geschrieben hat. Wer sich nicht an die Bertelsmann-Vorgaben hält, erzielt bei den Tests schlechte Ergebnisse.

Wer nämlich die Tests kontrolliert, kann auch die Inhalte bestimmen. Denn daran müssen sich nicht nur die Schüler, sondern auch die Schulen messen lassen, wenn sie nicht in dubiosen Rankings weit unten landen wollen. »Und wenn der Abfragende dann auch gleich noch die Lehr- und Lernmittel ausliefert, die die ›richtigen‹ Inhalte vermitteln, dann hat er die Herrschaft über das Bildungswesen gewonnen.[172]

Das Ganze führt zu immer mehr Privatschulen, die ihren Schülern zielgerichtet den neoliberalen Schrott eintrichtern, den sie für die Tests brauchen. »Daher zwingt man alle bildungsorientierten Schichten, einen nicht unbeträchtlichen Teil ihrer Einkommen in die ›Bildung‹ ihrer Kinder zu investieren – und damit in Wahrheit die Konzerne der Bildungsdienstleistungen zu finanzieren.«[173] Es geht also nicht nur um die Plünderung der geistigen Fähigkeiten der Schüler, sondern auch um die der materiellen Ressourcen der Eltern.

Ein absolutes Highlight in dieser Hinsicht ist das Abkassieren der Schüler für die Benutzung des WCs. »Zehn Cent für einmal Pinkeln«, spöttelt die *Süddeutsche Zeitung* über die seit kurzem gängige Praxis von immer mehr Schulen besonders in NRW. Und fertig ist die Zweiklassengesellschaft schon für die Kleinsten: Können die Eltern zahlen, dürfen die Kinder auf die sauberen Toiletten, wo eine vom Eintrittsgeld finanzierte 400-Euro-Kraft den ganzen Tag über für blitzende Waschbecken sorgt. Können die Eltern das Geld nicht aufbringen, muss der Nachwuchs auf die schäbigeren, verdreckten Klos, für deren Reinigung die klammen Kommunen zuständig sind.[174]

Noch blamabler war das Hickhack um das Schulobstprogramm der EU. Danach erhält Deutschland für das Schuljahr 2009/2010 gut 20 Millionen Euro für die Versorgung von sechs- bis zehnjährigen Kindergartenkindern und Schülern, wenn es gut 18 Millionen Euro beisteuert. Das war den Ländern – im Gegensatz zu den Milliardengeschenken für die Zockerbanken – lange Zeit zu teuer. Erst auf der letzten Sitzung vor der Bundestagswahl am 18. September 2009 gab der Bundesrat grünes Licht, wobei die Teilnahme freiwillig war. Prompt schlug ausgerechnet der rot-rote Senat in Berlin das Angebot aus. Das Schulessen enthalte bereits genug Obst und Salat, hieß es beim Senat. Allerdings kostet dies die Eltern 23 Euro im Monat. Nur »Peanuts«? Wird nicht schon eine Rentenerhöhung von 3,50 Euro als »Geschenk« gefeiert?

Nur zur Erinnerung: Die Bürger eines Sozialstaates zahlen ihre Steuern nicht dafür, dass sie Wirtschaftsgangstern und Bankstern hinterhergeworfen werden, sondern dafür, dass notwendige Aufgaben ebendieses Sozialstaates finanziert werden. Und witzigerweise sind es oft dieselben, die hier von der »Verantwortung für künftige Generationen« faseln und dort den Kindern eine halbwegs gesunde Ernährung vorenthalten.

Vor diesem Hintergrund ist es geradezu der Gipfel der Ungerechtigkeit und eine abstoßende Form der Plünderung des Staatshaushalts, dass bei den Privatschulen und Internaten der Besserverdiener sowohl profitgierigen »Investoren« als auch bestens betuchten Eltern von der Politik massenweise Geld hinterhergeworfen wird. So können Eltern 30 Prozent des Schulgeldes – Beträge bis zu 2000 Euro pro Monat sind keine Seltenheit – als sogenannte Sonderausgaben steuersparend geltend machen, sofern der Nachwuchs eine staatlich anerkannte Privatschule besucht. Zudem zahlt der Staat für die Ausbildung der verwöhnten Ableger der Steinreichen bis zu 90 Prozent der Lehrpersonalkosten.[175]

Beispielhaft für die grenzenlose Geldgier der Betreiber ist die Abmahnung von 13 Hamburger Privatschulen. Grund: Sie scheren sich einen Dreck um das gesetzlich verankerte Sonderungsverbot, mit dem der Ausschluss der Kinder weniger reicher Eltern von diesen Lehrinstituten verhindert werden soll. Entsprechend einem Urteil des Bundesverfassungsgerichts legte die Hansestadt 200 Euro im Monat als Höchstgrenze fest.

Aber da hat man die Rechnung ohne die besserverdienenden Herrschaften gemacht. Der Paragraf 35a des Sozialbuchs VIII macht's möglich: Demnach müssen Jugend- und Sozialämter auch für Internatsaufenthalte von Millionärskindern aufkommen, wenn ihnen »das Drohen seelischer Behinderungen« ärztlich bescheinigt wird. Die gesamten Kosten für die Förderungen belaufen sich laut *Bild am Sonntag* auf 400 Millionen Euro pro Jahr. Natürlich fordern die Millionäre die Leistungen durch Anwälte und Ärzte ein, und die werden schon allein beim sogenannten Zappelphilipp-Syndrom und bei Rechenschwäche auf Attest gewährt.

Kein Geld für Schulmilch. Aber bis zu 2000 Euro monatlich für den Millionärsnachwuchs werden locker bezahlt. [176]

Kirchliche Kassierer

Laut Subventionsbericht der Bundesregierung erhielten die christlichen Kirchen im Jahre 2008 rund 3,05 Milliarden Euro.[177] Diese schier unglaubliche Zahl kommt durch die steuerliche Absetzbarkeit der Kirchensteuer zustande. Dies aber bedeutet, dass die Kirchen auch von jenen Steuerzahlern finanziert werden, die ihnen gar nicht angehören. Das allerdings ist nicht nur ein Affront gegen Atheisten und Andersgläubige, sondern auch gegen diejenigen Christen, die aus der Kirche ausgetreten sind, weil sie den Amtskirchen gerade kein Geld mehr zukommen lassen wollen. Hinzu kommt, dass der Einzug der Kirchensteuer durch den Staat der grundgesetzlichen Trennung von Staat und Kirche widerspricht, ebenso wie die Tatsache, dass abhängig Beschäftigte wegen des Eintrags auf der Lohnsteuerkarte ihre Religionszugehörigkeit vor dem Arbeitgeber nicht geheim halten können (»negative Religionsfreiheit«). Alles zusammengenommen, handelt es sich um eine Form der Ausplünderung des Staates, die juristisch und moralisch auf äußerst wackligen Füßen steht.

Plünderkritik pervers

Für manche Zeitgenossen sind nicht etwa die Banken, Konzerne und Superreichen die Plünderer, sondern die kleinen Leute. »Legale Plünderei« ist es für *Focus Money*, wenn Bürger ihre Rechte in Anspruch nehmen. So wird der Ratgeber *Mein Recht auf Sozialhilfe* des Sozialrechtsprofessors Albrecht Brühl als

»Anleitung zur Plünderung des Sozialstaates« diffamiert. Beileibe nicht nur »Florida-Rolf« und »Viagra-Kalle«, sondern pauschal alle Hartz-IV-Empfänger gelten den Neoliberalen und dem Mob sowieso als Sozialschmarotzer, wobei der Pöbel sogar Rückendeckung vom damaligen Kanzler Gerhard Schröder bekam: »Es gibt kein Recht auf Faulheit in unserer Gesellschaft.« Und wenn Niedriglöhner wie etwa Friseurinnen mit drei Euro brutto pro Stunde noch weniger verdienen, dreht man den Spieß einfach um: Da es ungerecht sei, wenn man ohne Arbeit mehr hat als mit, müssten nicht die Friseure mehr Geld erhalten, sondern die Arbeitslosen weniger.

Altbundespräsident Roman Herzog zählt sogar die Senioren zu den Plünderern. Nach einer Rentenerhöhung von mickrigen 1,1 Prozent sprach er davon, dass »die Alten die Jungen ausplündern«.[178] In diesem Zusammenhang erstaunt es einen immer wieder, dass gerade die wahren Asozialen, nämlich die meisten Bezieher leistungsloser Rieseneinkommen, jede Kritik an halbseidenen oder gar quasikriminellen Steinreichen und deren horrenden Subventionen oder aberwitzigen Steuergeschenken als »Sozialneid« diffamieren, während sie selbst, ihre Politiker und ihre Medien kaum eine Möglichkeit ungenutzt lassen, den Neid gegenüber den Ärmeren und sogar den Normalbürgern systematisch zu schüren. Unvergessen sind die Ausfälle des damaligen Berliner Finanzsenators Thilo Sarrazin, der den Hartz-IV-Empfängern einen Speiseplan für 4,25 Euro vorschlug und gegen einen Mindestlohn von 7,50 Euro stänkerte: Er selbst (Gehalt über 10 000 Euro) würde auch für fünf Euro arbeiten.

Dass »der Brandstifter« (*Frankfurter Rundschau*) seine Hasstiraden mit zumindest stillschweigender Billigung Klaus Wowereits absondern konnte, ergibt sich aus der simplen Tatsache, dass er nicht sofort hinausgeworfen wurde, sondern noch mehr als ein Jahr Stimmung gegen die Unterschichten machen durfte, bevor er im Mai 2009 auf Vorschlag der Länder Berlin und

Brandenburg zur Bundesbank wechselte. Dort wiederum legte er erst richtig los: »Türkische Wärmestuben können die Stadt nicht vorantreiben ... Die Araber und Türken haben einen zwei- bis dreimal höheren Anteil an Geburten, als es ihrem Bevölkerungsanteil entspricht. Große Teile sind weder integrationswillig noch integrationsfähig ... Die Türken erobern Deutschland ... durch eine höhere Geburtenrate. Das würde mir gefallen, wenn es osteuropäische Juden wären mit einem um 15 Prozent höheren IQ als dem der deutschen Bevölkerung.« Urteil des Zentralrats der Juden: »Sarrazin steht in der Tradition Hitlers.« Schließlich wurde es sogar den Strafverfolgungsbehörden zu bunt: »Sarrazin beschäftigt die Justiz«, titelte die *Berliner Morgenpost* am 1. Oktober 2009. »Die Staatsanwaltschaft prüft ein Verfahren wegen Volksverhetzung.«

6. Der enteignete Staat

Die Privatisierung der Infrastruktur bedeutet in neunzig von hundert Fällen eine empfindliche Verschlechterung der Lebensqualität: Wucherpreise, Unzuverlässigkeit oder beides:
Wozu die hemmungslose Profitgier führt, zeigt beispielhaft der Skandal um die Berliner S-Bahn im Sommer 2009, der unter anderem zur Auswechslung des gesamten Vorstands führte. Nach einem Radbruch am 1. Mai hatte man sich zu bestimmten Fristen bei der Überprüfung ihrer Züge verpflichtet, sich aber nicht daran gehalten. Daraufhin hatte das Eisenbahn-Bundesamt einen großen Teil der Fahrzeuge stillgelegt, was zu Verspätungen und dazu führte, dass zeitweilig aus Sicherheitsgründen nur noch jeder vierte Zug fahren konnte. Dass sich dasselbe Chaos im Spätsommer wiederholte – diesmal wegen defekter Bremsen –, ließ den Dauer-Skandal fast zur tragikomischen Klamotte mutieren.

Der Hintergrund: Um dem Mutterkonzern Deutsche Bahn einen Gewinn melden zu können, hatte man Werkstätten geschlossen, fahrfähige Züge verschrottet sowie Mitarbeiter versetzt oder nach Hause geschickt. Und wie das Gescherr, so der Herr: »Pünktlich wie die Bundesbahn« war gestern; heute ist Profitwahn – bei der Deutschen Bahn selbst sind bekanntlich Klagen über Unpünktlichkeit, ständige Preiserhöhungen, unübersichtliche Tarife, miserablen Service seit Jahren ein Dauerbrenner. »Der ›schlanke Staat‹ wird magersüchtig«, schreibt Sebastian Christ im *Stern*. »Wenn sich ein Unternehmen wie die Deutsche Bahn kaputtspart, betrifft das nicht nur einzelne Menschen, sondern einen großen Teil der Bevölkerung.«[179]

Auch in der Energiebranche paaren sich miserabler Service mit »Preiswucher«: Im November 2006 verursacht E.on einen Stromausfall in weiten Teilen Europas. Das Unternehmen muss die Schuld einräumen, allerdings sei es »menschliches Versagen« gewesen.[180]

Im Juli 2009 verhängt die EU-Kommission gegen den Energiekonzern E.on eine Kartellstrafe von 553 Millionen Euro, weil er sich mit dem französischen Gasmonopolisten GDF Suez über die Aufteilung der Märkte, also de facto über die Gaspreise abgesprochen haben soll. Die Gesamtstrafe ist mit 1,1 Milliarden Euro eine der höchsten jemals verhängten Geldbußen.

»Ausplünderung« nennt der Bund der Energieverbraucher das Verhalten der Konzerne E.on und RWE. Auch in Deutschland gebe es keinen Wettbewerb. Der sei lediglich »Fassade« und fördere einzig die Machtposition der beiden Strom- und Gasriesen. Während die nämlich im Vergleich mit anderen Branchen deutlich höhere Gewinne einheimsten, würden die Verbraucher in Deutschland jährlich Milliarden Euro zu viel für Strom und Gas bezahlen.[181]

Ein Kapitel für sich ist die Solarbranche. Rund 35 Milliarden in den kommenden 20 Jahren kosten allein die bislang vorhandenen Anlagen die Verbraucher, und alle Pläne zur Kürzung der Subventionen wurden bislang abgeblockt – auch mithilfe einer mächtigen Lobby, in vorderster Front der Bundestagsabgeordnete Ulrich Kelber (SPD), der nicht nur neben der baden-württembergischen Umweltministerin Tanja Gönner (CDU) Ende 2008 den »Deutschen Solarindustriepreis« des *Bundesverbands Solarwirtschaft* (BSW) erhielt, sondern von zwei Solarkonzernen auch noch insgesamt 90 000 Euro für den vergangenen Wahlkampf.[182] Übrigens sagte ebendieser MdB Kelber auf die Frage, warum Deutschland die UN-Konvention gegen Korruption noch immer nicht ratifiziert habe, »dass die meisten Forderungen der UN- und der Europaratskonvention in Deutschland längst geltendes Recht sind, Korruptionsbekämpfung also auch ohne diese Ratifizierungen einen hohen Stellenwert hat«[183].

Zu Zeiten der staatlichen Deutschen Bundespost kam man mit der Ausrede »Ich habe den Brief nicht bekommen« kaum durch. Seit Gründung der privaten Deutschen Post AG im Jahre 1995 aber wird kaum ein Freund, Geschäftspartner oder Gericht diese Möglichkeit für absurd erklären. Botendienste haben Hochkonjunktur, und nicht selten werden zum Beispiel Mahnungen gleich in fünffacher Ausfertigung verschickt – damit wenigstens ein Brief ankommt. Denn auch bei der Post hält man Profitgier um jeden Preis für einen »Sachzwang«, und folglich wird auch beim Briefversand »an allen Ecken gespart, auch beim Personal«.[184]

Das Zauberwort heißt »Outsourcing«, also die Ausgliederung weiter Teile der Zustellung, fast 1000 Bezirke allein beim Paketdienst. Und auch die Briefkästen werden inzwischen großenteils von billigsten Subunternehmen geleert, vom Pizzaservice, von osteuropäischen Firmen. Von welchen Menschen genau, lässt sich kaum feststellen: Das Personal wählt der Subunternehmer aus, dem die Post natürlich nur Niedrigpreise zahlt. Da man aber erfahrungsgemäß für wenig Geld meist mindere Qualität erhält, war das Ergebnis vorprogrammiert: Tagtäglich verschwinden Tausende von Briefen und Päckchen. Aber die Post-Oberen sehen das ganz entspannt. Sind ja nicht ihre Briefe und Wertsachen, die da verschwinden: »Gegen organisierte Kriminalität sind auch wir nicht gefeit«, sagt so etwa Post-Sprecher Dirk Klasen.

Dass man das Nachtflugnetz eingestellt hat und die Post mit LKWs zum Beispiel von München nach Hamburg kutschiert, montags weniger Briefträger einsetzt und samstags gar keine Post mehr austragen wollte, rundet das Bild nur noch ab. Auch hier gilt: Was ist das für ein System, bei dem sich stetig steigende Arbeitsproduktivität nur in Konzernbilanzen und Kontoauszügen einiger weniger niederschlägt, für die Bevölkerung aber Senkung des Lebensstandards bedeutet?

Auch das ist Plünderung der Republik.

Eine sprudelnde Quelle des Riesenreibachs der Konzerne ist auch die Wasserversorgung. So kassieren nach dem Verkauf von 49,9 Prozent der Berliner Wasserbetriebe im Jahre 1999 durch den damaligen CDU/SPD-Senat die RWE und Veolia munter mit: Weit über 100 Euro pro Einwohner Reingewinn werden geschätzt, und die Preise steigen und steigen. Mittlerweile ist Berlin bundesweit Spitze: Nach einem Gutachten des Verbands Berlin-Brandenburgischer Wohnungsunternehmen bezahlen die Berliner mit 5 Euro pro Kubikmeter gut 60 Prozent mehr als die Kölner oder Münchener. Kein Wunder also, dass die entsprechenden Verträge bis heute geheim gehalten werden. Ein Volksbegehren für deren Offenlegung und den Rückkauf der Wasserbetriebe lehnte der rot-rote Senat im März 2008 als unzulässig ab. Mit 36 000 gültigen Unterschriften seien die formalen Voraussetzungen zwar erfüllt worden, doch der vorgelegte Gesetzentwurf sei verfassungswidrig.

Deshalb bleibt es wie gehabt. »Wasser bleibt ein teures Gut«, titelt der *Tagesspiegel* im Februar 2009. Und Gabriele Francke von der *Verbraucherzentrale* stellt fest: »Die Wasserpreise sind eine Katastrophe.« Seit 2003 seien die Preise um bis zu 30 Prozent gestiegen.

Der Skandal: Während die Privatisierung der öffentlichen Grundversorgung ohnehin schon unverantwortlich ist, so wird sie vollends zum Skandal, wenn schon allein die technischen Bedingungen gar keine Konkurrenz zulassen. Wenn also »bloß staatliche Monopole in private umgewandelt werden«, schreibt Gereon Asmuth in der *taz*, »nennt man das nicht Liberalisierung, sondern Ausbeutung«.[185]

Fazit: Wichtige Kernbereiche des Staates – hier wäre der Begriff *systemrelevant* wirklich angebracht – in die Hände von mehr oder minder zwielichtigen, in jedem Fall aber profitorientierten privaten Investoren zu legen und damit das Wohl oder Wehe einer ganzen Gesellschaft den unergründlichen Gesetzen des Marktes zu überlassen, führt über kurz oder lang in die Katastrophe, wie die Finanzkrise zeigte. Ähnliches räumte sogar die Deutsche Bank ein, als sie die Verstaatlichung der Energiekonzerne forderte.

Überlässt der Staat nämlich seine Kernaufgaben irgendwelchen skrupellosen Renditejägern, so leiden nicht nur die Bürger, sondern auch alle anderen Unternehmen und Branchen darunter. Außer durch eine überteuerte und störungsanfällige Energieversorgung hat die Gesamtwirtschaft empfindliche Nachteile besonders durch Unberechenbarkeit oder Preistreiberei in Infrastrukturbereichen wie Post oder Bahn, Müllbeseitigung oder Wasserversorgung. Wenn das nicht funktioniert oder unbezahlbar wird, bedeutet dies empfindliche Konkurrenznachteile und schadet »dem Standort Deutschland«, um einmal die Sprache der Neoliberalen zu verwenden.

Zyniker könnten sagen: Wenn sich die Konzerne gegenseitig ausplündern, kann das dem Volk ja egal sein. In Wahrheit aber haben als letztes und schwächstes Glied in der Kette die Bürger den Schwarzen Peter, ob nun in Form steigender Preise, mangelnder Qualität der Waren und Dienstleistungen oder des Verrottens ihrer Umgebung.

7. Man gönnt sich ja sonst nichts: Diäten und Amtsbezüge

Vorweg: Der Unmut über die Höhe von Einkommen im Allgemeinen und Politikereinkünften im Besonderen hängt in einer uns als solcher dargestellten *Leistungsgesellschaft* stets damit zusammen, ob die Betreffenden sich ihren Verdienst verdient haben. Ein Bill Gates, Bob Dylan oder Boris Becker haben den Menschen Nutzen oder viel Freude gebracht; ihnen gönnt der Normalbürger die Millionen eher als einem verwöhnten jugendlichen Erben, dessen Familie seit fünf Generationen nicht mehr arbeiten muss. Ähnlich in der Politik: Wer hätte einem Willy Brandt, Herbert Wehner, Gustav Heinemann, Hans-Dietrich Genscher oder gar Helmut Schmidt je die Einkünfte geneidet? Dass genau dies aber unseren aktuellen Politikern widerfährt, hängt keineswegs mit einer »Neidzunahme« im Volk zusammen, sondern mit dem, was sie abliefern.

In einer Königssuppe ist kein König drin, und Diäten haben nichts mit Abnehmen zu tun, schon gar nicht finanzieller Art. So kassiert unsere Kanzlerin etwa 15 833 Euro brutto und 2000 Euro Zuschläge plus 12 270,96 Euro steuerfreie Dienstaufwandsentschädigung monatlich, ein Minister 12 860 plus 3681,36 Euro.

Auch die Übergangsgelder haben es in sich. Ein arbeitsloser Ex-Minister erhält für drei Amtsjahre rund 250 000 Euro in den drei folgenden Jahren. Selbst bei nur einem Tag Amtszeit gibt es noch 57 000 Euro.[186]

Auch die Abgeordneten müssen nicht zum Sozialamt: Sie erhalten seit 1. Januar 2009 – wenn auch steuerpflichtig – monatlich 7668 Euro. Die steuerfreie Kostenpauschale von derzeit 3782 Euro wird jährlich den Lebenshaltungskosten angepasst. Die Erhöhungen an die Beamtenbesoldungsgruppe B6 und R6, also an die Bezüge von Bürgermeistern mittelgroßer Städte mit bis zu 250 000 Einwohnern und von Richtern an einem obersten Gerichtshof des Bundes, zu koppeln vermeidet zum einen die leidige öffentliche Debatte. Zum anderen führt der Innenminister die Verhandlungen über Beamteneinkommen: Da Wolfgang Schäuble aber auch MdB ist, bestimmt er über sein eigenes Einkommen mit.

Darüber hinaus erhalten die Abgeordneten noch Sonderleistungen: So können sie alle Verkehrsmittel der Deutschen Bahn gratis nutzen, und im Raum Berlin steht ihnen zusätzlich ein Dienstwagen aus der Flotte des Bundestages zur Verfügung. Außerdem werden die Kosten von Flug und Schlafwagen auf Nachweis sowie die Ausgaben für Telekommunikation, Büro und Geschäftsbedarf bis zu 9000 Euro monatlich beglichen.

Und auch für das Alter ist vorgesorgt: Nach einem Jahr Bundestag stehen einem Ex-Abgeordneten rund 192 Euro zu, vom 2. bis zum 27. Jahr erhöht sich die Pension um 3 Prozent pro Jahr auf maximal 67,5 Prozent oder derzeit 5175 Euro. Wer vor 2008 schon MdB war, dem bringen acht Jahre Bundestag ab dem 65. Lebensjahr immerhin monatlich 1722 Euro Pension, 18 Jahre sogar 4697 Euro und zwar schon mit 55 Jahren.

Am 7. Mai 2008 verordnet sich die Bundesregierung per Gesetzentwurf die Erhöhung ihrer eigenen Einkommen für 2008 und 2009 um insgesamt 770 Euro. Nach massiven Protesten aus der Bevölkerung und sogar aus den eigenen Fraktionen sowie dem Verzicht des Bundestages auf eine Diätenerhöhung sieht auch das Kabinett schon 14 Tage später notgedrungen von der Anhebung ab.

Nun geht es in erster Linie nicht um eine »Neiddebatte«. Klar ist aber auch, dass es sich um Volks- und nicht um Versicherungsvertreter handelt – auch wenn manch eine(r) entsprechende Nebeneinkünfte etwa als Aufsichtsrat erhält. Man sollte nicht dem Volk Wasser predigen und selbst Sekt trinken – nicht einmal Prosecco.

So richtig die Begründung für die Alimentierung unsrer Volksvertreter ist – es sollen Normalsterbliche und nicht nur Millionärserben in den Parlamenten vertreten sein –, so fragwürdig ist eine exzessive Auslegung dieser Idee. Gradmesser für das Einkommen unserer Volksvertreter muss also der Verdienst von Otto Normalverbraucher sein und nicht der eines gerissenen Wirtschaftsbetrügers. Und wenn immer gesagt wird, wir müssen unseren Politikern den materiellen Anreiz geben, in der Politik statt in den Untiefen der teils sogar legalen Wirtschaftskriminalität aktiv zu werden, stellt sich die Frage, ob wir unter 80 Millionen Menschen nicht wenigstens eine Handvoll ehrlicher Häute finden.

Insofern liegen zwischen dem Selbstverständnis früherer und heutiger Politiker Welten. Der damalige Bundeskanzler Helmut Schmidt zum Beispiel lehnte stets sogar das Bundesverdienstkreuz ab, weil er seine Tätigkeit als Selbstverständlichkeit sah. Gerhard Schröder dagegen – im Brionizwirn und mit einer Edelzigarre der Marke Cohiba im Mund – demonstrierte dem Volk genau jenen Menschenschlag, den man früher »Parvenü« nannte.

Hinzu kommt das private Wellness-Programm unserer Kanzlerin. »Kohls U-Bahn kommt bei Merkel an«, lästerte *Financial Times Deutschland*. Vom damaligen Kanzler Helmut Kohl geplant, bricht die neue Berliner Kanzlerinnen-U-Bahn U55 mit einem Preis von 320 Millionen Euro für 1,8 Kilometer Gleislänge und einer Bauzeit von 13 Jahren alle Rekorde.

Wer nun über die Rundumsorglos-Alimentierung unserer einheimischen Volksvertreter die Nase rümpft, hat sicher noch nichts von den Zuständen im EU-Parlament gehört. Weil einem Rentenfonds nach Fehlspekulationen durch riskante Aktienzockerei 120 Millionen Euro fehlen, fürchten EU-Parlamentarier um ihr Ruhegeld. Nun soll der Steuerzahler noch mehr zur Kasse gebeten werden als ohnehin schon. Bislang nämlich zahlt ein Abgeordneter knapp 1200 Euro im Monat, und der Steuerzahler gibt noch einmal das Doppelte dazu. Nach zwanzig Jahren dann soll der Fonds eine Zusatzrente von mehr als 5500 Euro monatlich garantieren.[187] Schon 2005 bemängelte der Europäische Rechnungshof das Fehlen einer »ausreichenden Rechtsgrundlage«. Für das vorwiegend mit öffentlichem Geld finanzierte System existieren bis heute weder eine Transparenz- noch eine Rechenschaftspflicht. Die Liste der etwa 1000 betroffenen früheren und aktiven Abgeordneten wird weiter geheim gehalten.[188]

Als sei dies noch nicht genug, verfährt das EU-Parlament jetzt nach der Devise *Doppelt hält besser*. Gegen angebliche Doppelbesteuerung wie bei der Vermögenssteuer laufen einige Kreise der Politik Sturm, gegen Doppelverdienen haben sie nichts einzuwenden, im Gegenteil. Nach dem neuen EU-Abgeordnetenrecht vom Juli 2009 sind nationale Pensionen nicht mehr anrechnungspflichtig. So kassiert der EU-Parlamentarier Jo Leinen (SPD) neben 7665 Euro Diäten noch etwa 7000 Euro Pensionen aus seinem früheren Job als Umweltminister im Saarland. Die Hamburger Ex-Sozialsenatorin Birgit Schnieber-Jastram (CDU) erhält 5500 Euro Pension zusätzlich, die Saarländerin Doris Pack behält ihre Lehrerpension und Michael Theuner (FDP) sein Altersruhegeld als Bürgermeister der Stadt Horb am Neckar.[189]

Nur zur Erinnerung: Auch die EU-Diäten werden nicht von Frau Holles Goldmarie bezahlt, sondern zu großen Teilen vom deutschen Steuerzahler.

Dienst ist Dienst

Der Staatsdienst muss zum Nutzen derer geführt werden, die ihm anvertraut werden, nicht zum Nutzen derer, denen er anvertraut ist.

Marcus Tullius Cicero

Als der damaligen Gesundheitsministerin Ulla Schmidt in Spanien der Dienstwagen geklaut wurde, war dies reines Pech; dass der etwa 100 000 Euro teure S-Klasse-Mercedes dann wohlbehalten wieder auftauchte, reines Glück. Wie viel Kosten die Ministerin dabei dem Steuerzahler verursacht hat, könnte man im Zeitalter der Milliarden-Rettungspakete für unwichtig erklären, zumal Schmidt darauf bestand, dass sie das alles durfte, selbst den 15-jährigen Sohn des Chauffeurs mitzunehmen.

Die Frage ist nur, ob der Bürger alles juristisch Zulässige auch für moralisch vertretbar hält: Das letztlich macht den Unterschied zwischen legal und legitim:

Dass es in ihrem Fall »nicht allein um die Feinheiten einer Dienstkraftfahrzeugrichtlinie der Bundesverwaltung geht«, wundert sich Philipp Wittrock in *Spiegel Online,* »kommt der Ressortchefin bisher nicht in den Sinn. Dass über Paragrafen und Regeln hinaus manchmal auch politischer Instinkt und Fingerspitzengefühl gefragt sind, dass sie mit ihrer Gedankenlosigkeit und ihrer trotzigen Verteidigung beim Bürger gerade jene Verdrossenheit fördern könnte, die Politiker ansonsten immerzu beklagen, all das scheint für Schmidt kein Thema zu sein.«[190]

Andererseits erinnern wir uns noch gut, dass im Frühjahr 2009 eine Supermarktkassiererin entlassen wurde, weil sie einen Getränkebon für 1,30 Euro eingesteckt hatte, der rein juristisch nicht einmal Eigentum des Supermarkts, sondern des Bon-Verlierers war.

Wahlkampf de Luxe auf Staatskosten

Rund 62 Millionen Euro verpulverten die Parteien im vergangenen Bundestagswahlkampf, davon die SPD 27 und die CDU 20 Millionen.

Dieser Wahlkampf – vorwiegend bestehend aus Luftballons, Kugelschreibern und nichtssagenden Plakaten – wurde im Wesentlichen vom Steuerzahler finanziert: Im Jahre 2008 zum Beispiel kassierte die CDU 43,59 Millionen Euro, die SPD 43,49, die CSU 11,28, die Grünen 10,21, die FDP 10,14 und die Partei Die Linke 9,47 Millionen Euro. Insgesamt blieb man mit 132,45 Millionen Euro nur knapp unter dem gesetzlichen Höchstsatz von 133 Millionen.

Nun hat staatliche Alimentierung der Parteien ebenso wie der Volksvertreter das richtige Ziel, politische Betätigung unabhängig vom Geldbeutel zu ermöglichen. Kaum jemand will Zustände wie in den USA, wo dies nur Millionären oder von Konzernen Gesponserten vorbehalten bleibt. Andererseits ist es ein Unding, wenn die Parteien seit einigen Jahren beharrlich versuchen, ihren Mitgliederschwund durch höhere öffentliche Subventionen auszugleichen. Deshalb will der Bund der Steuerzahler das System der Wahlkampfkostenerstattung schleunigst »auf dem Prüfstand« sehen.[191]

Ritter vom schnellen Euro: Die Berater

Es ist eine Binsenweisheit, dass nur diejenigen externe Fachkräfte benötigen, die selbst über zu wenig Fachwissen verfügen. Deshalb operieren wir uns nicht selbst, sondern gehen zum Arzt, oder bestellen lieber einen Installateur, ehe wir durch versehentliches Anbohren einer Gasleitung den gesamten Häuser-block in die Luft jagen. Wie aber steht es mit dem ungeheuren Beraterkonsum der Bundesregierung?

Sie selbst hat nicht einmal einen kompletten Überblick, wo und wie viel sie für Pseudo-Experten an Steuergeldern verpulvert: über die externen Berater- und Gutachterverträge, die in ihrem Auftrag an Sachverständige und Anwaltskanzleien vergeben werden, wie der Bundesrechnungshof im Sommer 2009 fest-stellte. Insbesondere monierten Deutschlands höchste Finanz-prüfer, dass es nach wie vor kein einheitliches Berichts- und Kontrollverfahren in den Ministerien gebe. Zudem würden Be-raterverträge zum Teil nicht ausgeschrieben und es sei »nicht sichergestellt«, dass die Notwendigkeit und Wirtschaftlichkeit von Beratungsleistungen ausreichend geprüft wird. In Einzel-fällen seien externe Berater sogar mit der Überprüfung der ei-genen Beratungsleistungen beauftragt worden.

Insgesamt schüttete die schwarz-rote Bundesregierung allein im Jahr 2008 rund 40 Millionen Euro für externe Beratung aus, wobei nur die Verträge enthalten sind, deren Wert über 50 000 Euro liegt. Spitzenreiter bei der Beauftragung Externer war 2008 Finanzminister Peer Steinbrück (SPD) mit rund 12,5 Millionen Euro, gefolgt von Bundesinnenminister Wolfgang Schäuble (CDU) mit 10,2 Millionen Euro und Bundesverkehrs-minister Wolfgang Tiefensee (SPD) mit 8,2 Millionen Euro.

Die Zuarbeit externer Fachleute bei Gesetzen oder Verordnun-gen ist in der gesamten Bundesregierung längst übliche Praxis. In der Antwort auf eine parlamentarische Anfrage der Links-partei hatte die Regierung im März 2009 erklärt, in der laufen-den Legislaturperiode seien bis dato bei 17 Gesetz- und Ver-ordnungsentwürfen solche Beratungsleistungen in Anspruch genommen worden.

Das höchste Einzelhonorar – rund 1,1 Millionen Euro – wurde einer Aufstellung zufolge 2007 bei einem Gesetzentwurf zur

Neuorganisation der Eisenbahnen fällig, für den einmal mehr Verkehrsminister Tiefensee verantwortlich ist. Und er konnte es nicht lassen: »Tiefensee lässt sich von Lobbyisten beraten«, titelt der *Tagesspiegel* im Juni 2009. »Eine Münchner Kanzlei begleitet Projekte des Bau- und Verkehrsministeriums – und hilft Mandanten, Genehmigungen beim Hause Tiefensee zu erhalten.« Für Volker Wissing, den damaligen Obmann der FDP im Finanzausschuss, ist es »ein Unding, wenn die Bundesregierung sich Stellungnahmen von Lobbyisten schreiben lässt«. Dann sei es wenig verwunderlich, »wenn auch die späteren Entscheidungen entsprechend ausfielen«[192].

Auch beim Ergänzungsgesetz zur Finanzmarktstabilisierung – einer Angelegenheit des Ressorts von Finanzminister Peer Steinbrück – wurde externer Sachverstand genutzt. Eine Honorarhöhe nannte die Regierung dazu in der Aufstellung wohlweislich nicht.

Ein typischer »Einzelfall« war natürlich die »Hilfe« einer Anwaltskanzlei zum Gesetzesvorschlag des Wirtschaftsministeriums für ein neues Banken-Rettungsmodell, über die die damalige Bundesregierung in Streit geriet. So warf Bundesjustizministerin Brigitte Zypries ihrem Kabinettskollegen Guttenberg Verschwendung von Steuergeldern vor. »Es ist unverantwortlich, eine große Wirtschaftskanzlei zu beauftragen, statt den vorhandenen Sachverstand innerhalb der Bundesregierung zu nutzen.« Das Wirtschaftsministerium wies dies scharf zurück: »Die Ausgaben waren durch die Verweigerungshaltung des Justizministeriums bei der Erarbeitung eines gemeinsamen Gesetzentwurfes nötig geworden«, sagte ein Ministeriumssprecher mit Blick auf das fürstliche Salär für die Kanzlei.

Der Vorschlag Guttenbergs sieht vor, eine marode Bank zeitweise unter Staatsverwaltung zu stellen. Zypries hielt dem CSU-Politiker vor, er sei überhaupt nicht zuständig für das Insolvenzrecht. Dagegen argumentierte das Wirtschaftsministerium, bei der Bankenrettung gehe es nicht um das Insolvenzrecht, sondern um das Kreditwesengesetz. Zudem hätten Wirtschafts- und Justizministerium vor Monaten gemeinsam vom Kabinett den Auftrag erhalten, ein Modell zur Bankenrettung jenseits einer Enteignung zu entwerfen. Dem habe sich aber das Justizministerium verweigert.

»Blanken Unsinn« nannte ein Sprecher Guttenbergs die Darstellung, der Gesetzentwurf sei komplett von einer Anwaltskanzlei gegen Honorar erstellt und dann der Öffentlichkeit zugeleitet worden. Vielmehr habe Wirtschaftsstaatssekretär Walther Otremba schon vor Monaten die Grundzüge des Vorschlags erarbeitet. Bei der Formulierung des Gesetzentwurfs sei die Kanzlei dann beratend tätig geworden.

Neben Zypries griff auch Grünen-Fraktionschefin Renate Künast den Wirtschaftsminister an. »Für mich ist das ein Fall für den Rechnungshof«, sagte die wackere grüne Wahlkämpferin der *Berliner Zeitung*. »Ich will wissen, wie viel Steuergeld Guttenberg für diesen Entwurf gezahlt hat.« Das Wirtschaftsministerium verweigerte dazu jegliche Auskunft.[193]

Wie dem auch sei: Es bleibt das Gefühl eines Remake von »Des Kaisers neue Kleider«. Wenn man irgendwo den Tatbestand der Halbbildung bei gleichzeitiger doppelter Großspurigkeit entdecken kann, dann bei den Beratern.

Lobbyisten – Die Hilfstruppen der Plünderung

Eine ebenso finanziell wie politisch gar nicht hoch genug einzuschätzende Form staatlicher Ausplünderung ist der Lobbyismus, der auf zweierlei Weise auftritt.

Erstens: Politiker vertreten – gegen Geld oder die Aussicht auf einen späteren Dankeschönjob beim Auftraggeber – dessen Interessen durch Stimmungsmache oder direkte Einwirkung auf politische Entscheidungen. Rund 60 Prozent unserer Bundestagsabgeordneten gehen solchen Nebentätigkeiten nach. Exemplarisch genannt sei hier nur Außenminister Guido Westerwelle, der in der letzten Legislaturperiode laut Internetseite des Bundestags im Aufsichtsrat der *ARAG* sowie im Beirat *Hamburg Mannheimer* sowie der *TellSell Consulting GmbH* saß und außerdem für 28 Vorträge jeweils mindestens 7000 Euro Honorar erhielt, wobei die Abgeordneten aus gutem Grund nicht angeben müssen, ob es sich um 7050 oder um 200 000 Euro handelt. Aber natürlich haben sich die Unternehmen nicht das mindeste von einer derartig üppigen Bezahlung versprochen; und mit der wegen des Ministeramts notgedrungenen Aufgabe seiner Posten bei ARAG und Co. wird Guido Westerwelle auch die freundschaftlichen Kontakte besonders zur Versicherungsbranche schlagartig in überparteiliche umgewandelt haben.

Das ist aber noch gar nichts gegen die Aktivitäten des neuen Alterspräsidenten des Bundestages, Heinz Riesenhuber (73, CDU), der in sieben Aufsichtsräten, zwei Beiräten und einem Verwaltungsrat sitzt.

Zweitens: Außer den erwähnten sündhaft teuren Unternehmensberatungen und Anwaltskanzleien arbeiten auch jede Menge »externe Experten« kostenlos für die Regierung. Die Konzerne entsenden von ihnen bezahlte Mitarbeiter direkt in die Ministerien, wo sie einen eigenen Schreibtisch haben und nicht nur an wertvolle vertrauliche Informationen herankommen, sondern zuweilen auch der Einfachheit halber die Gesetzestexte schreiben. Weit über hundert dieser selbstlosen Helfer treiben sich derzeit in Deutschlands politischem Machtzentrum herum. Kein einziges Ministerium kommt ohne sie aus, was sogar dem sonst eher zurückhaltenden Bundesrechnungshof zu viel wurde. Die obersten Finanzkontrolleure warnten ausdrücklich vor allzu sorglosem Einsatz von Mitarbeitern aus Verbänden und Unternehmen und wiesen auf »erhöhte Risiken von

Interessenkonflikten« hin. Jedenfalls dürfte ein vorübergehender oder ständiger Personalmangel nicht als Ausrede für den Einsatz externer Kräfte herhalten. Darüber hinaus sollten die Firmenvertreter höchstens sechs Monate statt derzeit bis zu fünf Jahren herumlungern dürfen und schon gar nicht Gesetzentwürfe formulieren oder gar »Leitungs- oder Kontrollfunktionen« in den Ministerien ausüben. Ebenso dürften sie keinesfalls namens des Staates ihr eigenes Unternehmen kontrollieren, geschweige denn öffentliche Aufträge vergeben und Funktionen ausüben, in denen sie ihrem Konzern Gutes tun könnten. Vor allem aber dürfe nicht verheimlicht werden, wer Staatsdiener und wer Firmenvertreter ist.[194]

Konstadinos Maras schreibt dazu im *Parlament*, angesichts einer unterstellten Korruptionsimmunität (von Regierung und Ministerialbürokratie) sei es »nicht unmittelbar einsehbar, inwiefern das administrative System dennoch eine Tendenz aufweisen kann, illegitime Aneignung öffentlicher Ressourcen zuzulassen. Dies scheint nun aber der Fall zu sein, wenn öffentliche Verwaltungen externe, von der Privatwirtschaft bezahlte Experten engagieren.«[195]

Nun lässt sich das Ausmaß der Plünderung des Staates durch Lobbyismus kaum in Zahlen ausdrücken: Wie viel Steuern zum Beispiel entgehen dem Staat durch von Lobbyisten durchgedrückte unternehmerfreundliche Gesetze, Privatisierung zum Schnäppchenpreis, überteuerte Staatsaufträge oder Subventionen? Dennoch dürfte man nicht allzu falsch liegen, wenn man den Schaden im mehrstelligen Milliardenbereich vermutet, wie der Skandal um die Zulassung der Heuschrecken (Hedgefonds) Anfang 2004 zeigt. Eine Hausjuristin des *Bundesverbands Investment und Asset Management (BVI)* nistete sich von Januar bis August 2003 in der Abteilung »Nationale und Internationale Finanz- und Währungspolitik« des Finanzministeriums ein, bezog ihr Gehalt aber weiter von ihrem Verband. Sie soll sehr intensiv jenes *Investmentmodernisierungsgesetz* mit formuliert haben, das den Hedgefonds, die bis dahin in Deutschland nicht öffentlich verkauft werden durften, goldene Brücken zum deutschen Markt baute.[196]

Fast jeder Großkonzern, der etwas auf sich hält, ist an vorderster Front in irgendeinem Ministerium vertreten, manche sogar in mehreren. Selbst Unternehmensverbänden und neoliberalen Agitatorenclubs stehen die Türen weit offen.

Die Top Ten der Entsender von Lobbyisten in die Ministerien

Deutsche Bank: Gesundheit, Finanzen, Inneres, Forschung, Wirtschaft
BASF: Finanzen, Umwelt, Wirtschaft, Bundespresseamt
Bayer: Umwelt und Wirtschaft
Daimler: Auswärtiges, Verkehr, Wirtschaft
Telekom: Finanzen und Wirtschaft
SAP: Auswärtiges und Inneres
IBM: Finanzen, Wirtschaft, Verteidigung
BDI: Finanzen und Wirtschaft
Bertelsmannstiftung: Gesundheit
DIHK: Wirtschaft

---

8. Buhmann Öffentlicher Dienst

Bei der Frage nach den Plünderern des Staates werden vor allem von neoliberalen Privatisierungsfans die Beamten und Angestellten des Öffentlichen Dienstes genannt, und tatsächlich klingt die offizielle Statistik – ähnlich wie die Schuldenuhr – beängstigend.[197]

Personalkosten

Im Öffentlichen Dienst arbeiten derzeit 4 540 588 Menschen, davon 522 636 (11,51 Prozent) beim Bund, 1 948 216 (42,91 Prozent) bei den Ländern, 1 290 356 (28,42 Prozent) bei den Gemeinden und im mittelbaren öffentlichen Dienst[198] 779 380 (17,16 Prozent).

Dies bedeutet Personalausgaben von 161,701 Milliarden Euro, und zwar für den Bund von 26,038, für die Länder von 95,129 und für die Gemeinden von 40,534 Milliarden Euro. Etwa 10,5 Prozent der Haushaltsmittel gibt der Bund für Personalkosten aus, die Länder knapp 38 Prozent und die Gemeinden rund 27 Prozent.

Groschengrab Beamte

Von derzeit knapp 39 Millionen Erwerbstätigen sind 1,7 Millionen aktive und 1,4 Millionen pensionierte Beamte. Bei knapp 30 Millionen Steuerzahlern finanzieren neun Steuerzahler einen Beamten.

Kostenfalle Pensionen

Schon heute gehen fast jeder zwanzigste Euro bei Bund, Ländern und Gemeinden oder 1,6 Prozent des Bruttonationaleinkommens dafür drauf. Nun wirkt der Anstieg der Versorgungsempfänger[199] von 1,25 Millionen im Jahre 1970 auf 1,44 Millionen im Jahre 2008 nicht sensationell. Schon eher geeignet zur Panikmache erscheint die Entwicklung der Versorgungsleistungen von 6,6 auf 35,4 Milliarden Euro – allerdings nur, solange man die Steigerung des Bruttonationaleinkommens von 361 auf 2531,94 Milliarden Euro verschweigt. [200] Der Versorgungsaufwand ist um 536 Prozent, das Bruttonationaleinkommen um 701 Prozent gestiegen.

Der aktuelle *Vierte Versorgungsbericht der Bundesregierung* von 2009 wagt sogar eine Prognose für 2050. Man tippt auf 1,5

Millionen Versorgungsempfänger und bietet – je nach Anpassung der Pensionen – vier Varianten der Kostenexplosion an: bei 0 Prozent Anhebung vierzig Milliarden Euro, bei 1,5 Prozent 81,6 Milliarden, bei 2 Prozent 100 Milliarden und bei 3 Prozent Erhöhung 149,9 Milliarden Euro.[201]

Bei der Hetze gegen den Öffentlichen Dienst und der Propaganda für Privatisierung scheint auch der Politik keine hirnverbrannte Polemik zu schade: Die Pensionslast für 41 Jahre im Voraus zu berechnen ist eine beachtliche Leistung. Wie hätten wohl 41 Jahre zuvor, also vor Mauerfall und deutschen Kriegseinsätzen, vor PC und Internet, vor Hartz IV und Heuschrecken entsprechende Voraussagen für heute ausgesehen?

Kurzum: Derlei »Prognosen« sind eine krude Mixtur aus Glücksspirale und Science Fiction.[202]

Selbst wenn Bürokratie, Behäbigkeit ebenso kritikwürdig sind wie Versorgungsmentalität und Arbeitsunlust einzelner Staatsdiener, so braucht sich der Öffentliche Dienst hinter den vielgepriesenen Privaten kaum zu verstecken. Natürlich finanziert der Steuerbürger den Lebensunterhalt der Beamten und Angestellten: Aber zahlt er das Einkommen der privaten Arbeitnehmer nicht mit jedem Produkt, jeder Dienstleistung ebenfalls mit? Nur dass er bei der privaten Versorgung etwa mit Wasser oder Energie die horrenden Profite der Unternehmer, die Traumgehälter und Boni der Manager oder die Dividenden der Aktionäre gleich mit bezahlt.

9. Die »legale« Verschwendung

Etwa 30 Milliarden Euro an Steuergeldern werden von Bund, Ländern und Gemeinden alljährlich verschwendet, schätzt der Bund der Steuerzahler. Der Staat könne »mühelos zweistellige

Milliardenbeträge einsparen, wenn weniger sorglos, weniger großzügig und dafür aber effizienter mit dem Geld der Steuerzahler umgegangen würde«[203].

Die Bandbreite reicht von unsinnigen Subventionen, wertlosen Gutachten, maßlosen Überschreitungen von Baukosten, überflüssigen Politikerreisen bis hin zu teuren Schildbürgerstreichen, unsinnigem Bürokratismus und Korruption.

Hauptgründe für die überbordende Verschwendung sind zum einen, dass es sich bei den verplemperten Millionen nicht um das eigene Geld der Verantwortlichen handelt, zum anderen, dass sie praktisch keine Bestrafung zu fürchten haben.

Warum aber gehen Verschwender meistens straffrei aus? »Steuergeld-Verschwendung ist wie Korruption eine Straftat ohne unmittelbares Opfer«, sagt der Steuerzahlerbund. »Der Leidtragende der öffentlichen Verschwendung ist der anonyme Steuerzahler.«

Im Einzelfall werde sogar abgestritten, dass dem Gemeinwesen überhaupt ein Schaden entstanden sei. Selbst bei Verstößen gegen geltendes Haushaltsrecht müsse das nach geltendem Verständnis von Strafrechtlern noch längst kein Schaden sein. Überhaupt sei das Haushaltsrecht systematisch zum Recht zweiter Klasse degradiert worden. Und selbst wenn Untersuchungen eingeleitet wurden und der Verdacht der Verschwendung sich erhärtete, spielten die Verantwortlichen auf Zeit. »Die Strafbarkeit der Veruntreuung öffentlicher Mittel verjährt nach fünf Jahren«, beklagt der Bund der Steuerzahler, »wobei bis zum Bekanntwerden des Vergehens oft schon zwei Jahre vergangen sind. Das ist regelmäßig dann der Fall, wenn der Rechnungshof die Haushaltsführung des vorvergangenen Jahres geprüft und Verschwendung aufgedeckt hat.«[204]

Fazit: Wenn die Politik ernsthaft gegen diese Variante der Ausplünderung des Staates etwas tun will, muss sie dafür sorgen, dass die Verantwortlichen bestraft werden, und sich weniger darum kümmern, sie zu resozialisieren – das ist in vielen Fällen ohnehin kaum noch möglich. Wichtiger ist die Abschreckung. Wer zum Beispiel seinem Vetter einen Auftrag zum Bau eines überflüssigen Schwimmbades erteilt, sollte damit rechnen müssen, dass er im Falle einer Aufdeckung für Jahre im Gefängnis verschwindet.

Umweltsubventionen für Umweltmuffel?

In Deutschland werden jährlich etwa 75 Milliarden bis 150 Milliarden Euro an Subventionen gezahlt. Grund für die große Spannbreite der vermuteten Zahlungen ist die Geheimnistuerei oder gar Verfälschung der Zahlen durch die Verantwortlichen. Wie dem Kieler Institut für Weltwirtschaft schon im Jahre 2003 auffiel, zahlt der Bund fünfmal so viel an Finanzhilfen wie im Subventionsbericht der Bundesregierung ausgewiesen.[205]

Und diese Geldspritzen haben es in sich: »Fast 42 Milliarden Euro Subventionen schaden dem Umweltschutz«, stellt das Umweltbundesamt Ende 2008 fest.[206] Etwa zehn Milliarden davon versickern in der Landwirtschaft. Und eben bei diesen Agrarsubventionen deckt Greenpeace besonders drastische und dreiste Fälle der Verschwendung von Steuergeldern auf: »Es werden vor allem diejenigen Betriebe unterstützt, die Arbeitsplätze vernichten und auf die Umwelt nur minimale Rücksicht nehmen.« Die Beispiele: »2,4 Millionen Euro für den Molkereikonzern Campina, über 470 000 für den Stromriesen RWE oder 246 000 für Die Metternich Ratibor Corvey KG des Viktor Prinz von Ratibor und Corvey. Aber auch andere Gutsbetriebe der Hochwohlgeboren lassen sich vom bürgerlichen Staat aushalten, wie Freiherr von der Leyen, Graf von Spee/Finnentrop, Freifrau von Spiegel/Willebadessen, Droste zu Vischering Rosendahl/Münsterland, Graf von Nesselrode, Freiherr von Loe oder Freiherr von Twickel/Havixbeck.«[207] Fazit: Der gegenwärtige Verteilungsschlüssel nutzt vor allem Großbetrieben, Adelshäusern und der Agrarindustrie.

Greenpeace dagegen fordert Agrarsubventionen nur noch für die Betriebe, die gesunde rückstandsfreie Lebensmittel erzeugen, ihre Stickstoffdüngung deutlich reduzieren, im Boden vermehrt CO_2 als Humus speichern, gesunde Fruchtfolgen einhalten und das Klima schonen.

Übrigens waren volle drei Jahre und ein Urteil des Bundesverwaltungsgerichts nötig, um die nach EU-Recht zu veröffentlichenden Agrarexportsubventionen offenzulegen. Und einmal mehr waren es die Aktivisten von Greenpeace, die geltendem Recht zur Durchsetzung verholfen haben. Bislang nämlich wurden diese Subventionszahlungen – aus ähnlich gutem Grund wie die Einkünfte der nicht arbeitenden Superreichen – streng geheim gehalten. Und so mauerte auch Peer Steinbrücks Finanzministerium noch zehn Tage, obwohl das Bundesverwaltungsgericht sie mit einem Urteil vom 27. Mai 2009 längst zur Veröffentlichung verpflichtet hatte. Motto: Was interessiert mich geltendes Recht, wenn meine Wähler sowieso gehirnamputiert sind und das alles gar nicht mitkriegen.

Die Geheimniskrämerei wird allerdings schon beim ersten Blick auf die Liste der größten Subventionsabsahner verständlich. Spitzenreiter im Jahr 2008 war Europas größter Zuckerhersteller *Südzucker* mit 34 Millionen Euro, gefolgt vom Land Schleswig-Holstein mit gut zehn Millionen Euro. Dabei handelt es sich um Mittel für den Küstenschutz, wie das Landwirtschaftsministerium in Kiel auf Anfrage erläuterte. Der Deichbau wird aus dem EU-Fördertopf für ländliche Entwicklung unterstützt. Die *August Töpfer & Co. KG* (Fruchtzucker, Trockenobst und Nüsse) erhielt gut sieben Millionen Euro, die *Centrale Marketinggesellschaft CMA* knapp sechs Millionen Euro. Auch der Schokoladen- und Süßwarenhersteller *August*

Storck (Nimm2, Merci, Toffifee) bezog im vergangenen Jahr EU-Millionen.

Die EU-Agrarsubventionen betragen fast die Hälfte des EU-Haushalts, jährlich über 50 Milliarden. Deutschland zahlt mehr als neun Milliarden Euro und erhält knapp sechs Milliarden Euro zurück.

Greenpeace kritisiert schon seit Jahren vor allem die Zuckersubventionen: Der aus Rüben hergestellte europäische Zucker sei deutlich teurer als der in Brasilien, Indien oder Südafrika produzierte Rohrzucker. Anstatt aber die erlaubte Zuckererzeugungsmenge (Zuckerquote) in der EU zu senken, werde zu viel Zucker produziert, subventioniert und auf den Weltmärkten verscherbelt – auf Kosten gerade vieler ärmerer Länder.

Dazu passt, dass die Hamburger Staatsanwaltschaft und andere Behörden seit Juni 2009 wegen des Verdachts auf großangelegten Subventionsbetrug in der Zuckerindustrie ermitteln. Bundesweit wurden 35 Wohnungen und Geschäftsgebäude durchsucht und große Mengen Schriftmaterial beschlagnahmt.

Laut Zoll entstand durch unrechtmäßig erhaltene EU-Ausfuhrsubventionen sowie Steuerhinterziehung in den Jahren 2000 bis 2006 ein Schaden von 370 Millionen Euro.[208]

Neben den Zuckerexporteuren seien es vor allem Molkereien, die Millionen von Steuergeldern erhalten hätten: Neben *Campina* zum Beispiel *Nordmilch*, *Müllermilch* und *Zott*. In der EU gebe es eigentlich eine Milchmengenbegrenzung (Milchquote), die die Produktion teurer Überschüsse verhindern solle. Doch statt die Milchmenge dem tatsächlichen Bedarf anzupassen, habe man die Quote ständig erhöht. Ähnlich wie beim Zucker könnten diese Überschüsse nur mit Hilfe von Subventionen auf den Weltmärkten abgesetzt werden, was ebenfalls den Milcherzeugern in anderen Staaten schade.[209]

Ihrem Wesen nach sind also Subventionen für Privatunternehmen nichts anderes als Steuergelder für konkurrenzunfähige Betriebe und damit ein Armutszeugnis für die Marktwirtschaft. Wenn diese Gelder dann auch noch in marode, aufgeblähte oder historisch überholte Branchen wie etwa die Autoindustrie, die Landwirtschaft oder den Bergbau gepumpt werden, so wird dadurch nicht nur das freie Spiel von Angebot und Nachfrage durcheinandergebracht, sondern auch ein notwendiger Strukturwandel verhindert.

Etwas ganz anderes ist es allerdings mit fälschlicherweise ebenfalls *Subvention* genannten Geldern an Staatsbetriebe, etwa für den öffentlichen Nahverkehr, für Krankenhäuser, Schulen, Unis oder Kindergärten. Hier handelt es sich exakt um jene Grundversorgung, für die die Steuergelder ja unter anderem auch gedacht sind.

Allerdings geht es auch hier zuweilen nicht mit rechten Dingen zu. So wurden zwei Professoren der FH Gelsenkirchen im April 2008 wegen Subventionsbetrugs und Beamtenbestechung zu zwei Jahren Haft ohne Bewährung verurteilt. Über Jahre hätten die beiden »ein kriminelles System der staatlichen Mittelbeschaffung etabliert und organisiert« und dabei einen Gesamtschaden von 10,9 Millionen Euro angerichtet. Zudem hätten sie einen Ministerialrat im NRW-Finanzministerium bestochen, indem sie vier Jahre lang insgesamt 86 000 Euro an die Computerfirma seiner Söhne überwiesen hätten.[210]

Abfindungen – Goldene Handschläge in Zeiten der Krise

Weitestgehend unbemerkt von der Öffentlichkeit gibt es eine Plünderung des Staates der besonderen Art: Die Millionen-Abfindungen meist gescheiterter Wirtschaftsbosse. Nun könnte man meinen, das Wirtschaftsgebaren privater Unternehmen ginge die Allgemeinheit nichts an. Da aber auch Großkonzerne zumindest in der Theorie Steuern zahlen müssen und Abfindungen als steuerlich absetzbare Betriebskosten zählen, gilt die Regel: Je höher die Abfindung, desto geringer die Steuern des Unternehmens. Deshalb ist die Forderung nach einer Obergrenze der steuerlichen Absetzbarkeit für Abfindungen wie auch für Gehälter durchaus sinnvoll und überfällig.

Die Top 13 der Abfindungskassierer in Millionen Euro[211]

Wendelin Wiedeking, Porsche	50
Klaus Esser, Mannesmann	30
Thomas Middelhoff, Bertelsmann	25
Clemens Börsig, Deutsche Bank	17
Mark Wössner, Bertelsmann	15
Dieter Ammer, Beck und Co.	15
Karl-Gerhard Eick, Arcandor	15
Kajo Neukirchen, MG	13
Holger Härter, Porsche	12,5
Harry Roels, RWE	12
Ron Sommer, Telekom	11,6
Bernd Pischetsrieder, BMW	7,5
Karl-Thomas Neumann, Continental	7,4

Der schönste Spruch kam vom ehemaligen Arcandor-Boss Eick: »Ich komme aus einfachen Verhältnissen und weiß, dass 15 Mio. Euro sehr viel Geld ist – auch für mich.«[212]

Das Verschwendungsfestival

Nun ist die Frage der Verschwendung von Steuergeldern oft Ansichtssache: In Berlin-Schönefeld gebe es »bald mehr Ampeln

als Einwohner«, empört sich ein Leser des Berliner Boulevard-
blattes *BZ*. »An der Ortseinfahrt stehen drei hintereinander, die
nach dem Zufallsprinzip auf Rot schalten. Mit den Instandhal-
tungskosten könnte man bequem eine Kita finanzieren.«[213]

> *Man könnte viele Beispiele für unsinnige Ausgaben*
> *nennen, aber keines ist treffender als die Errichtung*
> *einer Friedhofsmauer. Die, die drinnen sind, können*
> *sowieso nicht hinaus, und die, die draußen sind,*
> *wollen nicht hinein.*
>
> Mark Twain

Andere Fälle liegen dagegen eindeutiger.

- In der Korruptionshochburg NRW (»Müllskandal«) zum
  Beispiel moniert der Landesrechnungshof, dass 4700 teuer
  bezahlte Polizeiwesten nie bei den Beamten ankamen und
  keiner sagen kann, ob sie jemals existiert haben.
- Ebenso kritisierte die Behörde die Bevorzugung eines An-
  bieters für die berufliche Bildung im Strafvollzug, der mit
  der Landesregierung schon seit 1971 zusammenarbeite und
  ohne Ausschreibung allein zwischen 2004 und 2006 fast 24
  Millionen Euro abgegriffen habe.
- Der finnische Handy-Hersteller *Nokia* kassierte zunächst 41
  Millionen Subventionen für den Erhalt bisheriger und die
  Schaffung neuer Arbeitsplätze in seinem Bochumer Werk,
  zog dann aber mit Sack und Pack nach Rumänien. Das Land
  NRW forderte zunächst dieses Geld zurück plus 18 Millionen Euro Zinsen, einigte sich dann aber mit Nokia auf
  20 Millionen.
- Am meisten aber stößt den Prüfern der Verkauf des Woh-
  nungsunternehmens namens *Landesentwicklungsgesell-*

schaft (LEG) zum Schnäppchenpreis auf. Schaden für das Land: 36,38 Millionen Euro – von den immensen Risiken für die Mieter ganz zu schweigen.

Aber auch die anderen Bundesländer können in Sachen Verschwendung gut mithalten.[214]

- So entstand im oberschwäbischen Bad Schussenried für 3,4 Millionen Euro ein Bewegungsbad, das nie eröffnet und schließlich für 226 000 Euro versteigert wurde.
- Das Land Rheinland-Pfalz gönnt sich ein Freizeit- und Geschäftszentrum am Nürburgring. Kosten: 185 statt der geplanten 135 Millionen Euro. Zudem muss nach Scheitern der Privatfinanzierung die zu 90 Prozent landeseigene Ring GmbH nun 185 Millionen Euro Kredit bei Banken aufnehmen – gesichert mit einer 100-Prozent-Bürgschaft vom Land. Der höhere Schuldendienst plus Abschreibungen fressen nach Berechnungen des Steuerzahlerbundes den prognostizierten Gewinn auf und verursachen rechnerisch Verluste von 43 Millionen.[215]
- Das niedersächsische Delligsen investierte mehr als 165 000 Euro in eine Dorfchronik, die nie fertig wurde.
- Die niedersächsische Gemeinde Ilsede baute für 500 000 Euro einen prunkvollen Busbahnhof, 300 000 steuerte das Land bei. Der Bahnhof ist aber für die Fahrgastzahlen überdimensioniert, auch die Parkplätze werden zu wenig genutzt.
- Das Land Berlin kosteten Planungsfehler am Projekt »Spreedreieck« nach Berechnungen des Steuerzahlerbundes rund 20 Millionen Euro.
- Das Berliner Universitätsklinikum Charité geriet im Mai 2009 in die Kritik. Der Landesrechnungshof Berlin monierte das »wirtschaftlich fragwürdige Verhalten«. So seien Verträge mit Dienstleistern zum Nachteil der Charité und »in

auffälliger Weise zugunsten der privaten Partner« abgeschlossen worden. Insbesondere habe man »überhöhte Abrechnungen« von mehr als 280 000 Euro nicht bemerkt. Außerdem seien 5,8 Millionen Euro für Leistungen bezahlt worden, »die bereits mit dem jährlichen Betriebsführungsentgelt abgegolten waren«.[216]

- Dem Berliner Zoo spendierte der Senat zwei Millionen Euro »zur Deckung des Betriebsverlustes«, obwohl der Zoo auch wegen des Theaters um Eisbär Knut mehr als elf Millionen Euro Gewinn erzielte. Der Rechnungshof regte an, das Geld zurückzufordern.

- Die Thüringer Gemeinde Finsterbergen gönnte sich für über 300 000 Euro, darunter knapp 250 000 vom Land, ein Klimatherapiezentrum und einen drehbaren Pavillon. Beides wird kaum genutzt, weil der Ort keinen Kurbetrieb hat.

- 17 Millionen Euro verschwendete Steuergelder beim Bau des Kongresshotels Suhl stellte der entsprechende Untersuchungsausschuss des Thüringer Landtags in seinem Abschlussbericht fest. Die Thüringer Aufbaubank (TAB) sei auf Scheinrechnungen des Hotelinvestors Reinhard Baumhögger, der wegen Verjährung straffrei davonkam, hereingefallen

- Die Hamburger Elbphilharmonie sollte ursprünglich 190,9 Millionen Euro kosten. Daraus wurden dann knapp 400 Millionen, die durch Spenden und andere Einnahmen auf 323,3 Millionen Euro reduziert werden konnten. »Ein günstiger Preis«, meint allen Ernstes Projektleiter Dirk Rehaag vom Baukonzern *Hochtief*.[217]

- Bayerns Rechnungshof kritisierte, das Land habe von 2003 bis 2006 mehr 1000 Gutachten für insgesamt 120 Millionen Euro in Auftrag gegeben, obwohl die meisten von den Behörden selbst hätten erstellt werden können. Überdies sei ein Drittel der Gutachten unbrauchbar gewesen.[218]

- 5,8 Millionen Euro verschlang die Sanierung des Blockheiz-kraftwerks im Bezirksklinikum Obermain im bayerischen Kutzenberg, das inzwischen komplett stillgelegt ist. Auch auf die Förderung von 300 sogenannten Hackschnitzelhei-zungen mit etwa 22 Millionen Euro in den vergangenen 15 Jahren könne Bayern laut Rechnungshof verzichten, da solche Anlagen auch ohne staatliche Zuschüsse wirtschaft-lich betrieben würden.

- Ein »Planungsfehler« verteuerte den Umbau einer Straßen-bahnhaltestelle in Darmstadt-Arheilgen um gut 40 000 Euro. Die eben erst gebaute Haltestelle Fuchsstraße war nur für moderne Niederflurfahrzeuge gebaut, die aber höhere Bord-steinkanten brauchen. Erst nach Abschluss der Umbauarbei-ten bemerkte man, dass auf dieser Strecke auch die alten Straßenbahnen mit ausfahrbaren Trittstufen eingesetzt wer-den müssen, für die aber die Bordsteinkanten zu hoch waren, so dass ein zweiter Umbau nötig wurde.

- Im gottesfürchtigen Bayern wurden – sicherlich nicht mit Genehmigung des allmächtigen Gottes, unseres Herren – Unsummen verzockt. So verjubelte der Abfallwirtschaftsbe-trieb des Landkreises Neu-Ulm (ABW) in den Jahren 2004 bis 2007 insgesamt zwei Millionen Euro Steuergelder bei hochspekulativen Zinsderivatgeschäften. Für hirnlose Wet-ten mit Banken über die künftige Zinsentwicklung, also für ebendiese berüchtigten Swaps, hatte man insgesamt 14 Mio. Euro eingesetzt. Und da hat sogar der Bund der Steuerzah-ler recht: »Wie bei einer Wette kann man bei diesen ›Swaps‹ alles verlieren.« Insofern kamen die eigentlich kriminellen Glücksspieler mit »nur« zwei Millionen Euro Verlust noch glimpflich davon.[219]

- Zum Fass ohne Boden gerät der Bau einer zweistöckigen Straßenbahnunterführung am Augsburger Hauptbahnhof. Die Kosten wurden im November 2006 auf 70 Millionen,

Ende 2008 aber schon auf 94,5 Millionen Euro beziffert. Zwar reden sich die Augsburger Stadtväter damit heraus, dass ihr Anteil bei nur 3 Mio. Euro liege. Andererseits buttern die staatlichen Stadtwerke Augsburg weitere 23,4 Millionen dazu, und den Rest sollen die Deutsche Bundesbahn mit 16,7 Millionen Euro sowie andere öffentliche Zuschüsse beisteuern. Den Steuerzahlern indes dürfte es egal sein, aus welchem Topf ihr Geld verplempert wird. Der Bund der Steuerzahler sieht sogar »noch kein Licht am Ende des Tunnels« und befürchtet, dass bis zur Fertigstellung des Projekts im Jahre 2016 weit über 100 Mio. Euro im Tunnel verschwunden sein werden.

- Ausgerechnet die SPD-nahe Friedrich-Ebert-Stiftung wurde laut Bundesrechnungshof bei einem Neubau in Berlin vom damaligen SPD-Bundesbauminister Wolfgang Tiefensee »bevorzugt behandelt«. Das Konferenz- und Verwaltungsgebäude im Botschaftsviertel der Hauptstadt wurde mit 19 Millionen Euro aus Steuergeldern finanziert und ist nach Ansicht der Rechnungsprüfer zu kostspielig. Besonders pikant: Unter anderem war im Ministerium der Parlamentarische Staatssekretär Ulrich Kasparick (SPD) mit dem Vorhaben befasst. In den neunziger Jahren leitete er das Büro der Friedrich-Ebert-Stiftung in Sachsen-Anhalt. Bauminister Tiefensee gehört dem Kuratorium der Stiftung an. [220]

Und finanziert wird all das auch und vor allem vom deutschen Steuerzahler.

10. Der Ehrenamtliche ist der Dumme

Vor diesem Hintergrund erweist sich das Hohelied der Politik auf das Ehrenamt als purer Zynismus.

In Deutschland sind rund 23 Millionen Menschen über 14 Jahren ehrenamtlich in Vereinen, Verbänden, Initiativen oder Kirchen tätig. Viele Bereiche des öffentlichen und sozialen Lebens würden ohne Ehrenamtliche kaum mehr existieren. Ob Kinderbetreuung oder Altenpflege, Krankenbetreuung oder Behindertenhilfe, Telefonseelsorge oder Freiwillige Feuerwehr, Umweltschutz oder Sportvereine, Bewährungshilfe oder Tierschutz und nicht zuletzt der Katastrophenschutz: Eindrucksvoller können diese Menschen, die ohne einen Cent Gegenleistung wertvolle Aufgaben erfüllen, das neoliberale Menschenbild vom raffgierigen »homo oeconomicus« kaum widerlegen. Allerdings: Dass diese selbstlosen Menschen nach der neoliberalen Theorie im Gegensatz zu den skrupellosen »rationalen« Profitjägern als »irrational« gelten, ist so falsch ja nicht. Während sich gewisse Kreise die Taschen vollstopfen, bis die Hosennaht platzt, und den Staat ausnehmen bis zum Abwinken, springen diese »armen Irren« stets dann ein, wenn infolge der Staatsplünderung Geld fehlt: Eltern renovieren zum Nulltarif Klassenzimmer und ganze Schulgebäude, damit sich ihr Nachwuchs in völlig verrotteten Räumen nicht am Ende noch die Krätze oder Rattenbisse einfängt. Ähnliches Engagement zeigt sich auch bei der Betreuung älterer oder chronisch kranker Menschen.

So ehrenvoll derlei ehrenamtliche Tätigkeit auch ist, so ist sie doch im Zusammenhang mit der Staatsverschuldung und etwa der Kostenexplosion im Gesundheitswesen zu sehen. Ehrenamtliche übernehmen zusehends Aufgaben, die früher vom Sozialstaat wahrgenommen wurden.

Nun hat die Sache aber einen gewaltigen Haken: Internationale Langzeitstudien[221] haben nämlich ergeben, dass sich Menschen umso mehr ehrenamtlich engagieren, je umfassender die staatliche Sozialfürsorge ausgebaut ist, wie etwa in Schweden und den Niederlanden. Zieht sich hingegen ein Staat – wie etwa

Deutschland oder die USA – aus seiner sozialen Verantwortung zurück, so nimmt die Bereitschaft zum Ehrenamt rapide ab. Der Soziologieprofessor Wolfgang Engler fasst zusammen: »Soziales Kapital wird in der Lebenswelt gebildet, bleibt an soziale, rechtliche, infrastrukturelle Rahmenbedingungen gebunden ... Wo der Staat sozial abrüstet, abdankt, entfernen und entfremden sich die Menschen voneinander, ... schläft ihr sozialer Sinn unwiderruflich ein.«[222]

Dieser Zusammenhang leuchtet unmittelbar ein: Die meisten Menschen helfen gern, wenn Not am Mann oder an der Frau ist. Bekommen sie aber das Gefühl, ausgenutzt zu werden, blenden sie sich häufig aus und schalten auf stur. Und wer den Bessergestellten ein Steuergeschenk nach dem anderen macht oder den Konzernen die Milliarden hinterherwirft und dann kein Geld mehr für soziale Aufgaben hat, dem nimmt man es nicht ab, wenn er an die Normalbürger appelliert, sie sollten nicht immer gleich nach dem Staat rufen. Viele Ehrenamtliche allerdings geben notgedrungen der Erpressung nach: Schulen müssen ja renoviert, Alte und Kranke betreut werden, auch wenn der Staat diese Pflichten vernachlässigt.

Interessanterweise verhalten sich die Marktradikalen seltsam ruhig. Dabei müssten sie doch gegen jegliches Ehrenamt Sturm laufen.

Schließlich nehmen renovierende Eltern den Handwerkern und ehrenamtliche Sozialhelfer den entsprechenden Privatfirmen die Aufträge weg. Andererseits – und hier zeigt sich einmal mehr das strukturelle Dilemma der Marktwirtschaft – würde es infolge Geldmangels des Staates diese Aufträge ja gar nicht geben.

Ein extremes Beispiel ehrenamtlichen Zupackens lieferten die Fans des Ostberliner Traditions-Fußballclubs Union Berlin. Beim Neubau des Stadions halfen 2000 Freiwillige mit insgesamt 140000 Arbeitsstunden.

Das nennt man Marktwirtschaft: Leistungsloses Einkommen und unbezahlte Arbeit scheinen sich prächtig zu ergänzen.

Hinzu kommt eine tragikomische Folge der Marktwirtschaft: Gerade die ehrlich uneigennützigen Helfer nehmen anderen die Arbeitsplätze weg. Wer »nützliche Idioten« für Krankenpflege und Altenbetreuung, Renovierung öffentlicher Gebäude oder Instandhaltung von Parks findet, der wird natürlich nicht die entsprechenden Fachkräfte einstellen. Statt dass also die ehrenamtliche die professionelle Tätigkeit ergänzt, stehen sich beide in unserer schönen Marktwirtschaft geradezu feindlich gegenüber. Perverser noch: Auch wer mangels Geld diesmal selbst renoviert, ist an der Pleite so manch einer Malerfirma mit schuldig, und wer gar seine Bohrmaschine und andere Werkzeuge in der Nachbarschaft verleiht, trägt am Umsatzrückgang der entsprechenden Hersteller und der Baumärkte eine Mitverantwortung.

11. Die Plünderung der Öffentlich-Rechtlichen

Warum steigen ständig die Fernsehgebühren, wo doch das Programm immer dürftiger wird? Ein Grund liegt in der hemmungslosen Ausplünderung der öffentlich-rechtlichen Sender durch eigene Mitarbeiter, wie ein besonders bizarrer und doch typischer Fall zeigt: Im Sommer 2009 suspendiert der NDR seine Fernsehspielchefin Doris J. Heinze, die in dieser Funktion 18 Jahre lang über einen Millionenetat verfügen konnte. Auch die Staatsanwaltschaft schaltete sich ein. Vorwurf: Die geschäftstüchtige Dame nahm Drehbücher ihres Mannes Claus Strobel an, die der unter dem Pseudonym Niklas Becker eingereicht hatte. Laut NDR-Regeln aber dürfen Mitarbeiter des Senders keine Arbeiten von Angehörigen ankaufen und betreuen. Darüber hinaus drehte sie dem Sender auch eigene Drehbücher an, und zwar zum doppelten Preis – 94 000 statt der üblichen 47 000 Euro. Das Ganze unter dem Pseudonym Marie Funder-Donoghue mit frei erfundener Biographie.

Tatort-Autor Felix Huby erklärte dazu dem *Spiegel:* »Es haben immer alle gewusst.« Zudem sei Heinze zwar »in dieser Dreistigkeit« ein Einzelfall. »Aber es kommt öfter vor, dass Leute, die im Sender sitzen und dort ein hohes Gehalt beziehen, sich die Geschichten von Autoren unter den Nagel reißen.«

Selbst renommierte Regisseure wie Dominik Graf, dessen Filme gerne als Beweis für Qualitätsbewusstsein der Öffentlich-Rechtlichen angeführt werden, sehen die Korruption einer Doris Heinze nicht als bloßen Betriebsunfall: »Ich frag mich unwillkürlich als Erstes: Wer kommt nach Doris Heinze in diese Position? Und werden jetzt wieder neuerliche Aufsichtsgremien gegründet, neue Controller von den Sendern beauftragt, die mit ihrem unsäglichen Roland-Berger-Deutsch das TV-Programm noch mehr systematisch veröden und verblöden lassen?«[223]

Die damalige Lektorin Loretta Wollenberg erinnert sich: »Dass sowohl Frau Heinze als auch Herr Strobel unter Pseudonym selbst schrieben und dass ich mich davor hüten sollte, eventuell eins der entsprechenden Werke negativ zu bewerten, davor wurde ich bereits zu Beginn meiner Tätigkeit von Redaktionsmitgliedern eindringlich gewarnt.«[224]

Auch das unverantwortliche Zocken mit dem Geld der Gebührenzahler stellt eine Ausplünderung dar. So rügte der sächsische Landesrechnungshof im April 2009, der MDR habe 537 Millionen Euro in riskanten Spezialfonds angelegt, die wegen der Wirtschaftskrise Millionen an Wert verloren hätten. Noch dazu habe der Sender den vertretbaren Anteil risikobehafteter Geldanlagen überschritten: Obwohl nur 35 Prozent erlaubt seien, hat der Anteil laut Prüfbericht im August 2005 bei 49,82

Prozent gelegen. Laut Rechnungshof hatte der MDR zwischen 1994 und 1999 sieben Spezialfonds aufgelegt, die Ende 2000 einen Wert von knapp 625 Millionen Euro hatten. Wegen dramatischer Kursverluste sank der Wert der Rücklagen bis Ende 2002 auf rund 464,7 Millionen Euro.[225]

Aber auch Rechnungshöfe sind nicht unfehlbar. So nehmen sich Bayerns oberste Rechnungsprüfer ausgerechnet das Kulturprogramm des BR-Hörfunks vor. Und in bester neoliberaler Manier schlagen sie im August 2009 die Privatisierung der beiden Orchester und des Chores (Sammelbegriff »Klangkörper«) vor. Grund: Obwohl das Symphonieorchester, das Rundfunkorchester und der Chor im Jahr 2004 fast 20 Prozent des Gesamtetats des BR-Hörfunks verschlungen haben, trugen sie laut Rechnungshof lediglich 1,5 Prozent zum Radioprogramm bei. Folglich kostete jede Sendeminute über 1000 Euro, im Vergleich zu lediglich 64 Euro im gesamten BR-Hörfunk. Außerdem waren 2004 mit 238 Stellen rund ein Viertel aller Planstellen des Hörfunks bei den Klangkörpern gebunden. Hierzu meinte BR-Sprecher Rudi Küffner zu Recht: »Es darf hier nicht um eine rein haushalterische Sicht der Dinge gehen. Der BR hat schließlich einen Kulturauftrag.«[226]

Nun kann man darüber streiten, was förderungswürdige Kultur ist. Fest steht aber, dass die Öffentlich-Rechtlichen gerade nicht nach dem Prinzip der Profitmaximierung arbeiten sollten: Natürlich sind im Fernsehen Kochsendungen am billigsten und im Hörfunk das Abdudeln von CDs, aber dies entspricht gerade nicht dem Kulturauftrag. Und wenn die Öffentlich-Rechtlichen für die Rechte an den Fußballweltmeisterschaften 2006 und 2010 jeweils 180 Millionen Euro übrig hatten, von den Millionen für Quotenzwerge wie Harald Schmidt und Johannes B. Kerner ganz zu schweigen, dann sollten sie sich schämen, über 8,8 Millionen für die 110 Musiker und weitere Mitarbeiter des weltberühmten Symphonieorchesters zu streiten.

Es ist immer dasselbe: Während die Ausplünderung des Staates durch Banken und Konzerne als »alternativlos« oder »system-relevant« hingenommen wird, stellt man die sachgemäße Verwendung von Steuern oder GEZ-Gebühren als wahre »Plünderung« dar.

Übrigens: Noch dreister und neoliberaler gebärdet sich der Landesrechnungshof Nordrhein-Westfalen. »Die Hochschulen sollen möglichst viele Studenten abkassieren«, resümiert *Spiegel Online*. Stein des Anstoßes ist ein Geschwisterrabatt bei Studiengebühren. An der Ruhr-Uni Bochum etwa zahlen Studenten nur die halbe Campusmaut, sobald ein Bruder oder eine Schwester ebenfalls Studiengebühren entrichtet. Bei drei gebührenzahlenden Geschwistern sinkt die Maut in Bochum auf ein Drittel.

Dies wurde vom selben Rechnungshof scharf angeprangert, der offenbar kaum etwas gegen die Milliardengeschenke für die Zocker von der WestLB einzuwenden hat. Im Gegenteil: Möglicherweise steckt hinter der Anstiftung zum skrupellosen Abkassieren der Studenten ja gerade der Gedanke, irgendwie müsse man ja die Subventionen für die Landesbank »gegenfinanzieren«.[227]

12. Abgehakt? Die Plünderung der DDR

Die gigantische Ausplünderung des Ostens nach der Wende – Stichwörter Abwicklung und Leuna/Minol – ist entgegen allem Anschein keineswegs nur ein Problem der Ossis.[228]

Am 17. Juni 1990 verabschiedet die Volkskammer das Treuhandgesetz; am 31. Dezember 1994 beendet die Treuhand ihre Arbeit. In dieser Zeit werden etwa 3600 Betriebe stillgelegt und fast 90 000 Objekte privatisiert, davon allein 50 000 Immobilien und knapp 15 000 Unternehmen und Unternehmensteile. Die neuen Eigentümer versprechen 211 Milliarden DM Investitionen und den Erhalt von 1,5 Millionen Jobs.[229] Unter dem Strich bleiben der Treuhand 256,4 Milliarden DM Schulden. Dies ist umso bemerkenswerter, weil Detlev Karsten Rohwedder, der später ermordete Vorgänger der berüchtigten Treuhand-Chefin Birgit Breuel, am 22. Oktober 1990 über die der Treuhand anvertraute DDR-Volkswirtschaft knapp drei Wochen nach der Einigung geurteilt hat: »Der ganze Salat ist etwa 600 Milliarden Mark wert«[230]. Dies bedeutet rein rechnerisch einen Gesamtfehlbetrag von weit über 800 Mrd. DM.[231]

Noch aufschlussreicher ist, dass die Treuhand »von windigen Investoren und untreuen Mitarbeitern um etwa 350 Millionen DM betrogen worden« ist.[232] Der Chef der Treuhand-Nachfolgerin »Bundesanstalt für vereinigungsbedingte Sonderaufgaben« (BvS), Günter Heimstedt, erläutert 1994 »zur Beruhigung«, die meisten Schäden seien allerdings nicht durch Beschäftigte der früheren Privatisierungsanstalt für die DDR-Wirtschaft, sondern durch deren Geschäftspartner angerichtet worden.[233] Insgesamt sei die BvS an 1400 Prozessen als Klägerin oder Beklagte beteiligt. Angesichts der 20 000 Treuhand-Mitarbeiter seien die 196 Ermittlungsverfahren sehr gering. Bislang seien neun Urteile gefällt und vier Anklagen erhoben worden.[234] Dazu sagt allerdings der ermittelnde Oberstaatsanwalt Dr. Erbe vor dem Untersuchungsausschuss »Treuhand«: »Die Qualität der angezeigten Sachverhalte hat sich ... nach oben hin entwickelt.« Und er sagt voraus: »Wenn dieser Bereich der Treuhand, der bislang noch, sagen wir mal, unbeackertes Feld ist, auch nur im Entferntesten wiedergibt, was Gegenstand der Strafanzeigen ist, die bei uns in drei Fällen erstattet worden sind, dann haben wir ein Feld, was alles Bisherige in den Schatten stellen wird.«[235]

Obwohl zunächst tunlichst verschwiegen wird, dass diese plötzlich so geschmähten »Geschäftspartner« häufig Ex-Treuhand-

Mitarbeiter sind, nehmen die Fälle und demzufolge das Interesse der Öffentlichkeit derart zu, dass die Treuhand im Juni 1994[236] verspricht, keine Ex-Mitarbeiter mehr mit den lukrativen Liquidationsaufträgen zu versorgen[237] – wobei aber sogar diese Art Vetternwirtschaft noch übertroffen wird von den zum Teil unverfrorenen Selbstbedienungsaktionen der Treuhand-Chefetage aus DDR-Staatseigentum. Man denke nur an den Skandal um den Ex-Leiter des Treuhand-Direktorats Abwicklung, Ludwig M. Tränkner, dem die Treuhand – bzw. er sich selbst – noch mitten in seiner Amtszeit ein Traumgrundstück zu Traumkonditionen zugeschustert hatte.

Übrigens ist dies nicht etwa die Meinung verbohrter Altstalinisten. Sogar der Bundesrechnungshof warf der damaligen Regierung Kohl Verschleuderung von Steuergeldern in Milliardenhöhe beim Abwickeln des DDR-Bankensystems vor. Bundesfinanzministerium und Treuhandanstalt haben sich nach Überzeugung des Bundesrechnungshofes bei den Verträgen mit den sechs Käuferbanken übervorteilen lassen.

Zudem stellten die obersten Rechnungsprüfer fest, dass durch die Zwischenschaltung privater Banken zur Abwicklung von Altschulden in ehemaligen DDR-Betrieben die Zinszahlungen aufgebläht wurden und sich Kredite für die öffentliche Hand und die Endkreditnehmer damit »erheblich verteuerten«. Der »wirtschaftliche Aufbauprozess« sei »wesentlich beeinträchtigt« worden.

Die Prüfer rechnen vor, dass die privaten Bankhäuser ihre Kreditforderungen fast risikolos erwerben konnten: Bei nicht mehr eintreibbaren Schulden springt der Bund ein – die Banken erhalten über einen Ausgleichsmechanismus aus dem Bundesetat rund 98 Milliarden Mark erstattet, der Steuerzahler kommt letztlich für die Altschulden auf. Kommt uns das nicht irgendwie bekannt vor?

Teil VI
Der ultimative Steuercoup

Seit die Vermögenssteuer 1997 nach einem Urteil des Bundesverfassungsgerichts abgeschafft wurde, dreht die Politik dem höchsten deutschen Gericht das Wort im Munde herum. Moniert wurde nämlich gerade nicht, dass die Steinreichen zu viel, sondern dass einige von ihnen, nämlich die Großgrundbesitzer, zu wenig zahlten. Es ging schlicht um die fehlende Anpassung der Immobilienpreise an ihren tatsächlichen Wert. Dazu im offenen Widerspruch aber grassiert jetzt die Behauptung, eine Vermögenssteuer schade dem »Standort Deutschland«, da sich die Reichen in Scharen ins Ausland absetzen würden.

Wes Geistes Kind die Kritiker sind, zeigt sich beispielhaft beim »Schraubenkönig« und Multimilliardär Reinhold Würth. Im März 2008 warnte er vor einer rot-rot-grünen Bundesregierung und wähnte »Kommunismus«, »Enteignung« und »steuerliche Folterwerkzeuge«. Deutschland könne sich zu einer »Edel-DDR« entwickeln.[238] Gerade zwei Monate später akzeptiert Würth einen Strafbefehl der Staatsanwaltschaft Stuttgart in Höhe von 700 Tagessätzen – ab 91 Tagessätzen ist man vorbestraft.

Seit Juli 2009 fordert das Deutsche Institut für Wirtschaftsforschung die Wiedereinführung der Vermögenssteuer. Damit könne der Staat jährlich 25 Milliarden Euro einnehmen. Dazu müsse man nur die Belastung von Vermögen auf das Durchschnittsniveau der EU-Länder und der wichtigsten Industrieländer der Welt anheben.

Selbst Millionenerben wie der Hamburger Reeder Peter Krämer fordern höhere Steuern für sich selbst und ihren Nachwuchs: »Warum soll mein Sohn nicht 40 Prozent aufs Vermögen zahlen?«[239]

Die Erbschaftsteuer musste 2008 ebenfalls reformiert werden, weil auch hier das Bundesverfassungsgericht die zu niedrige Bewertung von Immobilien für verfassungswidrig erklärt hatte, was de facto Steuergeschenke für die Reichen bedeutete. Aber auch hier handelte die Politik entgegen dem Geiste des Urteils, indem sie die Freibeträge für Ehegatten auf 500 000, für Kinder auf 400 000 sowie für Enkel auf 200 000 Euro erhöhte. Selbstgenutztes Wohneigentum bleibt erbschaftsteuerfrei. Dies gilt bei Ehegatten und Lebenspartnern ungeachtet der Größe des Objekts, bei Kindern nur, soweit die Wohnfläche 200 Quadratmeter nicht überschreitet.

Ebenfalls gar nichts zahlen muss, wer einen geerbten Betrieb erst nach zehn Jahren verkauft. Offizielle Begründung:

Die bisherige Steuer gefährde bei Familienfirmen Arbeitsplätze und Liquidität, wie die damalige Finanzstaatssekretärin Barbara Hendricks (SPD) behauptete. Wider besseres Wissen; denn ein interner Vermerk ihres eigenen Ministeriums hatte ihr mitgeteilt: »Die immer wieder vorgetragene Behauptung, die Erbschaftsteuer gefährde den Fortbestand mittelständischer Familienunternehmen, ist bisher durch keinen konkreten Fall belegt.«[240]

Eigentliche Nutznießer sind laut *Monitor* »die superreichen Familienunternehmer und die Besitzer großer Aktienpakete … beispielsweise die Aldi-Brüder, die Familie Quandt, die Familie Herz, die Familien Braun, Otto, Oetker und Oppenheim …«[241], um nur einige zu nennen.

Szenenwechsel zur Charity für den Berliner Denkmalschutz: »Otto, Oetker und Oppenheim engagieren sich ebenfalls mit Millionenbeträgen für die arme Stadt«, lobt die *Welt*. Wirklich rührend, denn wie der Bremer Wirtschaftsprofessor Rudolf Hickel sagt: »Durch leistungslosen Zugewinn … steigt die ökonomische Leistungsfähigkeit und damit auch der soziale Status der Erben«[242].

Etwa vier Milliarden Euro brachte die Erbschaftssteuer 2009 in die Staatskasse. Bei sozial vernünftigen Sätzen könnte dies ein Vielfaches davon sein.

Die Körperschaftssteuerreform von 2002, insbesondere die Steuerfreiheit für den Verkauf von Firmenanteilen, war nicht nur eine Einladung für Heuschrecken, sondern führte auch zu jährlichen Mindereinnahmen von etwa 30 Milliarden Euro.

Die Abgeltungssteuer für Einkommen aus Kapitalbesitz liegt bei etwa 25 Prozent und bevorteilt damit leistungsloses Einkommen gegenüber dem aus ehrlicher Arbeit. Damit zahlt zum Beispiel ein tüchtiger Handwerksmeister bedeutend mehr als der lebensfrohe Erbe eines Aktienpakets für die Dividende. Auch hier verschenkt der Staat Jahr für Jahr zweistellige Milliardenbeträge.

Eine ähnliche Folge hat die Senkung des Spitzensteuersatzes von 53 Prozent zum Ende der Ära Helmut Kohl 1998 auf zwischenzeitlich 42 Prozent unter der rot-grünen Regierung. Dass die Erhöhung der Einkommenssteuer für Spitzenverdiener (ab 250 001 Euro für Ledige und 500 002 Euro für Verheiratete) auf 45 Prozent als *Reichensteuer* ausgegeben wurde, ist eine Beleidigung für den Verstand und das Gerechtigkeitsempfinden der Bürger.

Jahr für Jahr entgehen dem deutschen Fiskus 30 Milliarden Euro durch Steuerhinterziehung, schätzt Dieter Ondracek, Chef der Deutschen Steuergewerkschaft.[243]

Nun könnte man meinen, dass die Einstellung neuer Steuerfahnder kein Problem sein dürfte, zumal sie dem Staat mehr Geld einbringen, als sie ihn kosten. Da allerdings hat man die Rechnung ohne die Politik gemacht. So wurde in Frankfurt der Steuerfahnder Rudolf Schmenger mittels eines von der hessischen Verwaltung bestellten psychiatrischen Gutachtens zwangspensioniert. Seine »Krankheit«: Wegen des Verdachts der Beihilfe zur Steuerhinterziehung lässt er im Jahre 1996 die Büros der Dresdner Bank, der Deutschen Bank und der Commerzbank durchsuchen. Die wird 1996 als eine der ersten durchsucht. Gegenüber *Report Mainz* erzählt Schmenger: »Das war aber ein Novum, dass die Vorstandsetagen von einer Bank durchsucht wurden. Nachdem ich das Steuerstrafverfahren gegen einen Bankmanager bekanntgab, teilte dieser Beschuldigte mir mit, dass er noch am gleichen Abend den Bundeskanzler bei einem Abendessen treffen wird. Ich habe ihm dann erwidert, dass er dem Kanzler schöne Grüße von der Steuerfahndung Frankfurt ausrichten soll.« Laut Report Mainz hat sich der damalige Commerzbank-Chef Kohlhaussen bei der Bundesregierung tatsächlich über die Durchsuchung beschwert.

Tatsache aber bleibt: Die Commerzbank musste jede Menge Steuern nachzahlen und erhielt einen Strafbefehl über 30 Millionen Euro.

Eindrucksvolle Bilanz der Frankfurter Steuerfahnder um das Jahr 2000: 60 000 eingeleitete Verfahren und 250 Millionen Steuernachzahlungen. Trotz oder wegen der Erfolge bekommen die Fahnder nach dem Regierungswechsel in Hessen zur CDU die ersten massiven Probleme.

2001 folgt eine vertrauliche Verfügung, wonach nur noch Steuerflüchtlinge ab 500 000 DM aufwärts verfolgt werden dürfen. Weil er dies kritisierte, habe man gegen ihn »ein Disziplinarverfahren konstruiert«, so Rudolf Schmenger.

Er klagt dagegen und gewinnt. Bei Gericht allerdings erfährt er, dass die Finanzverwaltung unerlaubt über ihn eine zweite, geheime Personalakte geführt hat, ihn zum Rädelsführer stempelt. Dann kommt jenes Gutachten, das ihn für paranoid und »querulatorisch« erklärt. Als er Anfang 2007 zwangspensioniert wird, holt er ein neues eigenes Gutachten ein, das ihn für psychisch kerngesund erklärt. Kein Einzelfall: Drei weitere Kollegen vom Frankfurter Finanzamt V wurden ebenfalls von jenem Psychiater begutachtet und zwangspensioniert.

Inzwischen schaltet sich die Landesärztekammer Hessen ein, und auch die Frankfurter Staatsanwaltschaft ermittelt gegen den Arzt wegen Verdachts auf Gefälligkeitsgutachten. Schmengers zorniges Resümee: »Werden wir erst dann wach gerüttelt, wenn wirklich einer der Betroffenen von der Brücke springt, weil er diesen Druck nicht mehr aushält? Das ist ja ein Vorgehen, das kenne ich eigentlich nur von totalitären Staaten.«[244]

So weit muss man nicht gehen, aber fest steht: Zumindest in der Steuerpolitik passt zwischen die Superreichen und die meisten Bundestagsparteien kein Kontoauszug. Bei Schwarz-Gelb war dies schon immer Ehrensache, bei Rot-Grün spätestens seit der Schröder-Fischer-Regierung ebenfalls.

Nimmt man alle Steuergeschenke und faktisch geduldete Steuerhinterziehung zusammen, so dürfte der Schaden der Allgemeinheit zugunsten der Superreichen und Wirtschaftsverbrecher in den dreistelligen Milliardenbereich gehen.

Die Ausplünderung des Staates durch eine kleine Minderheit drückt sich auch in weiteren nüchternen Zahlen aus. Alle Güter wie Fabriken, Immobilien, Aktien und Bargeld zusammengerechnet, besitzen die Deutschen etwa neun Billionen Euro, nur ist dieser Reichtum ungleich verteilt: 1 Prozent der Bevölkerung besitzt über 25 Prozent des gesamten Vermögens in Deutschland – und damit mehr als die unteren 80 Prozent der Bevölkerung zusammengenommen. Den reichsten zehn Prozent gehören fast zwei Drittel des Volksvermögens. Dass dies selbst juristische Akrobaten mit dem Sozialstaatsgebot nur schwer in Einklang bringen können, versteht sich am Rande.

Hinzu kommt: Selfmade-Milliardäre wie etwa SAP-Gründer Dietmar Hopp sind die absolute Ausnahme. Laut Tagesschau

hat etwa jeder Dritte aller Superreichen das Vermögen geerbt –
darunter nicht wenige von Leuten, deren Ahnen Adolf Hitler
durch Finanzspritzen zur Macht verhalfen oder nach 1945 als
Kriegsverbrecher verurteilt wurden und großenteils deshalb
im Gefängnis saßen.

Teil VII
Wege aus der Krise

Rettungspakete sind eine Sache, langfristige Strategien und Programme eine ganz andere. Der Politikerspruch »Wir sitzen alle in einem Boot« ist weit mehr als tumbe Harmoniebeschwörung. Tatsächlich kann es in der Marktwirtschaft dem Volk nur gutgehen, wenn es der Wirtschaft gutgeht. Na klar: Auch der Zwergpudel hat ja nur dann genug zu fressen, wenn Frauchen genug Geld hat. Umgekehrt aber gilt das in beiden Fällen nicht: Sogar im Aufschwung gehen trotz explodierender Gewinne die Reallöhne zurück, und selbst gutsituierte Hundehalter lassen ihren Liebling fast verhungern. Dennoch ist auch »die Wirtschaft« – gemeint sind hier meist die Konzerne und bestenfalls der Mittelstand – von den Arbeitnehmern abhängig. Die schließlich schaffen die Produkte und Dienstleistungen, die sich dann als Gewinne in den Bilanzen der Wirtschaft und den Aktiendepots der Bessergestellten niederschlagen. Von daher erinnert die kapitalistische Schicksalsgemeinschaft eher an den Untergang der Titanic. Auch hier fanden sich ja in ein und demselben Rettungsboot Arm und Reich, Betrogene und Betrüger, Opfer und Täter wieder. Dass die Kräfte und Chancen dennoch ungleich verteilt sind, zeigt das Beispiel Teilverstaatlichung: Entweder erholt sich das Unternehmen, dann gewinnen die Aktionäre, oder nicht, dann zahlt das Volk.

1. Der Staat als »Geisel des Kapitalismus«[245]

Das Problem ist nur: Man kann nicht ein und dasselbe Geld zweimal ausgeben, und was »die Wirtschaft« und die Reichen dem Staat an Subventionen abgeknöpft haben und in Form von Dumpingsteuersätzen legal vorenthalten, das fehlt jetzt natürlich für eine weitere Umverteilung von unten nach oben.

»Die Finanzkrise macht den Staat zur Geisel des Kapitalismus«, schreibt Wolfgang Streek, Direktor des Kölner Max-Planck-Instituts für Gesellschaftsforschung. »Er versinkt noch weiter in Schulden und verliert jeden politischen Spielraum … die Lösegeldzahlungen an Banken und Industrien werden das politische Spiel grundlegend verändern.« Für Streek »lässt sich die Geschichte der Finanzkrise am besten erzählen, wenn der Staat in ihr statt als zurückgekehrter Souverän als Opfer einer großflächigen Erpressung auftaucht. Diejenigen, deren Profitpoker das Finanzsystem ruiniert hat, konnten sich immer darauf verlassen, dass die Regierungen ihnen zu Hilfe kommen würden. Die Banken, die ihresgleichen nicht mehr trauen und deshalb der Wirtschaft den Geldhahn abdrehen, nehmen damit nicht nur diese, sondern die Bevölkerung insgesamt als Geisel. Geld her – oder ein verlorenes Jahrzehnt wie in den 90er-Jahren in Japan oder gar eine verlorene Generation wie weltweit in den 30er-Jahren! Was hätten die Staaten anderes tun sollen als zahlen?«

Andererseits fragt er optimistisch: »Kehrt der rheinische Kapitalismus zurück? Erleben wir statt eines Absterbens des Staates einen neuen Primat der Politik über die Wirtschaft – Sozialdemokraten zur Freude, Liberalen zum Horror?« Fest stehe, »dass die Zeiten der Liberalisierung vorbei sind, egal ob man das fürchtet oder lange erhofft hat. Der Staat kommt zurück: als Regulierungsinstanz, national oder im internationalen Verbund, als Finanzierer oder gar Eigentümer von Banken und Industrieunternehmen, als Planer der Märkte und Beschützer der Arbeitnehmer.«[246]

2. Operation »Weiter so!«

»Niedrigzinsen und Bilanzpolitur: Die Politik hat den Banken in der Krise das Leben so leicht wie nur möglich gemacht«, schreibt Nils-Viktor Sorge Mitte Juli 2009 in *Spiegel Online*. »Doch statt die Wirtschaft verstärkt mit Krediten zu versorgen, drehen die Finanzinstitute auch dank der Hilfen schon wieder am großen Rad – mit möglicherweise fatalen Folgen.« [247]

Wo eben noch der große Frust und Weltuntergangsstimmung waren, herrscht urplötzlich wieder blanke Euphorie. Satte Gewinne werden eingefahren, und damit sprudeln auch wieder die verpönten Boni – die gestern noch »notleidenden« Banken kehren zu den alten, verhängnisvollen Geschäftsmodellen zurück. Ausgerechnet Zentralbanken und Politik ermöglichen dies mit Niedrigstzinsen, Bad Banks und gelockerten Bilanzgesetzen. Die groß angekündigte strengere staatliche Regulierung ist Schnee von gestern.

»Geht also alles wieder von vorne los?«, fragt *Spiegel Online*. »Werden die Banken künftig erneut in der Lage sein, hohe Risiken einzugehen und diese in ihren Bilanzen zu verstecken?« Und es war einmal mehr die SPD in Gestalt von Finanzminister Peer Steinbrück, die mit neuen, gelockerten Regeln zur Bilanzierung des Eigenkapitals den Startschuss für das »Weiter so« gab: Verlieren von einer Bank gehaltene Papiere an Wert, so geht dies in den Bilanzen nicht mehr zu Lasten des Eigenkapitals. Damit erhalten die Geldhäuser mehr Spielraum für die Kreditvergabe – aber eben auch für riskantere Geschäfte. Wann eigentlich werden Gummibärchen mit 10 000 Euro pro Stück als »Eigenkapital« akzeptiert?

Schon allein der Vorschlag genügte, um die Kurse der Bankenaktien explodieren zu lassen, allen voran der Rettungspaketkassierer Commerzbank mit über fünf Prozent. Und prompt verkündete Deutsche-Bank-Chef Josef Ackermann wieder das

Renditeziel 25 Prozent. Für den Bankenexperten Dieter Hein vom Analystenhaus Fairesearch sind die neuen Regeln der Versuch der Politik, »die Krise mit Mitteln zu bekämpfen, die für deren Ausbruch verantwortlich sind«. Man habe »den Banken sogar Wege und Mittel eröffnet, dass sie noch intransparenter geworden sind«[248]. Hein sieht das Unheil schon kommen: »Die nächste Welle der Finanzkrise rollt bereits heran.« Und er erwartet, »dass viele Institute diese Phase nur mit staatlicher Hilfe überstehen« – also einmal mehr der Steuerzahler bluten muss. »Es ist keinesfalls ausgeschlossen, dass sich die Geschichte wiederholt. Ich habe nicht den Eindruck, dass die Verantwortlichen viel gelernt haben.«[249]

Kurzum: Nach der Krise ist vor der Krise.

Pünktlich zum Pittsburgher Weltfinanzgipfel der 20 wichtigsten Industrie- und Schwellenländer (G20) meldet *Spiegel Online:* »Hedgefonds starten wieder durch.« Warum auch nicht: Schließlich konnten sich die Industrienationen noch immer nicht auf eine wirksame Regulierung der Finanzmärkte einigen. Die altbekannte Folge. Heuschrecken wetten besonders gern auf schlechte Wirtschaftsentwicklung, also auf Inflation, sinkende Aktienkurse oder fallende Rohstoffpreise und Zinsen.

Der Schock des Jahres 2009, als fast 1500 Fonds dichtmachen mussten, war wie weggeblasen. So stieg das Börsenbarometer, der Eureka-Hedgefonds-Index, 2009 um gut 15 Prozent.

Entsprechend nassforsch gab sich Deutsche-Bank-Chef Josef Ackermann. Er warnte allen Ernstes vor sinkenden Gewinnen und Problemen besonders für Deutschlands Geldinstitute: Die Krise könne für sie durch Staatseingriffe zur verpassten Chance werden. Nationale Aufsichtsbehörden und Regierungen wollten ihre Eingriffsrechte stärken und ihren Einfluss auf unternehmerische Entscheidungen der Banken sicherstellen. Damit würden internationale Aktivitäten für die Banken immer schwieriger. Wollten jedoch die europäischen Banken weiter zu den global führenden Finanzkonzernen gehören, müssten sie notwendigerweise zum Beispiel in noch unterversorgten Schwellenländern Gewinne erwirtschaften.[250]

Im Klartext. Der deutsche Steuerzahler soll den ebenso geld- versessenen wie unfähigen und skrupellosen Herrschaften noch mehr Geld in den Schlund werfen, damit die weiterhin den är- meren Teil dieser Welt gnadenlos auspressen können.

3. Der Staat als Regulator

Obwohl der Neoliberalismus abgewirtschaftet hat und dies in der Talsohle der Krise auch von vielen Politikern verbal ein- geräumt wurde, ist es blauäugig oder verlogen, von der Poli- tik irgendeinen nennenswerten Widerstand gegen die Diktatur der Zocker zu erwarten. Sie schließlich haben ja die entspre- chenden Gesetze geschaffen und könnten sie – wie etwa die Steuerfreiheit für Firmenverkäufe oder die Zulassung der Hedgefonds – ohne weiteres wieder rückgängig machen. Dass sie es nicht tun, hängt nur teilweise mit der Verbandelung von Politik und Wirtschaft – zum Beispiel durch »Beraterverträ- ge« – zusammen. Ein weiterer Grund ist der noch immer star- ke Einfluss marktwirtschaftlicher Ideologie auf die Hirne vor allem inkompetenter Volksvertreter. Noch immer schwirrt das Gedankengift in Form von »Sachzwang«, »Standort« oder »Global Player« in ihren Köpfen. Hinzu kommt die Tatsache, dass der einzelne Abgeordnete wenig innerhalb seiner Partei ausrichten kann.

Deshalb ist es unwahrscheinlich, dass die Politik die notwendi- ge Aufsicht über wichtige Kernbereiche unserer Gesellschaft gewissenhaft übernimmt – ob man sie nun verstaatlicht oder nicht. Dabei konnten wir ja gerade erfahren, wohin es führt,

wenn zum Beispiel Bahn, öffentlicher Nahverkehr, Energieversorgung, Post, Telekommunikation, Altersvorsorge und vor
allem der notwendige Kapitalfluss – Stichwort »Kreditklemme« – dem »freien Spiel des Marktes«, also dem Prinzip der
Gewinnmaximierung unterworfen sind.

Dass auch die Manager staatlicher Unternehmen nach allen Erfahrungen alles andere als Heilige sind, ist eine ganz andere
Frage. So ignorierten mehrere Landesbanken die Gehaltsbe-
schränkungen für ihre Top-Manager. Bei der WestLB sahnten
die Vorstandsmitglieder im vergangenen Jahr jeweils durchschnittlich mehr als eine Million Euro Jahresgehalt ab. Bei der
Landesbank Baden-Württemberg liege das Gehalt des neuen
Chefs Hans-Jörg Vetter weit über 500 000 Euro. Beide Banken
hätten zudem Bonuszahlungen für das Jahr 2009 nicht ausgeschlossen.[251] Die Enthüllung ist brisant, hatte doch eine Son-
derzahlung an den Chef der HSH Nordbank vor wenigen Wochen zum Bruch der Großen Koalition in Schleswig-Holstein
geführt. Der damalige Finanzminister Steinbrück und NRW-
Ministerpräsident Rüttgers sind empört – und appellieren an
die Vernunft der Verantwortlichen.

Es sei aber die hypothetische Frage erlaubt, ob ein Josef Ackermann bei identischen Bedingungen und Bezügen in Diensten
einer staatlichen Deutschen Bank plötzlich vom »Finanzgenie«
zum Versager mutieren würde.

4. Wahlkampf-Fantasy

Im Juli 2009 – die SPD liegt in den Umfragen mal wieder bei
20 Prozent –, stellt Kandidat Frank-Walter Steinmeier einen
»Deutschland-Plan« vor, eine Art Agenda 2020. Kernaussage:
In zehn Jahren haben wir ökonomisch und ökologisch blühen-
de Landschaften.

Arbeitsplätze

Bis dahin will er Vollbeschäftigung erreichen, indem er vier Millionen neue Arbeitsplätze erschafft: zwei Millionen in der Industrie, eine Million im Gesundheitsbereich, 500 000 in der »Kreativwirtschaft« (Kultur, Medien, Werbung usw.) sowie 500 000 in anderen Bereichen wie Handel oder »haushaltsnahen« Dienstleistungen. Selbstverständlich sollen die meisten Jobs durch »grüne« Technologien entstehen.

Energie

30 Prozent des Stroms werden aus erneuerbaren Energien kommen und 40 Prozent aus »sauberen« Gas- und Kohlekraftwerken. Es bleibt beim vereinbarten Ausstieg aus der Atomenergie, wonach die jetzt noch 17 deutschen Atomkraftwerke nach und nach vom Netz gehen. Der Ausstoß von Treibhaus-Gasen soll um ein Fünftel niedriger sein als heute.

Mittelstand

Gemeinsam mit Banken (!), Realwirtschaft und Gewerkschaften will Steinmeier eine »Allianz für den Mittelstand« schmieden, um die »Kreditklemme« kleinerer und mittlerer Unternehmen zu überwinden. Ein staatlicher »Ombudsmann« soll bei der Kreditvermittlung helfen, und auch die KfW soll etwas für den Mittelstand tun.

Infrastruktur

Deutschland wird über ein flächendeckendes schnelles Breitbandnetz verfügen, und der Verkehr auf Autobahnen und in Städten über ein einheitliches Leitsystem geregelt werden.

Bildung

Die Hälfte aller Schüler wird Abi haben und der Anteil der Hochschulabsolventen eines Jahrgangs doppelt so hoch sein wie heute. Ein neues Ministerium für »Bildung und Integration« soll Einwanderer besser »einbeziehen«. Auch eine eigene »Software-Hochschule« ist geplant. Grundsätzlich soll Ausbildung gebührenfrei sein – vom Kindergarten bis zur Universität.

Gleichstellung

Ein neues Gleichstellungsgesetz soll erreichen, dass es in Deutschlands Aufsichtsräten 2014 einen Frauenanteil von 40 Prozent gibt. Auch für Vorstände soll es eine Quote geben. Frauen sollen genauso viel verdienen wie Männer.

Um die Seriosität dieser Versprechen zu würdigen, erinnere man sich an die Aussage von Franz Müntefering, es sei unfair, Politiker und Parteien an ihren Wahlkampfversprechen zu messen.[252] Erinnert sei auch an die Gewohnheit der SPD, vor Wahlen eine Vermögenssteuer und alles mögliche andere zu fordern in der Gewissheit, dass dies aufgrund realer Kräfteverhältnisse ohnehin nicht durchsetzbar ist. Als es durchsetzbar gewesen wäre – zu rot-grünen Zeiten –, hat die SPD die bekannten neoliberalen »Reformen« durchgesetzt, die sich eine schwarz-gelbe Regierung niemals getraut hätte. Die neue Regierung aus CDU und FDP geht da wesentlich geschickter vor und präsentiert sich vordergründig als Steuersenkungskoalition der kleinen Leute, während sie durch die Hintertür damit in Wahrheit vor allem die Wohlhabenden und Großunternehmer entlastet.

5. Strukturwandel

Völlig in den Hintergrund der Krisendebatte gerät das Problem des Strukturwandels: Arbeitsplätze verschwinden, wenn keine Nachfrage nach ihnen mehr besteht. Im Mittelalter die Köhler,

Anfang des 20. Jahrhunderts die Kutscher, in den 1970er Jahren die Bergleute und nun offenbar große Teile der Autobauer. Anstatt den Erhalt historisch überholter Jobs populistisch vorübergehend zu ertrotzen (»Maschinenstürmerei«), sollten sich Politik und Gewerkschaften lieber um sinnvolle und vor allem rechtzeitige Umschulungen und neue Ausbildungszweige bemühen.

Dies geht eng mit der Frage einher, was die Wirtschaft im Allgemeinen und ein Aufschwung im Besonderen den Menschen nutzen. Gerade der Begriff der »Zumutbarkeit der Arbeit« stellt die Sache auf den Kopf: Natürlich kann nicht für einen Akademiker unzumutbar sein, was für einen Hauptschulabsolventen zumutbar ist. Dabei aber geht die Frage nach dem Zusammenhang von Arbeit und Lebensqualität völlig unter. Worum es dabei geht, zeigen die Äußerungen von Künstlern, Sportlern, zuweilen auch von Journalisten, Wissenschaftlern, Unternehmern und Politikern, aber auch von Automechanikern, Friseuren und Gärtnern, sie hätten ihr »Hobby zum Beruf gemacht«.

Es geht also nicht um irgendwelche Arbeitsplätze, sondern um menschenwürdige. Dass viele Menschen – oder soll man sagen: Generationen? – inzwischen ihre Ansprüche zurückgeschraubt haben und unzumutbare Jobs der Arbeitslosigkeit vorziehen, ändert langfristig nichts am Problem. »Der Mensch gewöhnt sich an allem«, sagt eine Volksweisheit, »sogar am Dativ.« Ob dies allerdings in der Gesellschaft angesichts des unermesslichen Reichtums einiger weniger langfristigen Bestand hat, erscheint zumindest fraglich.

Teil VIII
Die wirre Hoffnung
auf einen Zusammenbruch

Die Feststellung, dass »es so nicht mehr weitergehen kann« und alles »ein böses Ende nehmen wird«, scheint seit Jahrtausenden eine von Generation zu Generation geradezu genetisch übertragene Binsenweisheit zu sein.

Nun ist aber noch nie in der Geschichte eine Gesellschaft – wie korrupt oder morbide auch immer – von sich aus implodiert. Selbst die Sklavenhaltergesellschaften Griechenlands gaben nicht von sich aus den Geist auf, sondern wurden gestürzt. Als besonders zäh erweist sich bislang der Kapitalismus: Er überstand die Oktoberrevolution, den Faschismus und die 68er.

Wie also kommen klar denkende Menschen zu der Befürchtung oder Hoffnung, ausgerechnet der Kapitalismus könne automatisch zusammenbrechen?

Häufig wird allgemeiner Kulturpessimismus oder -optimismus mit seriöser Wirtschaftstheorie verwechselt, was angesichts der vorübergehenden Hegemonie des neoliberalen Unfugs inklusive der pseudoexakten Grenznutzentheorie (»Ich liebe Maria 2,83 mal mehr als Lisbeth«) kein Wunder ist.

Ein zentrales Missverständnis liegt im Wesen der Krise. Sie nämlich zeigt – trotz aller unangenehmen Begleitumstände – nicht nur die Schwäche, sondern in erster Linie die Stärke der Marktwirtschaft. Die Krise ist eine Art reinigendes Gewitter, um den Widerspruch zwischen immenser Aufhäufung von Kapital einerseits und fehlender *zahlungskräftiger* Nachfrage andererseits wieder ins Lot zu bringen.

Nun ist die Frage, ob dieser Krisenzyklus endlos so weitergehen kann, und da hat gerade das vorige Jahrhundert gezeigt: Prinzipiell kann er das sehr wohl, und wenn dazu Weltkriege nötig sein sollten. Dann wird – abgesehen von den Millionen Kriegsopfern – unglaublich viel zerstört; und das bedeutet für den Marktwirtschaftler, es gibt eine neue Nachfrage, und wir beginnen wieder von vorn. Allerdings: Die bürgerliche Gesellschaft überwindet Krisen stets nur »dadurch, dass sie allseitigere und gewaltigere Krisen vorbereitet und die Mittel, den Krisen vorzubeugen, vermindert.«[253] Also bricht die Marktwirtschaft dann irgendwann zusammen?

Ein großes Missverständnis in diesem Zusammenhang birgt das Marxsche Gesetz vom *tendenziellen Fall der Profitrate*. Salopp ausgedrückt: Weil die Produktivität der Arbeit ständig steigt, sind heute zur Produktion zum Beispiel bestimmter Autoteile nur noch zwei Leute nötig, wo man früher 20 Leute brauchte. Die Krux an der Geschichte: Da menschliche Arbeit nun mal die einzige Quelle von Wert und damit auch von Profit ist, benötigt man immer mehr Kapital in Form von Rohstoffen oder Maschinen, um an die unbezahlte Mehrarbeit des einzelnen Arbeitnehmers heranzukommen. Das Problem dabei: Dies setzt sich nicht in jedem Einzelfall, sondern gesamtgesellschaftlich durch, und so entsteht der Eindruck, jeder Geldverdiener würde auch Werte schaffen, was bei genauem Hinsehen natürlich blanker Unsinn ist. Ein angestellter Geldeintreiber schafft ebenso wenig *Gebrauchswerte* wie ein Bankster – wohingegen eine Prostituierte ebenso eine Dienstleistung erbringt wie ein Friseur oder Taxifahrer und damit sehr wohl Werte schafft.

Weil dies so ist, erscheint zunächst als einziger Ausweg aus dieser Profitfalle das Allheilmittel *Wachstum*: »Die einfachste Methode, die prinzipiell einen Ausgleich für den verringerten Arbeitseinsatz pro Produkteinheit erlaubt, liegt auf der Hand. Wenn heute 5 Arbeiter genauso viele Autos, Hosen oder Tomaten herstellen wie früher 10, dann muss sich eben die Menge der hergestellten Autos, Hosen oder Tomaten verdoppeln, um die vernutzte Arbeitsmasse konstant zu halten, und verdreifachen, um sie um 50 Prozent zu steigern.«[254]

Man beachte: Es wird nicht deshalb mehr produziert, weil die Menschen plötzlich viel mehr Autos, Hosen oder Tomaten benötigen, sondern damit die Kasse stimmt. Und daher ist die Werbung so wichtig, um den Menschen diese Produkte aufzuschwatzen. Andererseits haben die Menschen, selbst wenn sie auf die Werbung hereinfallen, nicht genug Geld zum unbegrenzten Konsum. Womit die nächste Krise vorprogrammiert ist. Das Ganze ist ein perfekter marktwirtschaftlicher Teufelskreis, dessen Ende nicht absehbar ist.

Teil IX
Was lange gärt ...

Als im April 2009 die damalige Bundespräsidentschafts-
kandidatin Gesine Schwan vor sozialen Unruhen als Folge
der Finanzkrise warnte, wurde ihr prompt und aufgeregt von
Angela Merkel widersprochen. Schwan hatte unter anderem
geäußert: »Wir müssen verhindern, dass die von vielen emp-
fundene Enttäuschung zu einer explosiven Stimmung führen
könnte.« Sie rechne zwar nicht mit brennenden Barrikaden,
»wir haben aber in der gegenwärtigen Krise die Verantwortung,
weder zu dramatisieren oder gar Ängste zu schüren noch die
Realität auszublenden«. Immer mehr Menschen seien über zu-
nehmende Ungerechtigkeiten in der Gesellschaft verärgert.[255]

Zuerst ignorieren sie dich, dann lachen sie über dich,
dann bekämpfen sie dich, und dann gewinnst du.
Mahatma Gandhi

Nun hilft es natürlich nicht, den Menschen ihren finanziellen
und oft auch sozialen Abstieg bei gleichzeitiger Einkommens-
explosion der Superreichen schönzureden, und auch eine regie-
rungsamtliche Warnung vor »Panikmache« bringt weder mehr
Arbeitsplätze noch den Bürgern mehr Geld in die Tasche.
Der Soziologe Oskar Negt jedenfalls prophezeit bei einer weiteren Plünderung des Sozialstaats das Auseinanderfallen der
Gesellschaft.
Und bereits im Jahr 2005 hat der inzwischen verstorbene ehemalige SPD-Generalsekretär Peter Glotz ähnliche Befürchtun-

gen geäußert: »Tatsache ist: Die deutsche Disziplin und Ruhe könnten trügerisch sein.« Eine neue RAF sei zwar nicht in Sicht. »Aber wenn irgendwo 200 empörte Arbeiter, die entlassen werden sollen, obwohl der Konzern insgesamt schwarze Zahlen schreibt, alles kurz und klein schlagen, kann ein einziger Gewaltausbruch dieser Art einen Flächenbrand auslösen, wie einst der unpolitische Mordversuch an Rudi Dutschke zu Ostern 1968.« Andererseits sei der Staat gegen die eigene Bevölkerung gut gerüstet, denn er habe »eine funktionierende Staatsmaschine und eine gute Polizei. Aber wird das reichen?«[256]

Glotz sah schon damals, dass die derzeitige Politik der Vergrößerung der Arm-Reich-Schere irgendwann zum großen Knall führen wird. Und in gewisser Weise ehrt es ihn sogar, dass er den vielen stümperhaften Wirtschaftsrezepten nicht ein weiteres hinzufügt, sondern gleich den Plan B zum demokratischen Sozialstaat Deutschland präsentiert.

An dieser Stelle allerdings wenden neoliberale Profis zu Recht ein: »Die Verteidigung ihrer … Besitzstände gegen die um sich greifende Wohlstandsminderung und den Zugriff durch schlechter ausgestattete Gesellschaftsmitglieder wird für die privilegierten Agenten zunehmend teuer, bis die Kosten der Aufrechterhaltung des politischen und gesellschaftlichen Status quo endlich prohibitiv hoch sind und es zum allgemeinen Einbruch oder Umsturz kommt.«[257] Im Klartext: Polizeistaat rechnet sich nicht nur nicht, sondern wird irgendwann auch unbezahlbar.

Dies mag mancher Politiker aufgrund fehlender Ökonomiekenntnisse theoretisch nicht nachvollziehen können. Aber dass eine hochgerüstete Diktatur auf deutschem Boden kürzlich unter anderem an den Kosten für die innere Sicherheit zugrunde gegangen ist, sollte ihm doch zu denken geben.

Das Dauerdilettieren überforderter und unausgebildeter Stümper in höchsten politischen Ämtern kann jedenfalls nicht durch »eine gute Polizei« ausgebügelt werden.

Ähnlich wie Schwan und Glotz äußert sich auch Stefan Kornelius von der *Süddeutschen Zeitung*: »Erstaunlich nur, dass der Zusammenhang zwischen der ökonomischen Krise und der physischen Sicherheit, der Unversehrtheit der Bürger von Riga bis Shanghai, von São Paulo bis Sacramento, nur selten hergestellt wird. Die Krise ist bisher nur ein Problem für den Geldbeutel, den Arbeitsplatz, das Immobiliendarlehen. Sie ist noch keine globale Sicherheitskrise. Aber das könnte sie bald werden. Wenn die Menschen an der Sicherheit garantierenden Autorität ihres Staates zweifeln, dann wächst Instabilität und droht Gefahr.«[258]

Jede Gesellschaft bekommt die Revolution,
die sie verdient.

Michail Bakunin

Hinzu kommt der Aspekt der Globalisierung: »Ein Regierungschef allein kann den Menschen in seinem Staat nicht mehr die gleiche Sicherheit garantieren wie noch vor 20 Jahren. Jetzt muss er kooperieren. Noch ist die Autorität der Staaten und Regierungen groß genug, um die schwierigen Prozesse zu lenken. Wenn aber erst einmal die schrillen Töne der Protektionisten überall offene Ohren finden und die Feindbilder Leuchtkraft gewinnen, dann ist das Finanzproblem wirklich ein Sicherheitsproblem geworden.« Kornelius' pessimistische Vorhersage: »Die Finanzkrise ist das größte Sicherheitsproblem dieser Zeit. Wenn die Regierungen versagen, gemeinsam Lösungen zu finden, drohen ein Zerfall der EU und weltweite Kriege.«[259]
Die Studenten der 68er hatten dafür ein griffiges Wort: »Was lange gärt, wird endlich Wut.«

Teil X
Was hat der Papst damit zu tun?

Leben wir, um zu arbeiten, oder arbeiten wir, um zu leben? Das Erste werden in fataler Argumentationsnähe die Vertreter des BDI aus naheliegenden Gründen ebenso behaupten wie die Propagandisten der protestantischen Arbeitsethik, wonach die Menschen infolge der Erbsünde durch Adam und Eva nichts Besseres verdient haben. Sie passt zum Kapitalismus wie der Deckel auf den Topf. Schon Max Weber führte das Entstehen dieser Ideologie auf den aufkommenden Kapitalismus des 16. Jahrhunderts zurück. Das Gegenteil ist die Hackerethik. Ihre Kennzeichen sind Leidenschaft, Spaß und Freude gegenüber der selbstgewählten Arbeit, weitreichende Freiheit und Freizügigkeit sowie die freie Zeiteinteilung. Computergenie Steve Wozniak *(Apple)* erfand dafür die Formel $H = F^3$: Happiness = Food, Fun and Friends.

Obwohl also unmittelbar einleuchtet, dass Menschen, die sich nur über »mein Porsche, mein Landsitz, meine Yacht, mein Aktienpaket« definieren, zu bedauern sind – und nicht selten so tragisch enden wie der Pharmamilliardär und Selbstmörder Adolf Merkle –, so beantwortet dies noch nicht die Frage nach der Herkunft unserer moralischen Grundsätze:

Warum helfen Normalbürger einer gestürzten Frau auf die Beine und reißen ihr nicht die Handtasche weg? Wie erklärt sich Sozialverhalten wie Altruismus und Solidarität, wie wir sie bei den Hochwasserkatastrophen an Oder und Elbe erleben konnten? Was bringt die meisten Menschen dazu, auf Diebstahl öffentlichen Eigentums etwa durch Steuerhinterziehung zu verzichten?

Diese Frage wurde ausgerechnet von Papst Benedikt problematisiert, und zwar in der Enzyklika »Spe salvi« vom 30. November 2007.[260] So würdigt er durchaus die Klassenanalyse von Karl Marx. Er habe »zwar sehr präzise gezeigt, wie der Umsturz zu bewerkstelligen ist«, aber »den Menschen vergessen, und er hat seine Freiheit vergessen. Er hat vergessen, dass die Freiheit immer auch Freiheit zum Bösen bleibt. Er glaubte, wenn die Ökonomie in Ordnung sei, sei von selbst alles in Ordnung.« Demgegenüber meint Benedikt: »Auch die besten Strukturen funktionieren nur, wenn in einer Gemeinschaft Überzeugungen lebendig sind, die die Menschen zu einer freien Zustimmung zur gemeinschaftlichen Ordnung motivieren können. Freiheit braucht Überzeugung; Überzeugung ist nicht von selbst da, sondern muss immer wieder neu gemeinschaftlich errungen werden.«

Dieser Streit allerdings ist alles andere als einer um des Kaisers Bart: Die Sowjetunion ebenso wie die DDR haben schließlich eindrucksvoll bewiesen, dass sich die Menschen und erst recht ganze Völker nicht zu ihrem vermeintlichen Glück zwingen lassen. Der von Marx und Engels suggerierte Automatismus »Nicht das Bewusstsein bestimmt das Leben, sondern das Leben bestimmt das Bewusstsein«[261] wurde offenbar von der Realität eindrucksvoll in Frage gestellt.

Eine Antithese zu diesem Gesellschaftsmodell formulierte Mao Zedong bereits 1937:

»Die Grundursache der Entwicklung eines Dinges liegt nicht außerhalb, sondern innerhalb desselben; sie liegt in seiner inneren Widersprüchlichkeit. Allen Dingen wohnt diese Widersprüchlichkeit inne, und sie ist es, die die Bewegung und Entwicklung dieser Dinge verursacht.«[262] Auf Deutsch: Letztlich sind es die Menschen, die sich ihre Gesellschaft wählen und einrichten müssen.

Hier sind sich Mao und der Papst auf skurrile Weise sehr nahe, wobei der Papst als Grund für das Gute im Menschen selbstverständlich den lieben Gott nennt, während Mao sich um eine Antwort schlicht herumdrückt. Es bleibt allerdings ohnehin die Frage, ob man nicht gewisse Probleme der menschlichen Entwicklung lieber als gegenwärtig unlösbar akzeptieren sollte, ehe man das »gemeine Volk« mit Dingen bombardiert, die weniger mit seriöser Religionsphilosophie als vielmehr mit Aberglauben zu tun haben. Wer sonntags zum Gottesdienst rennt, sich montags in vollem Ernst die Tarot-Karten legt und am Freitag den 13. nicht aus dem Haus geht, mag ein liebenswerter Mensch sein – ein Christ im Sinne des Neuen Testaments ist der ganz sicher nicht. Und wer Eroberungskriege zur Sicherung »unserer« Erdölvorräte befürwortet, erst recht nicht.

Die Frage also, welchen Weg unsere Gesellschaft nimmt, ist grundsätzlicher und tiefgehender als die rein ökonomische nach dem Weg aus irgendeiner Finanzkrise. Dass viele Meinungsträger die Forderung nach einer menschenwürdigen Gesellschaft als Parole von »Weicheiern« diffamieren und ihre eigene Lebensqualität nur in Euro und Cent definieren können, sollte die Bürger dieses Landes nicht abschrecken.

Anhang

»Wie alles begann« – Die Krisenchronik

Natürlich wollen viele, die Mist gebaut haben, ihren Mist zum »Schnee von gestern« erklären. Die Leidtragenden aber wollen oder sollten es lieber mit einem Lied von Reinhard Mey halten und sich dafür interessieren, »wie das begann«. Schon allein deshalb, damit so etwas so schnell nicht noch einmal vorkommt.

2007

Februar: Die HSBC, Europas größte Bank, gibt wegen überraschend hoher Risikovorsorge im Hypothekengeschäft die erste Gewinnwarnung ihrer Geschichte heraus. Sieben Monate später schließt die Bank ihre US-Hypothekentochter. Der Finanzkonzern muss 880 Millionen Dollar abschreiben.

April: Der US-Hypothekenfinanzierer New Century Financial beantragt Insolvenz – der bis dato größte Kollaps in der Branche im Zuge der US-Immobilienkrise, weitere werden folgen.

Juni: Zwei Hedge-Fonds der Investmentbank Bear Sterns brechen zusammen, weil sie in großem Stil mit Immobilien besicherten Papieren handeln. Unter amerikanischen Hausbesitzern wächst der Unmut.

Juli: In Deutschland geraten die Mittelstandsbank, die Sachsen-LB, die WestLB und die BayernLB wegen Fehlspekulationen am US-Immobilienmarkt in die Krise.

August: Die SachsenLB wird an die Landesbank Baden-Württemberg verkauft. Die Sparkassen stellen 17 Milliarden Euro an Krediten zur Verfügung.

Rund 50 US-Finanzierer sind inzwischen bankrott oder haben

sich selbst verkauft. Mit American Home trifft es erstmals einen Finanzierer, dessen Kreditnehmer bessere Bonität aufweisen.

Oktober: Ein großes Finanzhaus nach dem anderen meldet hohe Verluste und Milliardenabschreibungen.

2008

Januar: Der DAX erlebt mit 7,2 Prozent den größten Kurseinbruch seit 2001.

Die WestLB erhält von ihren Eigentümern eine milliardenschwere Finanzspritze.

März: Das Investmenthaus Bear Stearns wird auf Druck der US-Notenbank kurz vor dem Zusammenbruch an die Großbank J.P. Morgan Chase verkauft. Die US-Regierung springt mit Garantien ein.

Sommer: Die Krise nimmt dramatische Ausmaße an: Banken brechen zusammen, selbst große Institute wie Lehman sind nicht mehr sicher. Die Börsen befinden sich im freien Fall, der Dow Jones verbucht den größten Tagesverlust seit dem 11. September 2001. Auch die deutschen Banken sind betroffen – die Privatbanken machen aber dennoch zunächst weiter Gewinne. So steigert die Deutsche Bank ihren Nettogewinn um sieben Prozent auf 6,5 Milliarden Euro. Ganz anders sieht es bei einigen Landesbanken aus, die bis Mai 2008 insgesamt Abschreibungen in Höhe von 21 Milliarden Dollar vornehmen müssen.

September

6.9.: Die US-Regierung übernimmt die Kontrolle bei den US-Hypothekengiganten Fannie Mae und Freddie Mac.

15.9.: Am »schwarzen Montag« muss Lehman Brothers Insolvenz anmelden, Konkurrent Merrill Lynch wird von der Bank of America aufgekauft. Der US-Leitindex Dow Jones erleidet den stärksten Tagesverlust seit den Terrorattacken am 11. September 2001.

16.9.: Der Versicherungsriese AIG gerät durch Milliardenverluste in akute Kapitalnot und muss mit einem Kredit der US-Notenbank über 85 Milliarden Dollar gerettet werden. Die Weltbörsen setzen ihre Talfahrt fort. Die Notenbanken pumpen fast 150 Milliarden Euro in den Geldmarkt.

19.9.: Die US-Regierung kündigt ein Rettungspaket für die Finanzbranche an und löst damit ein Kursfeuerwerk an den Börsen aus. Die USA und Großbritannien verhängen ein weitreichendes Verbot für sogenannte Leerverkäufe, also Wetten auf sinkende Aktienkurse.

20.9.: Das Rettungspaket der USA soll mit 700 Milliarden Dollar ausgestattet werden, mit denen der Staat faule Kredite aufkaufen will. Deutschland untersagt Leerverkäufe von elf im DAX und MDAX gelisteten Finanz-Aktien, weitere Länder folgen.

22.9.: Das 75 Jahre alte Modell der unabhängigen US-Investmentbanken kippt. Die letzten verbliebenen Institute, Goldman Sachs und Morgan Stanley, geben ihren Sonderstatus auf und werden gewöhnliche Geschäftsbanken.

26.9.: Die größte Sparkasse der USA, die Washington Mutual, fällt der Finanzkrise zum Opfer. Sie wird von JP Morgan Chase übernommen. Europas größte Bank, die HSBC, streicht angesichts der Finanzkrise 1100 Stellen.

28.9.: Demokraten und Republikaner im US-Kongress erzielen einen Durchbruch bei den Verhandlungen über den Rettungsplan, der Kompromiss wird im Repräsentantenhaus am nächsten Tag überraschend abgelehnt. Der US-Kongress bewilligt zudem 25 Milliarden Dollar für die US-Autoindustrie.

29.9.: Die Bundesregierung gewährt Hypo Real Estate umfangreiche Kreditbürgschaften.

Oktober

1.10.: Der US-Senat stimmt dem überarbeiteten Rettungsplan für die Banken zu, der zusätzliche 100 Milliarden Dollar für Hausbesitzer und Unternehmen vorsieht, einen Tag später gibt auch das Repräsentantenhaus grünes Licht.

4.10.: Hypo Real Estate gibt bekannt, dass an dem mit der Bundesregierung ausgehandelten Rettungspaket beteiligte Banken ihre Zusagen zurückgezogen haben. Das Unternehmen kämpfe ums Überleben.

5.10.: Die Bundesregierung und die Finanzbranche einigen sich auf ein erweitertes Rettungspaket für die Hypo Real Estate, wonach zusätzlich zum vereinbarten Bürgschaftsrahmen von 35 Milliarden Euro die Banken einen Kredit in Höhe von 15 Milliarden Euro gewähren. Zudem stellt die Bundesregierung eine staatliche Garantie für alle privaten Spareinlagen in Aussicht.

6.10.: Der Deutsche Aktienindex DAX stürzt um mehr als sieben Prozent ab, der Dow Jones Index verliert zwischenzeitlich mehr als 800 Punkte – so viel wie nie zuvor. Trotz späterer Erholung schließt der Leitindex unter 10 000 Punkten. Island stellt aus Angst vor einem Staatsbankrott das Bankenwesen unter staatliche Kontrolle.

7.10.: Die EU-Finanzminister beschließen, »systemrelevante Finanzinstitute« zu unterstützen und europaweit Spareinlagen von mindestens 50 000 Euro zu garantieren.

8.10.: Großbritannien beschließt eine Teilverstaatlichung der größten Banken des Landes und ein Rettungspaket mit einem Gesamtvolumen von 500 Milliarden Pfund für die angeschlagenen Institute. Viele internationale Notenbanken senken in einer konzertierten Aktion ihre Leitzinsen.

10.10.: Die Finanzminister der sieben führenden Industrienationen (G7) beschließen einen gemeinsamen Aktionsplan zur Überwindung der Finanzkrise. Die Börsen setzen ihre rasante Talfahrt fort, der DAX liegt zwischenzeitlich um mehr als zehn Prozent im Minus.

12.10.: Die Mitgliedsländer der Eurozone einigen sich auf einem Sondergipfel auf gemeinsame Regeln für nationale Rettungspläne zugunsten des Finanzsektors. Sie erklären das gemeinsame Ziel, Banken vor dem Zusammenbruch zu bewahren.

13.10.: Die Bundesregierung einigt sich auf ein Banken-Rettungspaket mit einem Volumen von 480 Milliarden Euro. Mit bis zu 400 Milliarden Euro bürgt der Staat für Kredite von Banken untereinander, weitere 80 Milliarden Euro werden für eine Beteiligung des Staates am Eigenkapital der Kreditinstitute bereitgestellt. Auch Frankreich, die Niederlande, Österreich und Spanien beschließen milliardenschwere Rettungs- und Stützungspakete für den Finanzsektor.

14.10.: Die US-Regierung gibt bekannt, dass sich der Staat mit bis zu 250 Milliarden Dollar an den Banken beteiligt. Außerdem garantiert die Einlagensicherung FDIC für Kredite zwischen den Banken. Die führenden Wirtschaftsforschungsinstitute in Deutschland sehen »Deutschland am Rande einer Rezession«.

15.10.: Die USA geben das größte Haushaltsdefizit der Geschichte bekannt. Die Bundesregierung verteidigt ihr 480-Milliarden-Rettungspaket im Bundestag. Die EU-Kommission lockert die Bilanzierungsregeln für Banken und erhöht die Garantien für die Konteninhaber. Der EU-Gipfel billigt den Plan der Euro-Länder gegen die Krise.

17.10.: Bundespräsident Horst Köhler unterschreibt das Gesetz für das 480-Milliarden-Rettungspaket. Zuvor hatten Bundestag und Bundesrat zugestimmt.

21.10.: Die BayernLB nimmt als erste deutsche Bank die Unterstützung aus dem Rettungspaket in Anspruch. 5,4 Milliarden Euro sollen als Kapitalspritze fließen. Der Freistaat Bayern und die bayerischen Sparkassen sollen mit einer weiteren Milliarde Euro zur Kapitalerhöhung beitragen.

22.10.: Nach Bekanntgabe des Milliardenlochs bei der BayernLB kündigt Bayerns Finanzminister Erwin Huber seinen Rückzug aus dem Kabinett an. Infolge einer Millionenüberweisung an die damals bereits insolvente US-Bank Lehman Brothers durchsuchen Staatsanwaltschaft und Bundeskriminalamt Geschäftsräume der staatlichen Förderbank KfW. Gegen deren Vorstände wird wegen des Verdachts der Untreue ermittelt.

24.10.: 13 asiatische Staaten einigen sich auf ein gemeinsames Rettungspaket mit einem Volumen von 80 Milliarden US-Dollar. Der Internationale Währungsfonds (IWF) gewährt dem von Bankrott bedrohten Island einen Kredit von zwei Milliarden Dollar.

27.10.: Der Rettungsfonds der Bundesregierung nimmt offiziell seine Arbeit auf. Fast zeitgleich kündigt die Postbank nach Millionenverlusten eine Kapitalerhöhung an – und schlägt damit staatliche Hilfe aus.

28.10.: Die Bundesanstalt für Finanzdienstleistungsaufsicht (BaFin) stellt den Entschädigungsfall für die deutsche Tochter der insolventen US-Bank Lehman Brothers fest.

29.10.: Die Hypo Real Estate beansprucht als erste Privatbank Mittel aus dem staatlichen Rettungsfonds. Die US-Notenbank senkt erneut den Leitzins auf jetzt nur noch 1,0 Prozent.

31.10.: Die Finanzmarktkrise erwischt immer mehr offene Immobilienfonds, seit Wochenbeginn haben elf Immobilienfonds aus Liquiditätsmangel vorläufig geschlossen. Der Bankenrettungsfonds der Bundesregierung bewilligt der Hypo Real Estate die beantragte Finanzspritze von 15 Milliarden Euro. Die isländische Finanzaufsicht stellt den Entschädigungsfall für die Kaupthing-Bank fest.

November

3.11.: Die Commerzbank gibt nach einem hohen Quartalsverlust bekannt, dass sie das staatliche Rettungspaket in Anspruch nimmt. Mit einer stillen Einlage von 8,2 Milliarden Euro erhöht der Staat die Eigenkapitalbasis der Bank und räumt ihr Garantien für Schuldverschreibungen von bis zu 15 Milliarden Euro ein. Die HSH Nordbank will ebenfalls das Rettungspaket

Die US-Notenbank kündigt an, in den kommenden Monaten für 800 Milliarden Dollar Immobilien- und Konsumkredite aufzukaufen.

26.11.: Die EU-Kommission will mit einem 200-Milliarden-Euro-Paket verhindern, dass Europa in eine lang anhaltende Rezession stürzt.

27.11.: Die Aktionäre der angeschlagenen Schweizer Bank UBS stimmen für die Annahme eines Rettungspakets des Staates.

28.11.: Die Commerzbank profitiert indirekt von ihrem niedrigen Aktienkurs und übernimmt die Dresdner Bank zum Schnäppchenpreis.

Die BayernLB braucht weitere zehn Milliarden Euro frisches Kapital und bekommt dieses vom Land Bayern und aus dem Rettungsfonds des Bundes.

Dezember

1.12.: Der Abschwung beschleunigt sich: Die Maschinenbauer in Deutschland müssen Auftragseinbrüche hinnehmen, vor allem die sinkende Auslandsnachfrage macht den Unternehmen zu schaffen.

2.12.: Bei der angeschlagenen BayernLB wird jede vierte Stelle gestrichen, 5600 Mitarbeiter müssen gehen.

4.12.: Mit den Stimmen der Großen Koalition beschließt der Bundestag das Konjunkturpaket der Bundesregierung.

In Frankreich stellt Präsident Sarkozy seine Pläne für ein Konjunkturprogramm vor.

Nach massiven Verlusten infolge der Finanzmarktkrise baut die Großbank Credit Suisse weltweit 5300 Stellen ab.

Wegen der Rezession in vielen europäischen Ländern senkt die EZB den Leitzins auf 2,5 Prozent.

5.12.: Die US-Autobosse tragen ihre Bitten um Milliardenhilfen im Kongress vor.

Die Rezession schlägt mit voller Wucht auf den amerikanischen

Arbeitsmarkt durch: Die US-Arbeitslosenzahlen klettern auf den höchsten Stand seit 15 Jahren.

6.12.: Der künftige US-Präsident Obama kündigt die größten Investitionen in die Infrastruktur des Landes seit 50 Jahren an.

Die Kauflaune der Deutschen ist am Nikolaustag ungebrochen, das Weihnachtsgeschäft trotzt der Wirtschaftskrise.

8.12.: Eines der ersten großen deutschen Opfer der Krise auf dem Automobilmarkt ist der Leverkusener Bremsbeläge-Hersteller TMD Friction. Er meldet Insolvenz an.

Daimler verhandelt nun an allen deutschen Standorten über Kurzarbeit, für das größte Werk in Sindelfingen ist sie bereits beschlossen.

Laut BDI-Herbstumfrage ist der Abschwung beim Mittelstand angekommen.

9.12.: Ein Lichtblick in der Finanzkrise: Die Konjunkturerwartungen von Börsenexperten für Deutschland haben sich laut ZEW-Index[263] im Dezember stärker aufgehellt als vorhergesagt. Japan dagegen rutscht tiefer als erwartet in die Rezession.

Die schwer angeschlagene Hypo Real Estate sichert sich weitere Garantien in Höhe von zehn Milliarden Euro aus dem Banken-Rettungspaket des Bundes.

Die Weltbank senkt ihre Prognose für das globale Wirtschaftswachstum im kommenden Jahr erneut und erwartet nun die schlimmste Krise seit der Großen Depression in den 30er-Jahren.

11.12.: Das US-Repräsentantenhaus stimmt einem Rettungspaket für die Autoindustrie zu. Auch die deutschen Autobauer fordern nun Milliardenhilfen – da ansonsten eine Wettbewerbsverzerrung zugunsten der US-Autobauer drohe. Die schwedische Regierung stellt Volvo und Saab Hilfen in Höhe von rund 2,6 Milliarden Euro zur Verfügung.

12.12.: Der US-Senat lehnt das Rettungspaket für die kriselnden US-Autobauer ab.

Die Bank of America kündigt an, bis zu 35 000 Stellen zu streichen.

13.12.: Die Festnahme des Ex-Nasdaq-Chefs Madoff wegen Verdachts auf einen Milliardenbetrug offenbart neue finanzielle Risiken für Anleger und Banken. Die Zahlungsunfähigkeit von Madoffs Hedge-Fonds bedeutet für Privatanleger und auch mehrere betroffene europäische Banken wie BNP Paribas und die spanische Gruppe Santander mögliche Gesamtverluste von bis zu 50 Milliarden Dollar.

16.12.: Die US-Notenbank Fed senkt den Leitzins auf ein historisches Tief von 0 bis 0,25 Prozent.

Die US-Großbank Goldman Sachs gibt infolge der Finanzmarktkrise den ersten Verlust seit ihrem Börsengang 1999 bekannt.

17.12.: Aufgrund des massiv gefallenen Ölpreises beschließt die OPEC, die Öl-Förderquote ab Januar um weitere 2,2 Millionen Fass pro Tag zu senken.

Bei der angeschlagenen Immobilienbank Hypo Real Estate und deren früheren Vorstandsmitgliedern werden wegen des Verdachts auf Marktmanipulation und Untreue zahlreiche Geschäfts- und Privaträume durchsucht.

18.12.: Die EU-Kommission genehmigt das staatliche Rettungspaket für die BayernLB. Das Europaparlament stimmt der Ausweitung der Einlagensicherung zu. Dadurch sind im Fall einer Bankenpleite ab 2009 Spareinlagen europaweit bis 50 000 Euro garantiert.

19.12.: Die japanische Zentralbank senkt den Leitzins auf 0,1 Prozent.

Der scheidende US-Präsident Bush gibt einen Milliardenkredit für die kriselnde Autoindustrie bekannt.

23.12.: Das nächste Konjunkturpaket für das kommende Jahr

nimmt Formen an: Im Gespräch sind bis zu 40 Milliarden Euro für Verkehrswege, schnelle Internetverbindungen, Energieeffizienz sowie Schulen und Universitäten.

26.12.: Japans Industrieproduktion sinkt im November so stark wie noch nie, schuld ist die wegbrechende Auslandsnachfrage.

27.12.: Die Affäre um Missmanagement und Untreue beim krisengeschüttelten Immobilienfinanzierer Hypo Real Estate (HRE) könnte größere Ausmaße annehmen: Die Staatsanwaltschaft prüft auch den Verdacht auf verbotene Insider-Geschäfte.

30.12.: Die japanische Börse beendet den Handel 2008 mit einem historischen Jahresverlust: Der Nikkei-Index rutschte binnen zwölf Monaten um 42 Prozent ab, und auch der deutsche Leitindex steht 2008 mit einem Jahresverlust von rund 40 Prozent da.

31.12.: Der Internationale Währungsfonds stellt Weißrussland Notkredite über 2,5 Milliarden Dollar zur Bewältigung der Folgen der Finanzmarktkrise in Aussicht.

2009
Januar

2.1.: Die US-Notenbank Fed pumpt 500 Milliarden Dollar in den angeschlagenen Immobilienmarkt und will Anleihen der angeschlagenen verstaatlichten Hypothekenfinanzierer Fannie Mae und Freddie Mac aufkaufen.

5.1.: Union und SPD wollen dieses und nächstes Jahr zusätzlich bis zu 50 Milliarden Euro in die Bekämpfung der Wirtschaftskrise investieren. Darauf verständigen sich die Koalitionsspitzen in einer fünfstündigen Verhandlungsrunde im Berliner Kanzleramt.

6.1.: Schwarzer Dezember für die deutsche Autoindustrie: Export und Produktion brechen um jeweils mehr als 20 % ein.

7.1.: Die Bundesregierung bestätigt Überlegungen, einen Rettungsschirm für Unternehmen einzurichten, die aufgrund der Bankenkrise keine Kredite mehr bekommen.

8.1.: Die Commerzbank wird teilverstaatlicht. Der Bund erhält 25 Prozent plus eine Aktie an dem Institut, das die Dresdner Bank bis zum Monatsende übernehmen will.

Die deutschen Unternehmen melden drastische Rückgänge bei Auftragseingängen und beim Export.

9.1.: Bei einem Treffen mit Arbeitsminister Olaf Scholz geben die 30 DAX-Konzerne keine Jobgarantie ab – sondern lediglich eine unverbindliche Absichtserklärung.

Die Arbeitslosigkeit in den USA erreicht den höchsten Stand seit 1993.

12.1.: Zehntausende Beschäftigte in der deutschen Autoindustrie gehen wegen der Absatzkrise in Kurzarbeit.

14.1.: Die Deutsche Bank meldet für das vierte Quartal einen Verlust von 4,8 Milliarden Euro und vereinbart mit der Deutschen Post neue Bedingungen für die Übernahme von deren Postbankaktien.

15.1.: Die Europäische Zentralbank senkt den Leitzins auf 2,0 Prozent.

Die Bank of America erhält Milliardenhilfen der US-Regierung.

16.1.: Irland verstaatlicht die Anglo Irish Bank und sagt den Erhalt aller Arbeitsplätze zu.

18.1.: Die Debatte über den Umgang mit »faulen Krediten« geht weiter: Finanzminister Steinbrück weist die Idee einer Bad Bank zurück.

20.1.: BMW liebäugelt mit einer Staatsbürgschaft für seine Finanzsparte.

Der schwer angeschlagene US-Autobauer Chrysler sucht Rettung in einer Allianz mit Fiat – die Italiener erhoffen sich davon Erfolge auf dem US-Markt.

In Deutschland zwingt die anhaltende Absatzkrise am Automarkt immer mehr Hersteller zur Kurzarbeit, darunter auch Europas größten Autobauer VW und den Münchener Hersteller BMW. Frankreich greift seiner Autoindustrie erneut mit Milliarden unter die Arme.

Hypo Real Estate erhält weitere Garantien in Höhe von zwölf Milliarden Euro vom Staat.

21.1.: In ihrem Jahreswirtschaftsbericht erwartet die Regierung in Deutschland die schärfste Rezession seit Bestehen der Bundesrepublik: 2009 wird das Bruttoinlandsprodukt demnach um 2,25 Prozent schrumpfen.

23.1.: Die wegen der Finanzmarktkrise unter Druck stehende Regierung Islands kündigt vorgezogene Neuwahlen an.

Die Konjunkturflaute trifft immer mehr Unternehmen. Die Autohersteller Audi und Ford planen Kurzarbeit. Der deutsche Chiphersteller Qimonda meldet Insolvenz an, der US-Chiphersteller AMD verbucht einen Milliardenverlust.

24.1.: Die zweitgrößte US-Hypothekenbank Freddie Mac benötigt weitere Staatsmilliarden – bis zu 35 Milliarden Dollar (27 Milliarden Euro) will der Immobilienfinanzierer vom US-Finanzministerium.

25.1.: Die Autoindustrie meldet eine überraschende Wende: Hatte sie noch vor wenigen Tagen von dramatischen Absatzproblemen berichtet, heißt es nun, die Verkaufsräume seien voll – dank der Abwrackprämie. Kein Wort aber davon, dass die Ersatzteilhersteller ebenso wie die Werkstätten die Leidtragenden sind.

In Island tritt der Wirtschaftsminister zurück.

27.1.: Nach Freddie Mac braucht auch der zweite große US-Immobilienfinanzierer Fannie Mae neue Staatsgelder – bis zu 16 Milliarden Dollar.

Die Bundesregierung erwägt – wie die französische Regierung auch – Kredithilfen für Airbus-Kunden, um bereits bestellte Flugzeuge finanzieren zu können.

28.1.: Russland ist immer stärker von den Folgen der Krise betroffen. Bei der Eröffnung des Weltwirtschaftsforums in Davos warnt Regierungschef Putin vor zu viel Staatsgläubigkeit in der Krise.

Der Internationale Währungsfonds senkt seine Wachstumsprognosen nochmals – und prophezeit das schwärzeste Jahr für die Wirtschaft seit 1945.

29.1.: Die Krise schlägt sich immer mehr auf dem Arbeitsmarkt nieder – die Zahl der registrierten Arbeitslosen stieg im Januar um 387 000 auf 3 489 000.

Der Vorstandschef der schwer angeschlagenen Hypo Real Estate ruft nach dem Staat als Anteilseigner.

30.1.: US-Präsident Obama schimpft über geldgierige Banker und nennt sie »schamlos, unverantwortlich und inakzeptabel«.

In Davos wirbt Bundeskanzlerin Merkel für einen »Weltwirtschaftsrat«.

Februar

2.2.: Die Bundesregierung erklärt, sie werde eine Pleite der Hypo Real Estate nicht zulassen. Mit bislang 102 Milliarden Euro musste die Hypo Real Estate gestützt werden – ohne dass der Staat im Gegenzug Anteile übernommen hätte. Nun denkt die Bundesregierung das bislang Undenkbare: Soll die HRE verstaatlicht werden?

6.2.: Zum ersten Mal in der Firmengeschichte rechnet Toyota im Gesamtjahr mit einem Verlust.

Im Tauziehen um das US-Konjunkturpaket verstärkt US-Präsident Obama den Druck und ruft zu einer Einigung auf. Im Januar sind in den USA rund 598 000 Jobs der Rezession zum Opfer gefallen – der größte Einbruch seit 1974.

8.2.: Die Eignerfamilie des Autozulieferers Schaeffler bittet den Staat öffentlich um Hilfe. Die Schaeffler-Gruppe steckt nach eigenen Angaben in massiven Schwierigkeiten und könne angesichts der Finanzmarktkrise »trotz aktiver Suche« keinen Investor finden, erklären Firmenchefin Maria-Elisabeth Schaeffler und ihr Sohn Georg.

10.2.: Der US-Senat verabschiedet seinen Entwurf für ein Konjunkturprogramm. US-Finanzminister Geithner stellt einen Plan zur Banken-Rettung vor.

Die Chefs der britischen Banken entschuldigen sich im Parlament.

In Deutschland bricht der Auftragseingang der Maschinenbauer um 40 Prozent ein.

11.2.: In den USA einigen sich Senat und Repräsentantenhaus auf eine gemeinsame Fassung des milliardenschweren Konjunkturprogramms.

Der SoFFin gewährt dem Immobilienfinanzierer Hypo Real Estate weitere zehn Milliarden Euro Garantien. Die Schweizer Großbank Credit Suisse meldet für 2008 einen Jahresverlust von umgerechnet rund 5,5 Milliarden Euro.

13.2.: Im Bundestag wird das Konjunkturpaket II beschlossen. Im Sog der weltweiten Krise ist die deutsche Wirtschaft in den letzten drei Monaten des Jahres 2008 um 2,1 Prozent im Vergleich zum Vorquartal eingebrochen.

14.2.: Nach zähem Ringen verabschiedet der US-Kongress das mit fast 790 Milliarden Dollar Volumen größte staatliche Konjunkturpaket in der Geschichte der USA.

15.2.: Der Immobilienfinanzierer Aareal beantragt Mittel aus dem Bankenrettungspaket der Bundesregierung.

18.2.: Die Bundesregierung stellt die Weichen für eine Enteignung angeschlagener Banken im äußersten Notfall und billigt im Kabinett einen entsprechenden Gesetzentwurf.

Das GM-Sanierungskonzept liegt auf dem Tisch – lässt die Zukunft der deutschen Tochter aber weiter offen. Erstmals zeigt sich die europäische GM-Tochter offen für einen Einstieg fremder Geldgeber bei Opel. Und die Diskussion geht weiter: Könnte Opel alleine – herausgelöst aus dem Mutterkonzern – überleben?

Die EU leitet Defizitverfahren gegen sechs Staaten ein, die im

Kampf gegen die Finanzkrise die Grenzen des Stabilitätspakts sprengen.

Der SoFFin gewährt zum ersten Mal dem Finanzdienstleister eines Autokonzerns Hilfen: Die Volkswagen Bank erhält Garantien über zwei Milliarden Euro.

19.2.: US-Präsident Barack Obama will rund neun Millionen Hausbesitzern mit bis zu 275 Milliarden US-Dollar helfen.

20.2.: Auch der Bundesrat stimmt für das Konjunkturpaket II.

Der Niedergang des US-Autoriesen GM hat in Europa ein erstes prominentes Opfer: Die schwedische Tochter Saab meldete Insolvenz an. Und bei der deutschen GM-Tochter Opel tun sich immer größere Finanzlöcher auf.

21.2.: Am Tag vor einem europäischen Vorbereitungstreffen für den G-20-Gipfel in London drängt Kanzlerin Merkel auf lückenlose Regeln für die internationalen Finanzmärkte.

Angesichts der Krise bei Opel und Tausender gefährdeter Arbeitsplätze streitet die Politik weiter, ob und gegebenenfalls wie Opel zu helfen wäre.

24.2.: Der ifo-Index fällt und reißt den DAX mit nach unten. In Kiel beschließen die Landesregierungen von Schleswig-Holstein und Hamburg, der angeschlagenen HSH Nordbank drei Milliarden Euro Kapital zu geben.

25.2.: Die Deutsche Post verbucht Milliardenverluste.

26.2.: Auch Allianz und Royal Bank of Scotland sind tief in den roten Zahlen.

27.2.: Opel legt seinen Rettungsplan vor.

Faennie Mae meldet 59 Milliarden Dollar Verlust.

Die Wirtschaft Japans und der USA schrumpft im Rekordtempo.

März

1.3.: Ein EU-Sondergipfel endet ohne konkrete Beschlüsse. Ein von Ungarn geforderter Sonderfonds für Osteuropa wird abgelehnt.

2.3.: Die US-Regierung muss zum dritten Mal innerhalb weniger Monate den Versicherer AIG retten und stellt weitere 30 Milliarden Dollar zur Verfügung.

3.3.: Während in Deutschland zumindest die Hersteller kleinerer Autos von der Abwrackprämie profitieren und die Zahl der Zulassungen um 21 Prozent steigt, beantragt mit Toyota nun auch der weltweit größte Autohersteller Staatshilfen. Die OECD hält Autosubventionen dagegen für Geldverschwendung.

4.3.: Die deutschen Kommunen fordern wegen der Schieflage bei der AIG Hilfen der KfW-Bankengruppe.

5.3.: Die Kritik am Opel-Rettungsplan wächst. Die IG Metall befürchtet, bei einer Opel-Insolvenz seien bis zu 400 000 Jobs in Gefahr.

Die deutschen Lkw-Hersteller melden ein Minus bei den Aufträgen von bis zu 95 Prozent.

China will trotz der Krise im laufenden Jahr ein Wachstum von acht Prozent erreichen.

6.3.: Der Bundestag verabschiedet gegen heftige Kritik der Opposition das Rettungsübernahmegesetz, mit dem notfalls Banken verstaatlicht werden können.

9.3.: Die Asiatische Entwicklungsbank schätzt, dass die Krise bisher weltweit Vermögen in Höhe von 50 Billionen Dollar vernichtet hat.

In Island wird auch die letzte private Großbank verstaatlicht.

10.3.: Die Bundesbank erzielt einen Überschuss in Höhe von 6,3 Milliarden Euro.

Die deutschen Exporte brechen im Januar um mehr als 20 Prozent ein.

Lichtblick aus den USA: Die angeschlagene Großbank Citigroup meldet nach langer Durststrecke erstmals wieder Gewinne.

13.3.: Die Regierung bleibt bei ihrer Linie: Kein neues Konjunkturpaket, keine niedrigere Mehrwertsteuer – und auch keine Sonderrolle für Opel.

14.3.: Die G-20-Finanzminister einigen sich bei ihrem Vorbereitungstreffen für den Weltfinanzgipfel auf das Ziel, den Internationalen Währungsfonds zu stärken und die Kontrolle der Finanzmärkte zu verbessern.

18.3.: Die US-Notenbank Fed will eine Billion Dollar in die Wirtschaft pumpen und vor allem Staatsanleihen aufkaufen.

Rumänien gibt bekannt, mit dem IWF und der EU über Kredite von bis zu 20 Milliarden Euro zu verhandeln, um die Folgen der Finanzkrise zu bewältigen.

Die deutschen Sparkassen melden trotz der Krise einen Milliardengewinn für 2008.

20.3.: Der Bundestag beschließt das Rettungsübernahmegesetz, das die Verstaatlichung von Banken und die Enteignung ihrer Aktionäre ermöglicht.

Der EU-Gipfel stellt weitere 100 Milliarden Euro an Hilfen für Staaten bereit, die durch die Finanzkrise in Zahlungsschwierigkeiten geraten.

22.3.: Das Emirat Abu Dhabi wird mit Hilfe der Investmentfirma Aabar Großaktionär bei Daimler und zahlt für 9,1 Prozent der Anteile 1,95 Milliarden Euro.

23.3.: Die US-Regierung stellt die Details eines öffentlich-privaten Investitionsprogramms vor, mit dem Banken und Finanzkonzernen faule Kredite und Wertpapiere im Umfang von bis zu einer Billion Dollar abgekauft werden sollen.

24.3.: Als Konsequenz aus der Finanzkrise fordert China eine Abkehr vom US-Dollar als Leitwährung und eine neue Weltreservewährung auf Basis der Sonderziehungsrechte des IWF.

25.3.: Die Große Koalition einigt sich auf die Aufstockung der Abwrackprämie aus dem Konjunkturpaket II.

EU und IWF stützen Rumänien mit Krediten über 20 Milliarden Euro.

26.3.: Die US-Regierung stellt als Konsequenz aus der Finanzkrise ihr Modell einer stärkeren Regulierung und Kontrolle der Finanzmärkte vor.

Die WestLB gibt nach dem Rekordverlust 2007 für 2008 wieder einen kleinen Gewinn bekannt.

27.3.: Die KfW-Bankengruppe meldet für 2008 einen Verlust von 2,7 Milliarden Euro.

In Erwartung einer Verstaatlichung der Immobilienbank Hypo Real Estate legt Großaktionär J.C. Flowers seinen Sitz im Aufsichtsrat nieder.

28.3.: Der SoFFin steigt bei Hypo Real Estate ein und sichert sich für 60 Millionen Euro eine Beteiligung von 8,7 Prozent.

29.3.: Die Bank von Spanien als oberste Aufsichtsbehörde rettet die erste Bank vor der Pleite. Betroffen ist die regionale Sparkasse Caja Castilla-La Mancha (CCM).

April

1.4.: Mexiko bittet den Internationalen Währungsfonds um einen Milliardenkredit.

Die Zahl der Anträge und Reservierungen für die Abwrackprämie aus dem Konjunkturpaket II der Bundesregierung übersteigt die Marke von einer Million.

Die Hamburgische Bürgerschaft billigt das Rettungspaket für die HSH Nordbank.

2.4.: Die G-20-Staaten beschließen beim Weltfinanzgipfel strengere Kontrollen und Regeln für die internationalen Finanzmärkte und stellen 1,1 Billionen US-Dollar für Hilfen zugunsten ärmerer Länder bereit.

Die Europäische Zentralbank senkt den Leitzins um 0,25 Punkte auf 1,25 Prozent.

3.4.: Der Bundesrat macht mit der Zustimmung zum Rettungsübernahmegesetz den Weg für eine mögliche Zwangsverstaatlichung der Hypo Real Estate frei.

7.4.: Nur fünf Tage nach der Veröffentlichung einer schwarzen Liste der Steuerparadiese durch die OECD sagen alle betroffenen Länder die Einhaltung der Steuerstandards zu.

Die Bundesregierung beschließt, die Finanzmittel für die Abwrackprämie, die mit dem Konjunkturpaket II beschlossen worden war, massiv auf fünf Milliarden Euro aufzustocken.

8.4.: Die Talfahrt der deutschen Industrie hält an – Exporte und Industrieaufträge brechen weiter weg.

9.4.: Der Bund macht bei der HRE-Übernahme ernst und bietet den Eignern 1,39 Euro pro Aktie.

10.4.: Japan stellt ein Konjunkturprogramm von umgerechnet 116 Milliarden Euro vor.

14.4.: Die US-Bank Goldman Sachs meldet einen Milliardengewinn inmitten der Wirtschaftskrise.

Immer mehr Frachtschiffe liegen wegen der Auftragsflaute weltweit auf Reede.

Die deutsche Industrie meldet den stärksten Auftragseinbruch seit 1991.

Der SoFFin verlängert seine Milliarden-Garantien für die angeschlagene HRE.

16.4.: Chinas Wirtschaftswachstum sinkt auf ein Rekordtief.

In den USA macht sich die Angst vor einer Deflation breit. Gleichzeitig legt mit JP Morgan Chase die dritte Großbank in Folge gute Zahlen vor.

17.4.: Startschuss für den Versuch einer einvernehmlichen Verstaatlichung: Die Aktionäre der angeschlagenen Hypo Real Estate können ihre Aktien ab sofort für 1,39 Euro dem Bund anbieten.

20.4.: Die Bundesbank erwartet, dass sich die Rezession im ersten Quartal 2009 weiter verschärft hat.

Die größte US-Bank, die Bank of America, meldet für das erste Quartal einen Milliardengewinn.

25.4.: Die G-7-Finanzminister sehen erste Anzeichen für ein Ende der Wirtschaftskrise.

26.4.: Der Internationale Währungsfonds verdoppelt seine Kreditreserven auf 500 Milliarden Dollar.

30.4.: Der US-Autobauer Chrysler meldet Insolvenz an.

US-Investor Flowers lehnt das Übernahmeangebot der Bundesregierung für die Hypo Real Estate ab.

Mai

1.5.: Fiat steigt bei Chrysler ein – und bekräftigt sein Interesse an Opel.

4.5.: Bei der HRE läuft die Frist ab, die der Bund den Aktionären zur Annahme seines Kaufangebots gesetzt hat. Zwar erzielt der Bund keine Mehrheit, eine Verstaatlichung wird es aber vermutlich dennoch nicht geben.

5.5.: Die HRE meldet fürs erste Quartal einen Verlust in Höhe von 382 Millionen Euro. Der Ansturm auf die Abwrackprämie lässt nach.

Rumänien erhält von IWF und EU einen Kredit über 18 Milliarden Euro.

7.5.: Der Bund besitzt nun 47,31 Prozent der HRE und kann auf eine Komplettübernahme ohne Enteignung setzen.

Die EZB senkt zum siebten Mal seit Oktober den Leitzins auf nun nur noch 1,0 Prozent. Laut *Stresstest* brauchen die US-Großbanken weitere 75 Milliarden Dollar.

8.5.: Die Commerzbank schreibt im ersten Quartal tiefrote Zahlen. Toyota meldet den ersten Verlust seiner Firmengeschichte.

Der Ex-Flowers-Partner Grove verkauft seine Anteile an der Hypo Real Estate.

Der US-Hypothekenfinanzierer Fannie Mae benötigt nach eigenen Angaben zusätzliche Staatshilfen in Höhe von 19 Milliarden Dollar.

11.5.: Durch einen massiven Auftragseinbruch im April sinkt die in der Stahlindustrie produzierte Menge an Rohstahl auf das Niveau der 50er-Jahre.

12.5.: Die EU-Kommission billigt die Staatshilfe für die West-LB, verlangt aber drastische Einschnitte bei den Beteiligungen und Geschäften der Landesbank.

13.5.: Das Kabinett verabschiedet den Gesetzentwurf zur Schaffung von Bad Banks.

Die US-Hypothekenbank Freddie Mac meldet einen zusätzlichen Finanzbedarf von 6,1 Milliarden Dollar, die der Staat bereitstellen soll.

15.5.: Die deutsche Wirtschaft bricht im ersten Quartal 2009 um 3,8 Prozent im Vergleich zum Vorquartal ein. Die EU-Kommission erlaubt die HRE-Verstaatlichung.

16.5.: Die Commerzbank-Aktionäre billigen den Einstieg des Staates.

19.5.: Die BaFin schränkt ihre Arbeit ein – der Bundestagsuntersuchungsausschuss zur HRE-Fastpleite erfordert zu viel Aufmerksamkeit.

Gute Nachrichten gibt's zur Konjunktur: Der ZEW-Index steigt im siebten Monat in Folge – und vor allem deutlich stärker als erwartet.

20.5.: Bund und Länder geben Details einer möglichen Kreditbürgschaft für Opel über 1,5 Milliarden Euro bekannt.

Japans Wirtschaft bricht so stark ein wie noch nie.

Für die insolvente Warenhauskette Hertie kommt das endgültige Aus.

21.5.: Die erste Großbürgschaft aus dem Rettungspaket des Bundes geht an den Maschinenbauer Heidelberger Druck.

25.5.: Die Union lehnt eine Bürgschaft für Karstadt ab.

30.5.: Am frühen Morgen verkündet Finanzminister Steinbrück die Einigung mit Magna. Opel ist vorerst gerettet. Wirtschaftsminister Guttenberg befürwortet bis zuletzt eine Insolvenz, trägt das Magna-Konzept am Ende aber mit.

31.5.: Die angeschlagene Hypo Real Estate will weitere Hilfe vom Staat.

Juni

1.6.: General Motors stellt einen Insolvenzantrag: Konzernchef Henderson hat aber trotzdem Zukunftspläne für den Autobauer: Beim ebenfalls insolventen Konkurrenten Chrysler darf Fiat einsteigen.

2.6.: Ein US-Richter gibt einen staatlichen Milliardenkredit für GM frei; außerdem verkündet der Konzern den Verkauf seiner Marke Hummer.

In Deutschland wächst nach der Opel-Hilfe und der Arcandor-Diskussion die Kritik an Staatshilfen – und die Angst vor einem »Dammbruch« bei den Staatshilfen.

Die Aktionäre der Hypo Real Estate stimmen nach langer Diskussion der vom Bund betriebenen Kapitalerhöhung zu.

5.6.: Arcandor beantragt bei der Bundesregierung eine Rettungsbeihilfe in Höhe von 437 Millionen Euro. Eine Arcandor-Pleite würde auch die Post treffen: 4000 Post-Mitarbeiter seien mit Arcandor-Aufträgen beschäftigt, rechnet ein Unternehmenssprecher vor.

8.6.: Die Regierung lehnt einen Antrag auf Hilfen für Arcandor aus dem Deutschlandfonds und später auch die als letzte Chance gehandelte Rettungsbeihilfe ab. Das Unternehmen dürfe aber einen neuen, verbesserten Hilfsantrag einreichen.

9.6.: Arcandor gibt seine Bemühungen um staatliche Finanzspritzen auf und stellt einen Insolvenzantrag.

10.6.: Der Konjunktureinbruch lässt die Zahl der Firmenpleiten in die Höhe schnellen. Im Vergleich zum Vorjahreszeitraum erhöhte sich die Zahl der Unternehmensinsolvenzen im ersten Quartal 2009 um 10,0 Prozent auf 7712.

Nachdem das Oberste US-Gericht den Weg für Fiats Einstieg bei Chrysler frei gemacht hat, vollzieht der italienische Hersteller das geplante Geschäft und übernimmt die Führung in Detroit.

11.6.: Japan, die zweitgrößte Volkswirtschaft der Welt, beschleunigt die Talfahrt: Minus 3,8 Prozent im ersten Quartal.

In Amerika haben die Großbanken das Vertrauen der Menschen verspielt, kleine Regionalbanken mit konservativen Strategien können sich dagegen profilieren.

12.6.: Die Wirtschaftskrise droht Verbraucher- und Sozialverbänden zufolge immer mehr Privathaushalte in Deutschland in finanzielle Not zu treiben.

15.6.: Das Wirtschaftsministerium zieht eine Zwischenbilanz der Kredit- und Bürgschaftsprogramme: Von den 40 Milliarden Euro Kreditvolumen aus den Konjunkturpaketen I und II seien bisher 1,3 Milliarden Euro bewilligt.

17.6.: US-Präsident Obama stellt Pläne zur Reform der Finanzmarktaufsicht vor. Demnach soll Kontrolle nicht mehr die Ausnahme, sondern die Regel werden. Außerdem zahlen zehn US-Großbanken Milliardenkredite an den Staat zurück, um den Einfluss der US-Regierung auf die Unternehmen zurückzudrängen.

Der Arcandor-Konzern stellt Insolvenzanträge für 15 weitere Tochterunternehmen.

18.6.: Korrektur nach oben für China: Nach einem durch das Konjunkturprogramm der Regierung angekurbelten »beachtlichen« Wachstum geht die Weltbank nun von einem Wirtschaftswachstum von 7,2 Prozent im laufenden Jahr aus.

Karstadt steht offenbar besser da, als von vielen befürchtet: Eine andere Arcandor-Tochter, der Versandhändler Quelle, benötigt dagegen dringend Staatshilfe, damit unter anderem der Katalog gedruckt werden kann. Bayern sagt zu, sich an einer Bund-Länder-Bürgschaft zu beteiligen.

Die angeschlagene Mittelstandsbank IKB benötigt nach Informationen aus Finanzkreisen weitere Milliardenhilfe vom Staat.

Die EU-Staats- und -Regierungschefs einigen sich bei ihrem Gipfel in Brüssel auf Grundzüge einer Reform der Finanzaufsicht.

19.6.: Nach dem US-Repräsentantenhaus verabschiedet auch der Senat eine Abwrackprämie für Spritschleudern.

Angesichts versprochener staatlicher Finanzspritzen sagen die Banken zu, den Druck des Katalogs des angeschlagenen Versandhändlers Quelle zu ermöglichen.

23.6.: Die Wirtschaftskrise trifft den Exportweltmeister Deutschland immer härter: Die deutschen Exporte stürzen ab.

25.6.: Der Insolvenzverwalter der Warenhauskette Woolworth stellt Pläne vor, wonach sich das Unternehmen von mehr als der Hälfte seiner 311 deutschen Filialen trennen will. Betroffen ist etwa jeder zweite der 9300 Arbeitsplätze.

29.6.: Der Bürgschaftsausschuss von Bund und Ländern bewilligt der insolventen Arcandor-Tochter Quelle einen Kredit über 50 Millionen Euro und sichert damit zunächst deren Fortbestehen.

30.6.: Die EU-Kommission genehmigt die Finanzhilfen für die baden-württembergische Landesbank LBBW

Juli

2.7.: Dank der Abwrackprämie setzen die Autohersteller im Juni 40 Prozent mehr Pkw in Deutschland ab als ein Jahr zuvor und heben ihre Prognose für die Neuzulassungen 2009 auf 3,5 Millionen Fahrzeuge an.

3.7.: Der Bundestag beschließt das Bad-Bank-Gesetz.

Beim insolventen Versandhaus Quelle plant der Insolvenzverwalter einen Stellenabbau. Wegen Finanzierungsproblemen wird auch der Druck des Katalogs gestoppt.

6.7.: Ein US-Konkursgericht erlaubt den geplanten Umbau des Autokonzerns General Motors mit dem Verkauf der profitabelsten Konzernteile an ein neues Unternehmen, das mehrheitlich in Staatsbesitz sein soll.

11.7.: Wirtschaftsminister Guttenberg ruft das Ende der Krise aus.[264]

Literatur

Beise, Marc: *Die Ausplünderung der Mittelschicht*. DVA, München 2009.

Bloch, Ernst: *Spuren*. Suhrkamp, Frankfurt am Main 1959.

Brink, Tobias ten: *Geopolitik – Geschichte und Gegenwart kapitalistischer Staatenkonkurrenz*. Westfälisches Dampfboot, Münster 2008.

Butterwegge, Christoph u.a.: *Kritik des Neoliberalismus*. VS Verlag, Wiesbaden 2008.

Downs, Anthony: *Ökonomische Theorie der Demokratie*. J. C. B Mohr (Paul Siebeck), Tübingen 1968.

Engler, Wolfgang: *Bürger ohne Arbeit*. Aufbau-Verlag, Berlin, 2005.

Etxezarreta, Miren u.a. (Hrsg.): *Euro-Memo 2003*. VSA, Hamburg 2004.

Fischer Chronik Deutschland 1949–1999, Frankfurt/Main 1999.

Hayek, Friedrich August von: *Der Weg zur Knechtschaft*. Verlage Moderne Industrie, München 1971.

Homann, Karl/Blome-Drees, Franz: *Wirtschafts- und Unternehmensethik*. Utb, Göttingen 1992.

Koch, Roland: *Vision 21*. Verlag der Universitätsbuchhandlung Blazek und Bergmann seit 1891 GmbH, Frankfurt am Main 1998.

Leif, Thomas/Speth, Rudolf (Hrsg.): *Die fünfte Gewalt*. Bundeszentrale für politische Bildung, Bonn 2000.

Mao Tse-tung: *Über den Widerspruch*, in: Mao Tse-tung – Ausgewählte Werke Band 1, Verlag für fremdsprachliche Literatur, Peking 1968.

Marx, Karl/Engels, Friedrich: *Die deutsche Ideologie,* in: Karl Marx/Friedrich Engels – Werke, Band 3. Dietz Verlag, Berlin 1969.

Marx, Karl/Engels, Friedrich: *Das kommunistische Manifest*, in: Karl Marx/Friedrich Engels – Werke, Band 4. Dietz Verlag, Berlin 1971.

Marx, Karl: *Das Kapital*, Erster Band, in: Karl Marx/Friedrich Engels – Werke. Band 23. Dietz Verlag, Berlin/DDR 1969.

Marx, Karl: *Das Kapital*, Dritter Band, in: Karl Marx/Friedrich Engels – Werke. Band 25. Dietz Verlag, Berlin/DDR 1969.

Müller, Dirk: *Crashkurs*. Droemer, München 2009.

Müller, Albrecht: *Meinungsmache*. Droemer, München 2009.

Putnam, Robert D. (Hrsg.): *Gesellschaft und Gemeinsinn. Sozialkapital im internationalen Vergleich*. Bertelsmann-stiftung, Gütersloh 2001.

Schwabe, Ulrich/Paffrath, Dieter (Hrsg.): *Arzneiverodnungs-Report 2003*. Springer, Heidelberg und Berlin 2003, S. 2.

Treuhandanstalt (Hrsg): *Dokumentation 1990–1994*, Band 13, Berlin 1994.

Werner, Klaus/Weiss, Hans: *Das neue Schwarzbuch Marken-firmen*. Ullstein, Berlin 2006.

Wieczorek; Thomas: *Die Normalität der Politischen Korrup-tion. Das Beispiel Leuna/Minol*. Dissertation an der Freien Universität Berlin 2002.

Anmerkungen

1   »Schöne neue Weltordnung«, in: *Spiegel Online*, vom
    25. September 2009.

2   »Bestechen und bestechen lassen«, in: *Focus Money Online*, vom
    2. September 2009.

3   Spitzenkandidat der CSU war ja nicht Angela Merkel, sondern Peter
    Ramsauer. Und die CDU allein erhielt nur 27,3 Prozent der
    abgegebenen Stimmen oder 19,1 Prozent aller Wahlberechtigten.

4   Siehe dazu: Tobias ten Brink: *Geopolitik – Geschichte und Gegen-
    wart kapitalistischer Staatenkonkurrenz.* Westfälisches Dampfboot,
    Münster 2008, S. 307 und S. 96, Fußnote 55.

5   Karl Marx: *Das Kapital,* Dritter Band, in: Karl Marx/Friedrich
    Engels – Werke. Band 25. Dietz Verlag, Berlin/DDR 1969, S. 260.

6   Mark Siemons: »Gier«, in: *faz.net,* vom 12. Mai 2009.

7   Anthony Downs: *Ökonomische Theorie der Demokratie.* J. C. B
    Mohr (Paul Siebeck), Tübingen 1968, S. 26.

8   Roland Koch: *Vision 21.* Verlag der Universitätsbuchhandlung
    Blazek und Bergmann seit 1891 GmbH, Frankfurt am Main 1998,
    S. 32.

9   Karl Homann/Franz Blome-Drees: *Wirtschafts- und Unterneh-
    mensethik.* Utb, Göttingen 1992

10 Thomas Wieczorek: »Christus, die Pharisäer und die ›ökonomische
    Ethik‹«, in: *Zeitschrift für unfertige Gedanken,* vom 7. Oktober
    2005.

11 »Ekstasen der Geldverbrennung«, in: *stuttgarter-zeitung.de,* vom
    9. Juli 2009.

12 Vergleiche: Ernst Lohoff: »Große Fluchten – Krise und Entwicklung
    des Kapitals«, in: *krisis.org,* vom 25. Dezember 2000.

13 Karl Marx: »Die Handelskrise in England«, in: Karl Marx/Friedrich
    Engels – Werke. Band 12. Dietz Verlag, Berlin/DDR 1974, S. 336.

14 »Razzia bei der BayernLB«, in: *sueddeutsche.de,* vom 14. Oktober
    2009.

15 »Kontrolle kurios«, in: *sueddeutsche.de,* vom 30. Mai 2009.

16 Rolf Obertreis: »Claims mit neuer Markierung«, in: *Das Parlament,*
    Nr. 7 vom 11. Februar 2008.

17 »Berlin gesteht Mängel …«, a. a. O.

18 »Verheugen verdammt deutsche Finanzaufsicht«, in: *Spiegel Online,*
    vom 18. Mai 2009.

19   »Steinbrücks Ratgeber«, in: *sueddeutsche.de*, vom 13. Mai 2008.

20   Antje Sirleschtov: »›Ich würde gehen, wenn nichts passiert‹«, in: *Tagesspiegel.de*, vom 14. Oktober 2008.

21   Sabina Wolf: »Neues zu Finanzstaatssekretär Asmussen«, in: *Report München*, vom 6. Juli 2009.

22   Ebd.

23   »Die ersten kleinen Krisen des Herrn A.«, in: *Handelsblatt.com*, vom 7. August 2007.

24   »Finanzkrise – Welche Schuld trägt die Politik?«, in: *plusminus*, vom 14. Oktober 2008.

25   »G20: Sanio gibt Ratingagenturen Schuld an der Krise«, in: *FinanzNachrichten.de*, vom 29. März 2009.

26   Hasnain Kazim: »Die böse Macht der Krisen-Katalysatoren«, in: *Spiegel Online*, vom 13. August 2007.

27   Landesbanken verlieren an Kreditwürdigkeit, in: *faz.net* vom 6. Mai 2009.

28   Dirk Müller: *Crashkurs*. Droemer, München 2009, S. 113.

29   Friedrich August von Hayek: *Der Weg zur Knechtschaft*. Verlage Moderne Industrie, München 1971, S. 37

30   Werner Rügemer: »Brandstifter als Feuerwehr«, in: *junge Welt*, vom 23. April 2009, S. 10.

31   Thomas Wieczorek: *Die DAX-Ritter*. Knaur, München 2008, S. 23 ff.

32   »Wie funktioniert der Rettungsschirm?«, in: *tagesschau.de*, vom 20. Oktober 2008.

33   Werner Rügemer: »Brandstifter …«, a. a. O.

34   Ebd.

35   Zitiert in Werner Rügemer, a. a. O.

36   »Hohe Dispozinsen – wieso wird die Leitzinssenkung nicht weitergegeben?«, in: *SR-Online*, vom 23. Juni 2009.

37   »Kampf gegen Kredit-Geiz«, in: *Spiegel Online*, vom 4. Juli 2009.

38   Alexandra Endres: »Faule Lösung«, in: *Zeit Online* 9/2009.

39   Ulrich Maurer, Pressemitteilung vom 15. Januar 2009.

40   Herbert Schui: »Warum eine Bad Bank light teurer ist als Vergesell-schaftung«, in: *Linksfraktion.de*, vom 10. Februar 2009.

41   »Wie privat ist die Commerzbank noch?«, in: *boerse.ard.de*, vom 15. Mai 2009.

42   »Brandstifter als Feuerwehr«, a. a. O.

43   »Wenn Firmen sich von Banken erpresst fühlen«, in *faz.net*, vom 14. Juli 2009.

44 Ebd.

45 Mathias Döpfner: »So werden mit Steuergeld Arbeitsplätze vernichtet«, in: *Welt Online,* vom 10. Januar 2009.

46 »Nach Kapitalspritze: Commerzbank will den Staat loswerden«, in: *Financial Times Deutschland, ftd.de,* vom 8. Mai 2009.

47 Mathias Döpfner, a. a. O.

48 Karl Marx: *Das Kapital,* Erster Band, in: Karl Marx/Friedrich Engels – Werke. Band 23. Dietz Verlag, Berlin/DDR 1969, S. 790.

49 Florian Rötzer: »Die Hypo Real Estate erweist sich als bad bank«, in: *Telepolis,* vom 20. Februar 2009.

50 »FDP erhebt Vorwürfe gegen Steinbrück«, in: *Focus Money Online,* vom 1. Februar 2009.

51 André Mielke: »Die hohe Kunst des Geldverbrennens«, in: *Welt Online,* vom 5. Juli 2009.

52 »EU verbürgt sich für ›systemrelevante‹ Banken«, in: *sueddeutsche. de,* vom 7. Oktober 2008.

53 »Lage bei Arcandor immer schlimmer«, in: *Tagesspiegel.de,* vom 5. Juni 2009.

54 Albrecht Müller. »Das Wort ›systemrelevant‹ steht vermutlich für die teuerste Irreführung«, in: *NachDenkSeiten,* vom 10. Juni 2009.

55 »EU verbürgt sich …«, a. a. O.

56 »Seehofer: ›Auch die Bauern sind systemrelevant‹, in: *merkur-online.de,* vom 2. Juni 2009.

57 Hermannus Pfeiffer: »Die Mär vom Dominoeffekt«, in: *Freitag,* Nr. 9 vom 26. Februar 2009, Online-Ausgabe.

58 Benjamin von Stuckrad-Barre: »Die Hypo Real Estate ist systemrelevant«, in: *Welt Online,* vom 20. Februar 2009.

59 Dieter Korczak: »Der öffentliche Umgang mit privaten Schulden«, in: *Aus Politik und Zeitgeschichte* 26/2009.

60 Werner Rügemer: »Brandstifter als Feuerwehr«, in: *junge Welt,* vom 23. April 2009, S. 10.

61 »Ackermann: Deutsche Bank braucht keine Hilfe«, in: *N24,* vom 18. Oktober 2008.

62 »Staat gibt Postbank Milliarden-Garantie«, in: *Focus Money Online,* vom 18. Juni 2009.

63 »Deutsche Bank ist den Staat los«, in: *boerse.ard.de,* vom 6. Juli 2009.

64 »Brandstifter als Feuerwehr«, a. a. O.

65 »Ackermanns Party im Kanzleramt«, in: *sueddeutsche.de,* vom 24. August 2009.

66 »Steuergelder und Wahlkampf«, in: *Deutsche Welle*, vom
26. August 2009.

67 Hermannus Pfeiffer: »Die Mär vom Dominoeffekt«, in: *Freitag*,
Nr. 9 vom 26. Februar 2009, Online-Ausgabe.

68 Bund der Steuerzahler: »Schwarzbuch 2009«, vom 16. Oktober
2009.

69 »Zoff um Bonuszahlungen der BayernLB«, in: *sueddeutsche.de*,
vom 29. Juli 2009.

70 Das sind zu 51 Prozent die Sparkassen, zu 31 Prozent die NRW
Bank (an der das Land Nordrhein-Westfalen mit 64,744 % sowie
die beiden Landschaftsverbände Rheinland und Westfalen-Lippe
mit jeweils 18 Prozent beteiligt sind) und zu 17 Prozent das Land
Nordrhein-Westfalen.

71 »LBBW rechnet erneut mit Milliardenverlust«, in: *manager-magazin.de*, vom 24. September 2009.

72 »Die komplette Bank verwettet«, in: *manager-magazin.de*, vom
3. August 2007.

73 »Das Rettungspaket: Blankoscheck für die Banken«. Interview
mit Werner Rügemer, in: *Wallstreet Online*, vom 29. Oktober
2008.

74 »Wir sind Aufpasser, wir sehen nichts«, in: *Focus Money Online*,
vom 13. Februar 2008.

75 »KfW-Überweisung offenbar in voller Absicht«, in: *faz.net*, vom
21. September 2008.

76 Andreas Orth/Markus Zeidler: »Pleite mit Ansage?«, in: *Monitor*,
Nr. 583, vom 25. September 2008.

77 »Kapitalismuskritiker schwänzt KfW-Verwaltungsrat«, in: *Handelsblatt.com*, vom 19. September 2008.

78 »Mehr als 1100 Firmen wollen Staatsgeld«, in: *faz.net*, vom 31. Mai
2009.

79 Ebd.

80 Friedrich August von Hayek: »Wahrer und falscher Individualismus«, in: *ORDO-Jahrbuch für die Ordnung von Wirtschaft und
Gesellschaft*, Band 1. Verlag Helmut Küpper vormals Georg Bondi,
Düsseldorf, München 1948, S. 38 f.

81 »Mehr als 1100 Firmen wollen Staatsgeld«, in: *faz.net*, vom 31. Mai
2009.

82 »Der US-Kongress in Hochform oder eine Sternstunde des
Parlamentarismus«, in: *világhy.net*, vom 1. Dezember 2008.

83 Ebd.

84 »Opels Umgang mit Steuern erschwert die Rettung«, in: *Welt Online,* vom 8. März 2009.

85 »Druckerei stoppt Quelle-Katalog«, in: *Spiegel Online,* vom 3. Juli 2009.

86 »Wenn die Chefin feuchte Augen bekommt«, in: *sueddeutsche.de,* vom 18. Februar 2009.

87 »Steinbrück lehnt Hilfen für Schaeffler ab«, in: *stern.de,* vom 29. Januar 2009.

88 Lisa Seitz: »Quelle-Pleite: Mitarbeiter-Spendenbox für Madeleine Schickedanz«, in: *netplosiv.org,* vom 23. Juli 2009. URL: http:// netplosiv.org/2009582/leute/schicksale/quelle-pleite-mitarbeiter- spendenbox-fuer-madeleine-schickedanz

89 »Rock around die Gießkanne«, in: *sueddeutsche.de,* vom 4. September 2009.

90 »Weltverschwörung der Spießer«, in: *manager-magazin.de,* vom 8. März 2009.

91 »Die Billionen-Bombe«, in: *Der Spiegel,* Nr. 39 vom 25. September 2006, S. 92.

92 Sabina Wolf: »Neues zu Finanzstaatssekretär Asmussen«, in: *Report München,* vom 6. Juli 2009.

93 Friedrich August von Hayek: *Der Weg zur Knechtschaft.* Verlage Moderne Industrie, München 1971, S. 36 f.

94 Ralf Ptak: »Grundlagen des Neoliberalismus«, in: Christoph Butterwegge u.a.: *Kritik des Neoliberalismus.* VS Verlag, Wies- baden 2008, S. 23.

95 zitiert in: »Die Zerstörung wichtiger sozialer Errungenschaften gegen den Wunsch der Mehrheit«, in: *NachDenkSeiten,* vom 23. März 2007.

96 Detlef Gürtler: »Hans-Olaf Henkel gehen die Ideen aus«, in: *Welt Online,* vom 29. September 2007.

97 »Miegel: Rente kann nur noch Grundsicherung leisten«, in: *Zeit Online* 35/2003.

98 »Die Rentenlüge«, in: *SWR-Fernsehen,* vom 24. April. 2008,

99 »Die Grundrente ist keine Lösung«, in: *Homepage der Initiative Neue Soziale Marktwirtschaft,* vom 16. Februar 2009.

100 »Was Ökonomen wirklich wollen«, in: *Financial Times Deutsch- land, ftd.de,* vom 10. Mai 2006.

101 Heinrich W. Ursprung/Markus Zimmer: »Who is the ›Platz-Hirsch‹ of the German Economics Profession? A Citation Analysis«, in:

Jahrbücher für Nationalökonomie und Statistik, Lucius & Lucius, Stuttgart, 2007, Bd. 227/2

102 »›Herr Sinn ist nicht bei Sinnen‹«, in: *sueddeutsche.de,* vom 27. Oktober 2008.

103 Frank Lübberding: »Aus der Mottenkiste«, in: *Die Zeit,* Nr. 46 vom 6. November 2003, S. 46.

104 Bernhard Hübner: »Die Rückkehr des Backenbarts«, in *taz.de,* vom 24. Mai 2009.

105 Wolfgang Lieb: »Rürup als Werbeträger des Finanzdienstleisters MLP«, in: *NachDenkSeiten,* vom 26. Januar 2006.

106 Andrea Seibel: »Warum Steinbrück der ›hässliche Deutsche‹ ist«, in: *Welt Online,* vom 18. März 2009.

107 »Globalisiert die Krise nieder!«, in: *Spiegel Online,* vom 27. Mai 2009.

108 »Empörung über Historiker-Rede auf CDU-Veranstaltung«, in: *hr-online.de,* vom 9. September 2006.

109 Susanne Gaschke: »Die Neunmalklugen«, in: *Zeit Online* 43/2008.

110 Vergleiche dazu: Gitti Müller, Kim Otto, Markus Schmidt: »Die Macht über die Köpfe: Wie die Initiative Neue Soziale Marktwirtschaft Meinung macht«, in: *Monitor,* Nr. 539 vom 13. Oktober 2005.

111 »Wie das Land am finanziellen GAU vorbeischlitterte«, in: *tagesschau.de,* vom 29. Dezember 2008.

112 Olaf Preuß: »Wo ist die German Angst geblieben?«, in: *abendblatt. de,* vom 10. Juni 2009.

113 Ebd.

114 Claus Hulverscheidt: »Verhöhnung der Menschen«, in: *sueddeutsche.de,* vom 18. September 2009.

115 Franz Walter: »Die FDP ist Westerwelle«, in: *Spiegel Online,* vom 20. September 2009.

116 Harald Schumann: »Heuchelei als Prinzip«, in: *Tagesspiegel.de,* vom 15. April 2009.

117 Quelle: Institut der Deutschen Wirtschaft, Umfrage vom Juni 2009.

118 Internetlexikon Wikipedia, Stichwort »Steuerzahler-Gedenktag«.

119 Albrecht Müller: *Meinungsmache.* Knaur, München 2009, S. 275.

120 A. a. O., S. 277.

121 »›Dann wird das Klima eben bei Tempo 130 versaut‹«, in: *Spiegel Online,* vom 11. März 2007.

122 »CDU-Wirtschaftsexperte warnt vor Subventionswettlauf«, in: *Deutschlandradio Kultur,* vom 14. Februar 2009.

123 Benjamin Triebe: »Die Kammerjäger kommen«, in: *Spiegel Online*, vom 7. Oktober 2005.

124 Andreas Halbach und Christian Rohde: »Getäuschte Mieter – Eigentümer missbrauchen Energiepass«, in: *Frontal 21*, vom 12. Februar 2008.

125 »Die Ökosteuer und der Trick mit der Rentenkasse«, in: *Zeit Online* 46/2000.

126 »Heiße Debatte um ›Monitor‹-Beitrag«, in: *stern.de*, vom 11. Januar 2008.

127 »Volle Tanks, leere Teller«, in *Spiegel Online*, vom 23. Januar 2007.

128 »Merkel entpuppt sich als Klimafossil«, in *Spiegel Online*, vom 11. Dezember 2008.

129 »Frau Merkels Gespür für Schau«, in: *faz.net*, vom 17. August 2007.

130 Beate Willms: »Kämmerer haben Millionen verzockt«, in *taz.de*, vom 22. Oktober 2008.

131 Anne Seith: »Wie Esslingen gegen das Finanzdesaster kämpft«, in: *Spiegel Online*, vom 25. September 2009.

132 Werner Rügemer: »Kanalisation weg und trotzdem pleite«, in: *taz.de*, vom 23. Oktober 2008.

133 Tim Engartner: »Privatisierung und Liberalisierung – Strategien zur Selbstentmachtung des öffentlichen Sektors«, in: Christoph Butterwegge u.a.: *Kritik des Neoliberalismus*. VS Verlag, Wiesbaden 2008, S. 115.

134 Jörg Huffschmid: »Ein starker öffentlicher und demokratischer Sektor statt des Vorrangs für Privatisierung und Deregulierung«, in: Miren Etxezarreta u.a. (Hrsg.): *Euro-Memo 2003*. VSA, Hamburg 2004.

135 Tim Engartner, a. a. O. S. 116.

136 »Die Angst der Städte vor dem totalen Absturz«, in: *Welt Online*, vom 19. Juli 2009.

137 Ebd.

138 Beate Willms: »Kämmerer haben Millionen verzockt«, in *taz.de*, vom 22. Oktober 2008.

139 Bund der Steuerzahler: »Schwarzbuch 2009«, a. a. O.

140 »Post-Mindestlohn trifft die Schwachen«, in: *Internetseite von Guido Westerwelle*, vom 11. Dezember 2007.

141 Daniela Schröder: »Quickborner leihen ihrem Bürgermeister Millionen«, in: *Spiegel Online*, vom 4. Oktober 2009.

142 »Bei Lebensqualität liegt Deutschland auf Platz 22«, in: *Welt Online,* vom 5. Oktober 2009.

143 Ernst Bloch: *Spuren.* Suhrkamp, Frankfurt am Main 1959, S. 21.

144 »Kaufen, plündern, wegwerfen«, in: *stern.de,* vom 22. September 2008.

145 URL: www.spiegel.de/wirtschaft/0,1518,druck-639768,00.html

146 »Optimal vorsorgen«, in: *barmer.de.*

147 Bundesministerium für Arbeit und Soziales: »Sozialbericht 2009«, in: *Internetseite des Ministeriums.*

148 Presseerklärung der BAG Hartz IV Partei Die Linke, vom 1. August 2008.

149 Barbara Dribbusch: »Beschäftigte büßen Milliarden ein«, in: *taz.de,* vom 17. August 2009.

150 Regine Zylka: »Hetze gegen die Arbeitslosen«, in: *berlin-online,* vom 21. August 2006.

151 »Rechnungshof attackiert Job-Center«, in: *Spiegel Online,* vom 25. Juli 2008.

152 »Unternehmen plündern den Sozialstaat«, in: *Spiegel Online,* vom 14. Dezember 2005.

153 Sybille Herbert: »Operation Gesundheitsfonds«, in: T*agesspiegel. de,* vom 4. August 2008.

154 Alexander Neubacher: »Die Krankmacher«, in: *Spiegel Online,* vom 5. Oktober 2009.

155 Ebd.

156 Ebd.

157 »Den Krankenkassen fehlen 7,45 Milliarden Euro«, in: *faz.net,* vom 6. Oktober 2009.

158 Jörg Blech: »Die Abschaffung der Gesundheit«, in: *Der Spiegel,* Nr. 33 vom 11. August 2003, S. 116–126.

159 »Koch will Positivliste für Arzneimittel stoppen«, in: *Spiegel Online,* vom 22. Mai 2003.

160 »Die Pillenandreher«, in: *stern.de,* vom 4. Dezember 2002.

161 »Krankenkassen-Krise entzweit Schwarz-Gelb«, in: *Spiegel Online. de,* vom 7. Oktober 2009.

162 Marc Beise: *Die Ausplünderung der Mittelschicht.* DVA, München 2009, S. 15.

163 »Wohlhabend und zahlungswillig«, in: *Kölnische Rundschau, rundschau-online,* vom 10. November 2005.

164 Nikolaus Doll: »Hansen-Aufstieg versetzt Transnet in Aufruhr«, in: *Welt Online,* vom 10. Mai 2008.

165 »Hartz wollte ›nicht kleinlich sein‹«, in: *Focus Money Online,* vom 16. Januar 2007.

166 »Lafontaine steht bereit«, in: *junge Welt,* vom 19. August 2004, Online-Ausgabe.

167 Marc Beise/Ulrich Schäfer: »Regierung will Versicherungen vor Pleite retten«, in: *sueddeutsche.de,* vom 15. Oktober 2003.

168 »400 Millionen ungenutzt«, in: *sueddeutsche.de,* vom 4. August 2009.

169 Ebd.

170 »›Das muss der Bund übernehmen‹«, in: *taz.de,* vom 19. April 2008.

171 Gerlinde Schermer: »Zur Privatisierung von Bildung, Erziehung und anderen Staatsaufgaben«, in: *Erkennen und Gestalten,* Nr. 39 vom 15. Februar 2008.

172 Ebd.

173 Ebd.

174 »Kleine Geschäfte, große Geschäfte«, in: *sueddeutsche.de,* vom 24. September 2009.

175 »Beschäftigten-Versammlung zur Finanznot der Stadt«, in: *muenchen.de.*

176 »Sozialamt zahlt Schulgeld für Millionärskinder«, in: *abendblatt. de,* vom 23. Februar 2004.

177 21. Subventionsbericht der Bundesregierung, Bundestagsdrucksache 016/6275, vom 21. August 2007.

178 »Hetzer des Tages«, in: *Neue Rheinische Zeitung,* Online Flyer, vom 10. September 2009.

179 Sebastian Christ: »Der ›Schlanke Staat‹ wird magersüchtig«, in: *stern.de,* vom 21. Juli 2009.

180 »Blackout durch menschliches Versagen«, in: *tagesschau.de,* vom 15. November 2006.

181 »Aribert Peters bezichtigt deutsche Stromkonzerne der ›Ausplünderung‹«, in: *gas-spion.de.*

182 »So schmutzig kämpfen Solarfirmen um ihre Pfründe«, in: *Welt Online,* vom 11. Oktober 2009.

183 »Ulrich Kelber«, in: *abgeordnetenwatch.de,* vom 11. Juni 2008.

184 »Post erfindet E-Mail«, in: *Spiegel Online,* vom 24. Juli 2009.

185 Gereon Asmuth: »Skandal. Der sich gewaschen hat«, in: *taz.de,* vom 22. Januar 2008.

186 Quelle: Internetseite des Bundes der Steuerzahler, vom 19. Mai 2008.

187 »Notfalls Steuergeld für Pensionen«, in: *sueddeutsche.de*, vom 20. April 2009.

188 Ebd.

189 »Deutsche EU-Abgeordnete kassierten doppelt ab«, in: *shortnews*, vom 21. September 2009.

190 Phillipp Wittrock: »Reisen nach Richtlinien«, in: *Spiegel Online*, vom 28. Juli 2009.

191 »Kritik an teurem Wahlkampf«, in: *Focus Online*, vom 19. September 2009.

192 »Tiefensee lässt sich von Lobbyisten beraten«, in: *Tagesspiegel.de*, vom 15. Juni 2009.

193 Ebd.

194 Manfred Schäfers: »Rechnungshof warnt vor Lobbyisten«, in: *faz.net*, vom 4. April 2008.

195 Konstadinos Maras: »Lobbyismus in Deutschland«, in: *Aus Politik und Zeitgeschichte*, Nr. 3, vom 12. Januar 2009.

196 »Lobbyistin ebnete Hedgefonds den Weg«, in: *stern.de*, vom 4. April 2008; und: »Bundesverband Investment und Asset Management (BVI)«, in: Internetseite von LobbyControl.

197 dbb beamtenbund und tarifunion: *Zahlen Daten Fakten Januar 2009*.

198 Mittelbarer öffentlicher Dienst: Bundesagentur für Arbeit, Deutsche Bundesbank, Sozialversicherungsträger unter Aufsicht des Bundes bzw. der Länder und Träger der Zusatzversorgung von Bund, Ländern und Gemeinden/Gemeindeverbänden und rechtlich selbstständigen Anstalten, Körperschaften und Stiftungen des öffentlichen Rechts.

199 Hier wieder mit Post und Bahn, siehe oben.

200 Quelle: Statistisches Bundesamt, Stichwort: »Bruttonational-einkommen«.

201 »Vierter Versorgungsbericht der Bundesregierung«, vom 8. April 2009.

202 Thomas Wieczorek: *Schwarzbuch Beamte*. Knaur, München 2007, S. 24.

203 »Die öffentliche Verschwendung«, in: *Bund der Steuerzahler*, vom 27. September 2008.

204 Ebd.

205 »Subventionen bleiben auf hohem Niveau«, in: *Handelsblatt.com*, vom 4. November 2003.

206 Umweltbundesamt: »Fast 42 Milliarden Euro Subventionen

schaden dem Umweltschutz«. Pressemitteilung 72/2008, vom
3. November 2008.

207 Sigrid Totz: »Verschwendung von Steuergeldern endlich im Detail
bekannt«, in: *Greenpeace*, vom 7. November 2007.

208 »Zuckerhändler zocken Europäische Union ab«, in: *Spiegel Online*,
vom 12. Juni 2009.

209 Sigrid Totz, a. a. O.

210 »Professoren müssen zwei Jahre ins Gefängnis«, in: *wdr.de*, vom
1. April 2008.

211 »Wer die höchsten Abfindungen bekam«, in: *Handelsblatt.com*,
vom 5. September 2009.

212 »Eick verteidigt Abfindung«, in: *ntv.de*, vom 30. August 2009:

213 http://www.bz-berlin.de/archiv/zur-verschwendung-von-steuer-
geldern-article221574.html

214 Siehe Schwarzbücher des Bundes der Steuerzahler 2008 und 2009.

215 »Nürburgring GmbH dementiert Verschwendung von Steuergeldern«, in: *saarbrücker-zeitung.de*, vom 3. August 2009.

216 »Berlin hat 57 Millionen Euro verschwendet«, in: *Tagesspiegel.de*,
vom 8. Mai 2009.

217 »323 Millionen aus Steuergeld – ›Ein günstiger Preis‹«, in:
abendblatt.de, vom 18. Mai 2009.

218 »Verschwendung in Millionenhöhe beanstandet«, in: *BR-online*,
vom 4. September 2009.

219 Ebd.

220 »Bundesrechnungshof prangert SPD-Immobilien-Filz an«, in:
Spiegel Online, vom 15. August 2009.

221 Zum Beispiel: Robert D. Putnam (Hrsg.): *Gesellschaft und
Gemeinsinn. Sozialkapital im internationalen Vergleich.*
Bertelsmannstiftung, Gütersloh 2001.

222 Wolfgang Engler: *Bürger ohne Arbeit.* Aufbau-Verlag, Berlin 2005,
S. 240 ff.

223 Verblödung mit System«, in *faz.net*, 6. September 2009.

224 »Verblödung mit System«, in *faz.net*, 6. September 2009.

225 Ileana Grabitz: »Rechnungshof rügt Finanzgebaren des MDR«, in:
Welt Online, vom 17. April 2009.

226 »Rotstift-Akrobaten: Bayerischer Rechnungshof empfiehlt
Ausgliederung der BR-Klangkörper«, in: *Neue Musikzeitung*, nmz.
de, vom 26. August 2009.

227 »Rechnungshof rügt Ruhr-Unis«, in: *Spiegel Online*, vom
30. August 2009.

228 Thomas Wieczorek: *Die Normalität der Politischen Korruption.*
Das Beispiel Leuna/Minol. Dissertation an der Freien Universität
Berlin 2002, S. 121 f.

229 *Fischer Chronik Deutschland 1949–1999,* Frankfurt/Main 1999,
S. 995.

230 Otto Köhler: »Der ganze Salat«, in: *Konkret* 12/1993.

231 Ebd.

232 »Treuhand um 350 Mio. DM geprellt«, in: *Welt Online,* vom 17.
März 1998.

233 Gutes Beispiel ist der Geschäftsführer des Ex-Treuhand-Unterneh-
mens Berliner Haushaltsgeräte Service GmbH (hgs) und Ex-Treu-
hand-Direktor (!) Harald Volkmar. Obwohl die hgs nach zweistelli-
gen Millionenverlusten in akuten Liquiditätsproblemen steckte,
was seine Ex-Treuhand-Kollegen zum Krisengipfel veranlasste, soll
er sich eine »vorgezogene Gewinnbeteiligung« von mehr als zwei
Mio. DM bewilligt haben.

234 Was davon zu halten ist, zeigt der Kommentar eines Treuhandspre-
chers zu einer Hausdurchsuchung wegen des Verdachts der
Untreue bei der Abrechnung von Honoraren gegen einen Liquida-
tor von Treuhand-Unternehmen. Im Rahmen der Ermittlungen
werde auch geprüft, »ob Treuhand-Mitarbeiter böswillig mitge-
wirkt« hätten. Die Stabsstelle Recht der Treuhand habe »diese
Vorwürfe seit geraumer Zeit überprüft«. Sie sei dabei zu dem
Ergebnis gelangt, dass Mitarbeitern der Treuhand strafrechtlich
relevante Vorwürfe in diesem Zusammenhang nicht gemacht
werden könnten. »Die Stabsstelle Recht hätte sonst wie immer
unverzüglich Anzeige erstattet.«

235 Treuhandanstalt (Hrsg): *Dokumentation 1990–1994,* Band 13,
Berlin 1994, S. 677.

236 Unmittelbar vor der Anhörung des Ex-Treuhand-Abwicklungschefs
Ludwig M. Tränkner am 14. Juni 1994 vor dem Untersuchungsausschuss »Treuhand« bestätigte Treuhand-Vorstand Wolf Klinz, dass
das Geschäfts- und Abrechnungsgebaren »von sechs bis sieben«
Liquidatoren derzeit überprüft werde.

237 Kurz zuvor hatte es für Wirbel gesorgt, dass die Treuhand drei
zudem unterqualifizierte Ex-Mitarbeiter mit Liquidationsaufträgen
bedacht hatte. (Vgl. »Treuhand um 350 Mio. DM geprellt«, in: *Welt
Online,* vom 17. März 1998.)

238 »Schraubenkönig Würth warnt vor ›Edel-DDR‹«, in: *sueddeutsche.
de,* vom 7. März 2008.

239 »Unverdientes Vermögen«, in: *Der Spiegel,* Nr. 6 vom 5. Februar 2007, S. 20.

240 Kim Otto/Markus Schmidt: »Erbschaftssteuer: Die absurden Reformpläne der Bundesregierung«, in: *Monitor,* Nr. 549 vom 6. Juli 2006.

241 Ebd.

242 Rudolf Hickel: »Schonung von Erbschaften«, in: *neues-deutschland.de,* vom 14. März 2008.

243 »Das große Milliarden-Rätsel«, in: *sueddeutsche.de,* vom 18. Februar 2008.

244 »Wie aus engagierten Beamten psychisch Kranke wurden«, in: *Report Mainz,* vom 20. Juni 2009.

245 Wolfgang Streeck: »Eine Last für Generationen«, in: *Handelsblatt. com,* vom 10. März 2009.

246 Ebd.

247 Nils-Vitktor Sorge: »Auferstehung der Bad Banker«, in: *Spiegel Online,* vom 11. Juli 2009.

248 Nils-Viktor Sorge, a. a. O.

249 Ebd.

250 »Ackermann fürchtet um Bankenprofite«, in: *Spiegel Online,* vom 24. September 2009.

251 »Politiker brandmarken Boni für Landesbank-Bosse«, in: *Spiegel Online,* vom 6. August 2009.

252 »›Die Richtung stimmt‹«, in: *Tagesspiegel.de,* vom 28. August 2006.

253 Karl Marx/Friedrich Engels: »Manifest der Kommunistischen Partei«, in: Karl Marx/Friedrich Engels – Werke, Band 4. Dietz Verlag, Berlin 1971, S, 468.

254 Ernst Lohoff: »Große Fluchten«, in: contextxxi.

255 »Soziale Unruhen – Merkel kontert Gesine Schwan«, in: *Welt Online,* vom 24. April 2009.

256 Peter Glotz: »Was, wenn die Arbeitslosigkeit bleibt?«, in: *Frankfurter Allgemeine Zeitung,* Nr. 109 vom 12. Mai 2005, S. 31.

257 Markus Dietz: *Korruption – eine institutionenökonomische Analyse.* Berlin Verlag, Berlin 1998, S. 63.

258 Stefan Kornelius: »Die Unsicherheitskrise«, in: *sueddeutsche.de,* vom 7. Februar 2009.

259 Ebd.

260 Papst Benedikt XVI.: »Enzyklika Spe Salvi« vom 30. November 2007. in: Interseite des Vatikan.

261 Karl Marx/Friedrich Engels: »Die deutsche Ideologie«, in: Karl Marx/Friedrich Engels – Werke. Band 3. Dietz Verlag, Berlin, 1969, S. 27.

262 Mao Tse-tung: »Über den Widerspruch«, in: Mao Tse-tung – Ausgewählte Werke Band 1, Verlag für fremdsprachliche Literatur, Peking 1968, S. 367.

263 Der ZEW-Index ist ein Konjunkturindex des Mannheimer Zentrums für Europäische Wirtschaftsforschung (ZEW). Dabei werden rund 400 Analysten und institutionelle Anleger nach ihren mittelfristigen Erwartungen bezüglich der Konjunktur- und Kapitalmarktentwicklung befragt.

264 »Wirtschaftsministerium ruft Ende der Krise aus«, in: *Spiegel Online,* vom 11. Juli 2009.

Thomas Wieczorek

Die verblödete Republik

**Wie uns Medien, Wirtschaft und Politik
für dumm verkaufen**

So wenig Niveau war nie! Selbst Qualitätsmedien berichten
ausführlich und mit Hingabe über platteste Boulevardthemen,
während kritische Politsendungen im Nachtprogramm verschwinden.
Gleichzeitig wird mit strategisch geplanten und systematisch
inszenierten Kampagnen gezielte Desinformation betrieben –
so lange, bis alle der Botschaft glauben, die durch vermeintliche
Experten in die Köpfe gestreut wird.

Thomas Wieczorek deckt die Auswüchse und Abgründe der
Massenverblödung auf. Und er geht der Frage nach: Wer sind
die Drahtzieher im Hintergrund? Und welches Ziel verfolgen
sie?

Dieses Buch ist Aufklärung im besten Sinne – für alle, die sich
das Selberdenken nicht verbieten lassen!

Knaur Taschenbuch Verlag

Thomas Wieczorek

Die Dilettanten

Wie unfähig unsere Politiker wirklich sind

Erst sehen sie der Weltfinanzkrise tatenlos zu, dann machen sie alles noch schlimmer mit untauglichen Gesetzen und handwerklichen Fehlern beim Konjunkturpaket – und das ist nur die Spitze des Eisbergs. Befindet sich unser Staat in der Hand von ausgemachten Stümpern?

Parteienforscher Thomas Wieczorek unterzieht unsere Politiker einem schonungslosen Eignungstest: Egal ob Regierung oder Opposition – die Ergebnisse sind erschreckend. Fachliche Kompetenz? Fehlanzeige. Stattdessen Mittelmaß und Unfähigkeit, wohin man blickt. Und das kann schnell gefährlich werden.

Dieses Buch holt sie ans Licht: die Wahrheit über unsere Volksvertreter.

Knaur Taschenbuch Verlag